普通高等学校精品课程教材
“会计学”特色专业建设项目成果

会计基础理论与模拟实习

（上册）

第三版

主　编　严鹏飞　王晓秋
副主编　张际萍　王晓敏

立信会计出版社
LIXIN ACCOUNTING PUBLISHING HOUSE

图书在版编目(CIP)数据

会计基础理论与模拟实习：全二册/严鹏飞，王晓秋主编. —3 版. —上海：立信会计出版社，2018.7

普通高等学校精品课程教材

ISBN 978-7-5429-5472-5

Ⅰ. ①会… Ⅱ. ①严… ②王… Ⅲ. ①会计学—高等学校—教材 Ⅳ. ①F230

中国版本图书馆 CIP 数据核字(2018)第 166884 号

策划编辑　张巧玲
责任编辑　张巧玲

会计基础理论与模拟实习(全二册)(第三版)

出版发行　立信会计出版社
地　　址　上海市中山西路 2230 号　　邮政编码　200235
电　　话　(021)64411389　　传　　真　(021)64411325
网　　址　www.lixinaph.com　　电子邮箱　lxaph@sh163.net
网上书店　www.shlx.net　　电　　话　(021)64411071
经　　销　各地新华书店

印　　刷　常熟市梅李印刷有限公司
开　　本　710 毫米×960 毫米　1/16
印　　张　20.5
字　　数　373 千字
版　　次　2018 年 7 月第 3 版
印　　次　2018 年 7 月第 1 次
印　　数　1—3 100
书　　号　ISBN 978-7-5429-5472-5/F
定　　价　43.00 元

前　言

本教材的写作背景

“学过了《会计基础》课程后，除了对‘会计分录’还有些印象外，其他内容都忘得差不多了，当初学习时就似懂非懂，云里雾里”；“会计分录难以记得住”。这是我院一些会计教师20多年来对众多高校会计专业及相关专业的学生调查反馈的一个几乎“异口同声”的反应。至于高校财会专业毕业生不会规范地填制和不清楚如何使用原始凭证和记账凭证、不知道怎样登记各类账簿；不知道怎么结账、怎么编制会计报表、怎样装订会计凭证；不知道中国人民银行关于《正确填写票据和结算凭证的基本规定》；不知道会计工作中数码字的书写要求……则是比较普遍的现象。此外，由于一些《会计基础》教材一开始就阐述了大量的专业术语和抽象的理论，使得学生感到枯燥难懂，从而学习过后收效不大，容易遗忘，甚至产生畏难或厌倦情绪。

随着世界经济一体化趋势的加强，为适应经济全球化、会计国际趋同和完善社会主义市场经济体制的新形势、新要求，2006年2月，财政部发布了一个基本会计准则和38项具体会计准则，并且，《企业会计准则解释》(含“修改”)已经和可能还将陆续出台，使会计课程教材的内容更多了，难度更大了，传统的教学模式更难适应教学需要。不少会计教师忧心忡忡：会计课程的教学内容越来越多，教材越来越厚，教学工作越来越困难；许多企业的会计人员也叫苦连天：后续教育、知识更新的任务越来越繁重，不堪重负。

凡此种种，使会计课程包括《会计基础》课程教学面临一个急待解决的课题：怎样根据会计学科的特点，深入探讨其教学规律，进行教材教法改革，使学生提高驾驭教材的能力，以摆脱囿于教材转、“死啃”书本、死记硬背而导致基础不扎实、动手能力差、缺乏发展潜力的非良性循环。

以上课题首先要求会计的入门课程《会计基础》在教学中应解决如下问题：一是如何使从高中进入大学阶段对会计一无所知的教学对象能够迅速进入会计角色，形成会计的思维，并且能够针对会计学科的特点掌握科学的学习方法，使学生成为既具有会计人员所必需的动手能力，又具有相应的专业理论功底、会计职业素养特别是潜在能力，不断增强善于运用会计原理思考、分析和解决问题的能力，并为培养创新能力而奠定坚实的基础；二是传统的单纯理论教学，或者先进行理论教学然后再进行模拟实习，不但理论教学的难度大、占用的课时多，而且教学效果差。如何使得理论教学和实践教学有机结合，互相促进，从而有效地利用较少的课时取得更好的学习效果？三是如何将教学重心从着重“教”转向着重“学”，将知识注入型转向知识获得型、学习能力习得型和实践能力养成型教学，努力使学生受益和提高教学质量，使学生尽快实现从高中到大学学习方法的转变。为了解决以上问题，2004 年 2 月，在四川师范大学文理学院副院长兼教务处处长赖先朴教授的直接指导下，我们对本课程进行了突破传统的教材教法模式、大胆创新的教学改革试点。

本教材的创新点

本着务实求真、讲求实效、大胆创新的指导思想，我们进行了如下教材教法模式的改革创新。

(一) 将《会计基础》课程的理论教学和实践教学(会计循环模拟实习)有机融合，“二位一体”地交叉进行

本教材按照三个模块组织教学。

第一模块：入门知识。这一模块的教学内容是为第二模块会计循环模拟实习奠定必要的入门基础。为了有效地使用教学时间，从实质上提高教学效果，本模块的入门知识以“够用”为度。第一模块的教学大致需要 12 学时，共 6 次课。

第二模块：实践教学(会计循环模拟实习)。本着循序渐进的原则，分两次进行会计循环模拟实习。第一次模拟实习旨在使学生对会计循环的主要步骤先取得一个初步的框架式的感性认识，其实施方式是采取在教师的直接指导下以类似“师傅带徒弟”的方式“手把手”地进行(不必担心“这是‘依葫芦画瓢’，会导致学生‘囫囵吞枣’地被动学习”，因为通过第一次模拟实习后的归纳总结和第二次模拟实习，情况就会发生变化，学生为主体、教师为主导的状态就会出现，费时少、收效好的效果就会显示出来)。第二次模拟实习，则是与实际会计工作基本零距离地进行会计基础层次的会计循环的实践训练(成本计算、现金流量表的编制等不作要求)。“会计循环模拟实习(二)”与“会计循环模拟实习(一)”不同之处主要是：① 与实际会计工作基本零距离。包括进行原始凭证的模拟实习、购销业务考虑增值税、各种类型的明细账都将进行模拟实习；② 经济业务事项更加全面(一是日常经济活动的经济业务事项更加全面；二是进行年终结账等)；③ 不再主要是采用“师傅带徒弟”的方式“由老师牵着走”，学生在模拟实习中的主动地位显著增强；④ 全面提高动手能力，更加强调规范性。学生可将模拟实习(二)的“成果”(全部实习资料)在毕业应聘时能“胸有成竹”地出示给招聘单位会计部门的“考官”，以让用人单位对学生的基本动手能力放心、满意。两次模拟实习过程中，均根据模拟实习的具体内容，将相关会计基础理论和方法适时融入教学之中。第二模块的教学大致需要 58

学时，共 29 次课。

第三模块：理论教学。本模块系统、全面地介绍会计基础理论和方法。我们通过 2004 级至 2016 级连续 13 个年级(本科和大专近 100 个班)的教学实践，充分证明了第三模块的绝大多数教学内容学生基本上“一看就懂”，收到了“教是为了不教”的效果，达到了本课程的预期教学目的。第三模块的教学大致需要 10 学时，共 5 次课。

(二) 本着“授之以鱼，不如授之以渔”的授业理念，将我国会计课程教学长期普遍存在的“准则(制度)＋举例”的教学模式改革为充分运用“原理＋准则”的教学模式

由于我国从大学本科到大专、中专、职高等各层次的会计课程教学长期以来大多是沿用“准则(制度)＋举例”的传统教学模式。这种教学模式是先引用《企业会计准则——应用指南》附录“会计科目和主要账务处理”的相关内容(在《企业会计准则》出台之前则是引用《企业会计制度》的相关内容)，“逐一不漏”地一一介绍有关各类经济业务事项编制会计分录的所有“条条款款”，然后举例说明。因其着重于介绍准则规定的所有“条条款款”，这是一种学生以记忆为中心、“依葫芦画瓢”、死记硬背的教学模式，学生学习时难度大，教学效果差，有悖于“以学生为主体，充分发挥教师主导作用的原则”和“传授知识与培养能力相结合的原则”，是一种“授之以鱼”的知识注入型授业理念，因而，尽管教师呕心沥血、力求提高教学效果，但仍然难以跳出“依葫芦画瓢”、死记硬背的“怪圈”。这种教学模式，不利于使学生夯实基础、增强学生的“造血功能”，不利于促进学生学习能力的提高、积蓄潜力、增长发展后劲。我院会计教师根据多年的教学体会，本着“授之以鱼，不如授之以渔”的授业理念，积极采用了“原理＋准则”的教学模式，为使学生深入理解、正确运用《企业会计准则》起好步、开好头，克服“准则＋举例”的传统教学模式的弊端，收到了较好的效果。“原理＋准则”的教学模式是指：无论是初级会计、中级会计还是高级会计，不论其涉及的企业的经济业务事项如何复杂，其账务处理总是从《会计基础》课程学习的基本原理出发，并结合相关具体会计准则的“某些特别规定”进行教学的模式。“原理＋准则”中的“准则”，特指相关具体会计准则；所谓“某些特别规定”，是指有关经济业务事项的账务处理，根据基本原理，有时会由于有几种不同的观点，存在几种不同的账务处理方法，在这种情况下，应按相关具体会计准则的规范进行账务处理。举一个简例说明如下。

【简例】 20×9 年 8 月 10 日，深广公司赊销一批材料给红星公司，不含税价格为 100 000 元，增值税税率为 17%，合计赊销金额为 117 000 元。当年 12 月 10 日，因红星公司财务发生困难无法按合同规定偿还债务，经双方协议，深广公司同意减免红星公司 20 000 元债务，余款红星公司用银行存款立即偿清(深广公司未对该债权计提

坏账准备)。红星公司于当日通过银行转账支付了该笔剩余款项,深广公司随即收到了通过银行转账偿还的款项。分别作红星公司和深广公司的相关账务处理。

(1) 红星公司的相关账务处理。

按照"原理+准则"的教学模式,作如下的分析和账务处理:

① 只要学习了会计要素、会计科目、借贷记账法与会计分录等"入门知识",就能作出如下分析和相关账务处理:红星公司所作的会计分录中应借记"应付账款"科目 117 000 元,贷记"银行存款"科目 97 000 元,这是显而易见、"理所当然"的,而且,不管具体会计准则如何变化,总是"雷打不动"的;② 至于差额(深广公司让步的)20 000 元的账务处理,则有两种不同的观点:一是将红星公司获得的该项利得 20 000 元直接计入所有者权益(贷记"资本公积"科目);二是将红星公司获得的该项利得 20 000 元直接计入当期利润(贷记"营业外收入"科目)。这两种观点都有各自的道理。究竟应该怎样处理,就要看相关具体会计准则是怎样规定的。实际上,前一种意见符合相关"旧具体会计准则"的规定;后一种意见符合相关"新具体会计准则"的规定(具体会计分录略)。

(2) 运用以上的分析方法,也就不难进行深广公司的相关账务处理了(略)。

2004 年以来,我院历届大学一年级的新生,在"大一"的第一学期学习了《会计基础》课程的入门知识后,一般都能基本正确地作出以上的分析和账务处理。

以上简例,超出了《会计基础》和《初级会计实务》课程的要求,属于《中级会计实务》课程的教学内容。可见,"原理+准则"的教学模式呈现了"跨越式"的教学效果。

我院会计教师在会计课程采用"原理+准则"的教学模式的具体实施过程中,针对不同的教学内容,分别或综合运用案例教学法、对比教学法、提纲挈领教学法等教学方法,力求"驾驭教材":教师讲课应避免仅仅是被动地"解释教材",而应引导学生善于根据具体的教学内容运用恰当的学习方法,抓好基本知识点,尤其是关键知识点,理清思路,使学生学习新知识能"由厚变薄",运用所学知识能"由薄变厚";教师讲课宜尽可能"洋话土说",促进学生"化难为易"地理解、掌握教学内容;着眼于提高学生的学习能力、灵活运用会计原理和会计准则进行账务处理的能力,坚决摒弃死记硬背、依葫芦画瓢的学习方法。从而实现教师的作用由知识的传授者转变为学生理解和运用知识的辅导者和促进者,促进学生学习能力的发展。

此项改革的必要性和良好效果,在学习后续课程(如中级财务会计、高级财务会计等课程)时将显得尤为明显。本课程则致力使学生从一开始就养成会计处理应采用"原理+准则"的思维方式和学习习惯。

进行以上教学改革 10 多年来,同学们普遍反映:会计课程并不像入学前人们传说的"会计枯燥难学"。只要刻苦勤奋,严谨求实,学习本课程并不难;绝大多数同学对会计课程产生了浓厚的兴趣,甚至每年都吸引了一些其他系的学生来旁听会计课程，其中不乏通过了会计从业资格考试的外系学生。采用改革后的教学模式，本课程的理论教学和模拟实习的总授课时间仅用不超过80学时，但能够保证教学需要，将70%左右的课时用于实践教学，将30%左右的课时用于理论教学，所用课时少，收效明显好，改变了传统教学方法下《会计基础》课程教学普遍存在的不良效果，使本课程的学习“由难变易”，由抽象、枯燥变得具体、实用，从而激发了学生的学习兴趣，实现了理论教学和实践教学的“双赢”。比如：有的学生在大学一年级第一学期学习了《会计基础》课程后，在寒假期间到工业企业财务部门见习，基本上能进行除了成本核算、现金流量表的编制以外一般的会计实务操作。许多毕业生纷纷反映：《会计基础》虽是学习会计的入门课程，但面对实际会计工作中千变万化的经济业务事项和不断变化的企业会计准则，由于以上教学方法夯实了基础，活跃了思维，比较透彻地理解、掌握了会计的基本原理，明晰了思路，在实际工作中深感受益匪浅。

说明

(1) 由于课时有限，考虑到与后续课程《会计电算化》之间的联系，本教材的会计循环模拟实习只进行手工会计核算，《会计电算化》课程可结合本教材“会计循环模拟实习(二)”的资料继续进行会计电算化的实际操作。

(2) 由于本教材是将理论教学和会计循环模拟实习有机融合，理论教学的主体内容框架是以财政部颁布的《企业会计准则》、财经版会计从业资格考试辅导教材《会计基础》(及《习题集》)和财政部印发的《会计基础工作规范》等相关内容为基础组织编写的。

鸣谢

本教材在写作过程中，除得到了成都文理学院(原四川师范大学文理学院)赖先朴教授多方有效的指导和大力支持外，还得到了成都文理学院(原四川师范大学文理学院)教务处全体同志的热情协助。在本课程教学改革过程中，兄弟院校朱学麟老师为编写模拟实习资料给予了大力支持，付出了辛勤的劳动；李冰、罗德剑、庄小欧老师为本教材的写作献计献策，提出了许多宝贵的建议。在此，对以上诸同志谨表衷心的感谢！

期盼

由于作者水平有限，又是创新性尝试，不当之处，还有待于在教学实践中不断改进和完善；疏漏乃至不妥之处，期盼各位同行赐教，并望各位同学积极给我们提出宝贵的意见和建议，以便修改。

作　者

2018年6月

目　录

第一模块　入门知识

第一章　总　　论

第一节　会计的概念及其职能

一、*案例分析*

为了直观地初步感受什么是会计，会计有些什么职能，并在今后的学习中重视培养敢于思考和分析问题的学习习惯，建立“在大学学习期间应特别重视积累善于思考分析问题的学习能力”的理念；消除“会计枯燥、难懂”的“道听途说”，并激发学习兴趣。现假设你是一位没有学习过财会知识的企业管理者或投资者，请对以下案例进行思考分析。

（一）会计的基本职能案例

（1）资料：表1－1是某公司记录的20×1年1月现金收、付情况的“现金日记账”。

表1－1

现金日记账(三栏式)

20×1年		……	摘　要	对方科目	收　入	付　出	结　余
月	日						
1	1		上年结余				1 200
	3		提取现金	银行存款	600		
	3		借支差旅费	其他应收款		500	
	3		支付市内运货费	销售费用		80	
	3		厂部购办公用品	管理费用		775	445
			本日合计		600	1 355	445
			本日合计		565	420	396
1	31		本月合计		18 670	19 474	396

(2) 思考分析：该“现金日记账”有些什么作用？

(二) 会计报表——利润表的分析案例

(1) 资料：某公司(商品流通企业)20×1年度的利润表如表1-2所示。

表1-2

利润表(简表)

会企02表

编制单位：××公司　　20×1年　　单位：元

项　　目	上年金额	本年金额
一、营业收入	1 000 000	1 120 000
减：营业成本	500 000	562 000
税金及附加	80 000	98 000
销售费用	57 500	57 000
管理费用	200 000	190 000
财务费用	7 500	7 000
加：投资收益(损失以“－”号填列)	5 000	6 000
二、营业利润(亏损以“－”号填列)	160 000	212 000
加：营业外收入	2 000	
减：营业外支出		60 000
三、利润总额(净亏损以“－”号填列)	162 000	152 000
……	……	……

该公司20×1年度商品销售单价比上年略有降低；所销售商品的进价、职工工资水平、借款利率等有关因素均与上年基本相同；财务费用主要是借款利息。

注：该公司20×0年、20×1年的营业收入都是销售商品的收入，没有其他业务收入；20×0年营业外收入2 000元为接受捐赠利得；20×1年营业外支出60 000元为公益性捐赠支出。

(2) 思考分析：根据上述资料，你对该公司20×1年度的经营业绩可以作出哪些方面的评价？

(三) 盈利能力分析案例

(1) 资料：某人开办了一个零售商店，20×0年年初自己出资10万元，全年盈利2万元；20×1年年初追加投资10万元，全年盈利6万元。不考虑有关税费及通货膨胀等其他因素。

(2) 思考分析：哪一年经营业绩较好？为什么？

(四) 偿债能力分析案例

(1) 资料：甲、乙两个商场销售同样的商品，其经营所需资金来源如下：

商场名称	自有资金	借入资金
甲商场	700 万元	300 万元
乙商场	300 万元	700 万元

(2) 思考分析：在其他条件(包括借款利率等)都相同的条件下，你愿意作哪一个厂的债权人？为什么？

(五) 预测分析案例

(1) 资料：某企业生产的 M 产品在市场上正处于成长期。近 6 个月每月销售量如表 1-3 所示。估计今后一年内仍将保持这一成长趋势。

表 1-3

近 6 个月销量

月　份	1	2	3	4	5	6
销量(万件)	5	6	7.2	8.64	10.37	12.44

(2) 思考分析：请观察销量变动趋势，预测该企业 M 产品 7 月份大致销售量。

(六) 短期经营决策分析案例

(1) 资料：某服装厂生产某型号服装，由于市场竞争激烈，企业以销定产，生产任务很不饱满。对明年的生产经营计划，吴慧提出如下建议：将目前的销售单价每套 200 元降低 5%，预计销售量可由目前的年销售量 50 000 套增至 60 000 套肯定没有问题；经测算，产量在目前 50 000 套的基础上每增加 1 套，企业要付出直接材料费 80 元，直接人工成本 10 元。

此建议有人不同意，认为按这个建议，不仅新增的产销量 10 000 套的单价下降 5%，而且原产销量 50 000 套的销售收入也要下降，企业损失太大，得不偿失。

(2) 思考分析：假设不考虑相关税费等其他因素，你认为吴慧的建议应否采纳？为什么？提示：通过计算，比较增加的收入和增加的成本。

(七) 长期投资决策分析案例

1. 资金时间价值观念案例

(1) 资料：某企业有闲置资金 100 万元，王龙找到一个投资项目，一次性投资 100 万元，投资 5 年，每年肯定可收回 20.5 万元。王龙认为，该项投资 5 年内可为企业带来收益 2.5 万元，因而建议企业采纳该投资方案。

(2) 思考分析：你是否同意这一建议？为什么？

2. 风险价值观念案例

(1) 资料：某企业准备拿出 100 万元对外投资，现有 A、B 两个投资方案可供选择(均一次性投入 100 万元),A 方案为开办酒店,B 方案为开采煤矿,两个方案投资期间均为 20 年,A 方案预计每年可收回 30 万元,B 方案预计每年可收回 45 万元。

(2) 思考分析：你主张采纳哪一方案？为什么？

以上案例都属于会计学讨论的范畴。通过对以上案例的思考分析,我们对会计是干什么的,就有了初步的直观感受。那到底什么是会计？它又具有哪些职能呢？

二、会计的概念及其职能

会计是以货币为主要计量单位,反映和监督一个单位经济活动的一种经济管理工作。

企业会计有两大分支：一是财务会计。财务会计又叫对外报告会计,主要侧重于向企业外部关系人提供有关企业财务状况、经营成果和现金流量情况等过去信息。二是管理会计。管理会计又叫对内报告会计,主要侧重于向企业内部管理者提供进行经营规划、经营管理、预测决策所需的相关未来信息。

会计的基本职能包括会计核算和会计监督两大职能。

(一) 会计核算职能

会计核算贯穿于经济活动的全过程,它是会计最基本的职能。会计核算职能是指会计以货币为主要计量单位,对特定主体的经济活动通过确认(辨认、确定是否及何时作为会计信息反映的会计程序)、计量(确定会计确认中用以描述某一交易或事项的金额的会计程序)、记录(对特定主体的经济活动采用一定的记账方法、在账簿中进行登记的会计程序)、报告(在确认、计量和记录的基础上,将特定主体的财务信息传递给信息使用者的手段)等环节,进行记账、算账、报账,为各有关方面提供会计信息的功能。其中,记账是指对特定对象的经济活动采用一定的记账方法,在账簿中进行登记;算账是指在记账的基础上,对企业单位一定时期的收入、费用、成本、利润和一定日期(时点,下同)的资产、负债、所有者权益进行计算(行政、事业单位是对一定时期的收入、支出、结余和一定日期的资产、负债、净资产进行计算);报账是指在算账的基础上,对企业单位的财务状况、经营成果和现金流量情况(行政、事业单位是对其经费收入、经费支出、经费结余及其财务状况),以会计报表的形式向有关方面报告。

根据《中华人民共和国会计法》(以下简称《会计法》)的规定,企业单位发生的一切经济业务,如款项和有价证券的收付,财产物资的收发和增减及使用,债权债务的发生和结算,资本、基金的增减和经费的收支,收入和费用及成本的计算,财务成果的计算和处理等,都必须借助会计核算,通过记账、算账、报账,如实全面系统地反映出来，为有关各方面提供决策有用的会计信息。

但随着管理要求的提高、内控规范的加强，会计核算的职能不仅仅是对经济活动进行事后反映，为了在经营管理上加强计划性和预见性，还要对经济活动进行事前核算和事中核算。事前核算的主要形式是进行预测，参与决策，而事中核算的主要形式是在计划执行过程中，通过核算和监督相结合的方法，对经济活动进行控制，使经营活动过程按照计划或预期的目的进行。

（二）会计监督职能

对经济活动进行会计核算的过程，也是实施会计监督的过程。会计监督职能是指会计人员在进行会计核算的同时，对特定主体经济活动的真实性、合法性和合理性进行审查。

其中，真实性审查是指各项经济业务事项应当以实际发生的交易或者事项为依据进行确认、计量和报告，保证会计信息真实可靠、内容完整；合法性审查是指保证各项经济业务事项符合国家的有关法律法规，遵守财经纪律，执行国家的各项方针政策，杜绝违法乱纪行为；合理性审查是指检查各项财务收支是否符合特定对象的财政收支计划，是否有利于预算目标的实现，是否有奢侈浪费行为，是否有违背内部控制制度要求等现象，为增收节支、提高经济效益严格把关。

会计监督按其经济活动过程的关系，分为事前、事中和事后监督。事前监督就是在过程之初，对原始凭证、计划、合同的真实性、合法性和合理性所作的核查；事中监督就是在过程之中对计划、预算执行等所作的控制；事后监督就是在过程之后，对会计资料所作的分析检查。

核算和监督两项基本会计职能是相辅相成、辩证统一的关系。会计核算是会计监督的基础，没有核算所提供的各种信息，监督就失去了依据；而会计监督又是会计核算质量的保证，只有核算、没有监督，就难以保证核算所提供信息的真实性、可靠性。

除了上述基本职能外，会计还具有预测经济前景、参与经济决策、评价经营业绩等功能。

《会计基础理论与模拟实习》课程主要围绕会计核算职能和会计监督职能进行学习。

第二节　会计的对象

会计的对象是指会计核算和监督的内容。研究会计对象的目的，是要明确会计在经济管理中的活动范围，从而确定会计的任务，建立和发展会计的方法体系。会计需要以货币为主要计量单位，对特定单位的经济活动进行核算和监督，因此，凡是特定主体能够以货币表现的经济活动，都是会计核算和监督的内容，也就是会计的对象。以货币表现的经济活动，通常又称为价值运动或资金运动。

由于各单位的性质不同，经济活动的内容不同，因此会计的具体对象也就不尽相同。下面以工业企业为例，说明工业企业会计的具体对象。

工业企业是从事工业生产和销售的营利性经济组织。为了从事产品的生产与销售活动，企业必须拥有一定数量的资金。企业的资金，是指企业所拥有的各项财产物资的货币表现。企业的资金运动表现为资金投入、资金运用和资金退出三个过程。

资金的投入包括企业所有者投入的资金和债权人投入的资金两部分，前者属于企业所有者权益，后者属于企业债权人权益（即企业负债）。投入企业的资金一部分构成流动资产；另一部分构成非流动资产。

资金的运用（资金的循环与周转）分为供应、生产、销售三个阶段。在供应过程中，企业要购买原材料等劳动对象，发生材料费、运输费、装卸费等材料采购成本，与供应单位发生货款的结算关系。在生产过程中，劳动者借助于劳动手段将劳动对象加工成特定的产品，发生原材料消耗的材料费、固定资产磨损的折旧费、生产工人劳动耗费的人工费等，构成产品使用价值与价值的统一体，同时，还将发生企业与工人之间的工资结算关系，与有关单位之间的劳务结算关系等。在销售过程中，将生产的产品销售出去，发生有关销售费用、收回货款、交纳税金等业务活动，并同购货单位发生货款结算关系、同税务机关发生税务结算关系等。企业获得的销售收入，扣除各项费用成本后的利润，还要提取盈余公积并向所有者分配利润。

资金的退出包括偿还各项债务、上交各项税金、向所有者分配利润等，这部分资金便离开本企业，退出本企业的资金循环和周转。

资金在资金的投入、资金的循环与周转、资金的退出三个阶段的运动，又是通过一系列的经济业务事项来进行的。这里，经济业务事项包括经济业务和经济事项两类。经济业务又称经济交易，是指企业与其他单位和个人之间发生的各种经济利益的交换，如商品销售等。经济事项是指在企业内部发生的具有经济影响的各类事件，如计提折旧等。

应注意的是，不是企业生产经营过程的全部内容都是会计核算的对象，只有能以货币表现的经济活动，才是会计核算的内容。

第三节　会计基本假设

会计的基本假设是会计确认、计量和报告的前提，是对会计核算所处时间、空间环境等所作的合理设定。会计核算的基本假设是进行会计核算时必须明确的前提条件。一般认为，会计核算的基本假设包括会计主体、持续经营、会计分期和货币计量四项。

一、会计主体

会计主体是指会计所核算和监督的特定单位或者组织，是会计确认、计量和报告的空间范围。会计工作中通常所讲的资产、负债的确认，收入的实现，费用的发生等，都是针对特定会计主体而言的。在会计主体假设下，企业应当对其本身所发生的交易或者事项进行会计确认、计量和报告，反映企业本身所从事的各项生产经营活动。

会计主体假设的主要意义在于：一是将特定主体的经济活动与其他单位的经济活动区别开来，从而界定了从事会计工作和提供会计信息的空间范围，说明了某会计主体的会计信息仅仅与该会计主体的整体活动和成果相关；二是将特定主体的经济活动与该主体所有者及职工个人的经济活动区别开来。企业所有者（或职工个人）的经济交易或者事项是属于企业所有者（或职工个人）主体所发生的，不是企业本身的经济交易或者事项，不应纳入企业会计核算的范围。但是，企业所有者投入企业的资本或者企业向所有者分配的利润，则属于企业主体所发生的交易或者事项，应当纳入企业会计核算的范围。

对会计主体的概念应明确两点：一是会计主体与法律主体（法人）并非是对等的概念。会计主体不同于法律主体。一般来说，法人可作为会计主体。但是，会计主体不一定就是法人。会计主体可以是独立法人，也可以是非独立法人；可以是一个企业，也可以是企业内部的某一个单位或企业中的一个特定部分；可以是一个单一的企业，也可以是由几个企业组成的企业集团。二是会计主体不仅要与其他主体分开，而且还要独立于本企业主体的所有者。当企业与业主有经济往来时，会计应将业主当作另一个实体，做到往来账目清楚。

二、持续经营

持续经营是指在可以预见的将来，会计主体按当前的规模和状态持续经营下去，不会停业，也不会大规模削减业务。即在可预见的未来，该会计主体不会破产清算，所持有的资产将正常营运，所有的债务将正常偿还。

企业是否持续经营，在会计原则、会计方法的选择上有很大差别。例如，如果判断企业会持续经营，就可以假定企业的固定资产会在持续经营的生产经营过程中长期发挥作用，并服务于生产经营过程，固定资产就可以根据历史成本进行记录，并采用折旧的方法，将历史成本分摊到各个会计期间或相关产品的成本中。如果判断企业不会持续经营，固定资产就不应采用历史成本进行记录并按期计提折旧，只能采用可变现净值来予以计量。否则，会误导会计信息使用者的经济决策。

三、会计分期

会计分期是指将一个企业持续经营的生产经营活动划分为一个个连续的、长短相同的期间，以便分期结算账目和编制财务会计报告。

在会计分期假设下，企业应当划分会计期间，会计期间通常分为年度和中期。中期是指短于一个完整的会计年度的报告期间，一般指月度、季度、半年度等。会计年度，一般采用日历年度，即从每年的 1 月 1 日至 12 月 31 日为一个会计年度。

明确会计分期假设意义重大。由于会计分期，才产生了当期与以前期间、以后期间的差别；有了本期与非本期的区别，才产生了权责发生制和收付实现制。

四、货币计量

货币计量是指会计主体在财务会计确认、计量和报告时采用货币作为统一的计量单位，反映会计主体的生产经营活动。货币是商品的一般等价物，是衡量一般商品价值的共同尺度，具有价值尺度、流通手段、储藏手段和支付手段等特点。其他计量单位，如重量、长度、容积、台、件等，只能从一个侧面反映企业的生产经营情况，无法在量上进行汇总和比较，不便于会计计量和经营管理，只有选择货币尺度进行计量，才能充分反映企业的生产经营情况。

在有些情况下，统一采用货币计量也有缺陷，某些影响企业财务状况和经营成果的因素，如企业经营策略、研发能力、市场竞争力等，往往难以用货币来计量，但这些信息对于使用者决策来讲也很重要，企业可以在财务报告中补充披露有关非财务信息来弥补上述缺陷。

在我国，人民币是国家法定货币，《企业会计准则》规定我国的会计核算应以人民币为记账本位币。考虑到外商投资企业等业务收支以外币为主的企业会计核算的实际需要，也允许业务收支以外币为主的企业，可以选择某种外币作为记账本位币进行会计核算，但这些企业对外提供财务报表时，应当折算为人民币反映。在境外设立的中国企业，一般是以当地的货币进行生产经营活动，通常也以当地的货币进行日常会计核算，但为便于国内有关部门了解其财务状况和经营成果，向国内报送的财务会计报告，应当折算为人民币。

上述会计核算的四项基本假设，具有相互依存、相互补充的关系。会计主体确立了会计核算的空间范围，持续经营与会计分期确立了会计核算的时间长度，而货币计量则为会计核算提供了必要手段。没有会计主体，就不会有持续经营；没有持续经营，就不会有会计分期；没有货币计量，就不会有现代会计。

第四节　会　计　基　础

为了更加真实、公允地反映特定会计期间的财务状况和经营成果，《企业会计准则——基本准则》规定，企业会计的确认、计量和报告应当以权责发生制为基础。

权责发生制基础要求，凡是当期已经实现的收入和已经发生或应当负担的费用，无论款项是否收付，都应当作为当期的收入和费用，计入利润表；凡是不属于当期的收入和费用，即使款项已在当期收付，也不应当作为当期的收入和费用。例如，根据销售合同规定，甲公司应于明年 3 月 20 日向丙公司交付甲公司生产的产品一批；丙公司根据销售合同规定，于今年 12 月 1 日以银行存款预付给甲公司 100 000 元，甲公司当日收到存入银行。甲公司向购货单位丙公司预收的该 100 000 元，不能作为收到款项当期的收入，只能作为一项预收账款。

收付实现制是与权责发生制相对应的一种会计基础，它是以收到或支付的现金作为确认收入和费用的依据。目前，我国的行政单位会计采用收付实现制，事业单位会计除经营业务可以采用权责发生制外，其他大部分业务也采用收付实现制。

第五节 会计要素与会计等式

一、会计要素的概念

会计要素是对会计对象进行的基本分类，是会计核算对象的具体化，是用于反映会计主体财务状况，确定经营成果的基本单位。从企业会计来说，其核算的对象实质上就是企业各种经济资源的来源与运用，也就是各种经济资源的来龙去脉。为此，要表明企业的财务状况，就需要按照一定的标准对各种经济资源的占用进行分类，通过分类将其反映在财务报表中。正是从这一意义上将会计要素称为财务报表的要素，作为财务报表的基本构件。《企业会计准则——基本准则》规定，企业应当按照交易或者事项的经济特征确定会计要素，规定我国的会计要素包括资产、负债、所有者权益、收入、费用、利润等六大会计要素。其中，资产、负债和所有者权益反映企业的财务状况；收入、费用和利润反映企业的经营成果。

二、反映财务状况的会计要素

财务状况是指企业一定时期的资产及权益情况，是资金运动相对静止状态的表现。反映财务状况的会计要素包括以下三项。

(一) 资产

资产是指企业过去的交易或者事项形成的，由企业拥有或者控制的，预期会给企业带来经济利益的资源。具体来讲，企业从事生产经营活动必须具备一定的物质资源，如货币资金、厂房场地、机器设备、原材料等，这些都是企业从事生产经营的物质基础，称其为资产。除了这些有形资产外，还有像专利权、商标权等不具有物质形态，但却有助于生产经营活动进行的无形资产。企业对其他单位的投资等也都属于资产。

根据资产的定义，资产具有如下特征：① 资产预期会给企业带来经济利益。

这是指资产具有直接或者间接导致现金和现金等价物流入企业的潜力。这种潜力可以来自企业日常的生产经营活动，也可以是非日常生产经营活动；带来的经济利益可以是现金或者现金等价物，或者是可以转化为现金或者现金等价物的其他资产，或者表现为减少现金或者现金等价物的流出。例如，超市库存的霉变食品属于待处理财产损失，预期不能给企业带来经济利益，不能再确认为企业的资产。预期能为企业带来经济利益是资产的重要特征。② 资产是为企业拥有或者控制的资源。这是指企业享有某项资源的所有权，或者虽然不享有某项资源的所有权，但该项资源能够被企业所控制。例如，某企业以融资租赁方式租入一项固定资产，尽管企业并不拥有其所有权，但是如果租赁合同规定的租赁期相当长，接近于该固定资产的使用寿命，企业控制了该资产的使用及其所能带来的经济利益的，应当将其作为企业的资产予以确认、计量和报告。③ 资产是由企业过去的交易或者事项形成的。也就是说，只有过去的交易或者事项才能产生资产，企业预期在未来发生的交易或者事项不形成资产。例如，企业和供应商签订了一份购买原材料的合同，合同尚未履行，购买行为尚未发生，企业不能将该批原材料确认为资产。

一项资源在符合资产定义的情况下，要确认为资产，还应该同时满足以下两个条件：一是与该资源有关的经济利益很可能流入企业；二是该资源的成本或者价值能够可靠地计量。

资产按其流动性(通俗地说，资产的流动性就是资产"变成现金的快慢程度")，通常可以划分为流动资产、长期投资、固定资产、无形资产及其他资产等。

(二) 负债

负债是指企业过去的交易或者事项形成的，预期会导致经济利益流出企业的现时义务。

根据负债的定义，负债具有如下特征：① 负债是企业承担的现时义务。它是负债的一个基本特征。现时义务是指企业在现行条件下已承担的义务。未来发生的交易或者事项形成的义务，不属于现时义务，不应当确认为负债。② 负债预期会导致经济利益流出企业。它是负债的一个本质特征，只有企业在履行义务时会导致经济利益流出企业的，才符合负债的定义。在履行现时义务清偿负债时，导致经济利益流出企业的形式多种多样，例如，用货币资金偿还或以实物资产形式偿还；以提供劳务形式偿还；部分转移资产、部分提供劳务偿还；将负债转为资本等。③ 负债是由企业过去的交易或者事项形成的。亦即只有过去的交易或者事项才能形成负债。企业将在未来发生的承诺、签订的合同等交易或者事项，不形成负债。例如：某企业从银行取得借款 1 000 万元，同时还与银行达成了 2 个月后借入 2 000 万元的借款意向书。前者属于过去的交易或者事项形成的负债；后者就不属于过去的交易或者事项，不应形成企业的负债。

一项义务要确认为企业的负债，除了要符合负债的定义，还需要同时满足以下两个条件：一是与该义务有关的经济利益很可能流出企业；二是未来流出的经济利益的金额能够可靠地计量。

企业的负债按其流动性（这里的流动性，通俗地说，就是偿还债务的缓急程度）不同，分为流动负债和非流动负债。

（三）所有者权益

所有者权益是指企业资产扣除负债后，由所有者享有的剩余权益。公司的所有者权益又称为股东权益。

所有者权益具有以下特征：① 除非发生减资、清算或分派现金股利，企业不需要偿还所有者权益；② 企业清算时，只有在清偿所有的负债后，所有者权益才可还给所有者；③ 所有者凭借所有者权益能够参与利润分配。

所有者权益的来源包括所有者投入的资本、其他综合收益、留存收益等，通常由实收资本（或股本）、资本公积、其他综合收益、盈余公积构成。其中，所有者投入的资本是指所有者投入企业的资本部分，它既包括构成企业注册资本或者股本部分的金额，也包括投入资本超过注册资本或者股本部分的金额，即资本溢价或者股本溢价。其他综合收益是指企业根据企业会计准则规定未在损益中确认的各项利得和损失扣除所得税影响后的净额（基础会计阶段不要求掌握）。留存收益是企业历年实现的净利润留存于企业的部分，主要包括累计计提的盈余公积和未分配利润。实收资本（或股本）、盈余公积和未分配利润在本课程第二模块的模拟实习后将会有比较清楚的初步了解，资本公积和其他综合收益将在《中级会计实务》课程中学习，本模块在以下将会涉及一些简单内容。

所有者权益体现的是所有者在企业中的剩余权益，因此，所有者权益的确认主要依赖于其他会计要素，尤其是资产和负债的确认，所有者权益金额的确定也主要取决于资产和负债的计量。

三、*反映经营成果的会计要素*

经营成果是企业在一定时期从事生产经营活动所取得的最终成果，是资金运动显著变动状态的主要体现。反映经营成果的会计要素包括以下三项。

（一）收入

收入是指企业在日常活动中形成的、会导致所有者权益增加的、与所有者投入资本无关的经济利益的总流入。

收入具有以下特征：① 收入是企业在日常活动中形成的。日常活动是指企业为完成其经营目标所从事的经常性活动以及与之相关的活动。例如，工业企业制造并销售产品、商业企业销售商品等，均属于企业的日常活动。② 收入是与所有者投入资本无关的经济利益的总流入。所有者投入资本的增加不应当确认为收入，而应将其直接确认为所有者权益。③ 收入会导致所有者权益增加。不会导致所有者权益增加的经济利益的流入不符合收入的定义，不应确认为收入。比如，企业向银行借入款项，尽管导致了企业经济利益的流入，但不会导致所有者权益的增加，应当确认为一项负债。

收入的确认至少应当符合以下条件：一是与收入相关的经济利益应当很可能流入企业；二是经济利益流入企业的结果会导致资产的增加或者负债的减少；三是经济利益的流入额能够可靠计量。

(二) 费用

费用是指企业在日常活动中发生的、导致所有者权益减少的、与向所有者分配利润无关的经济利益的总流出。

费用具有以下特征：① 费用是企业在日常活动中形成的。企业非日常活动所形成的经济利益的流出不能确认为费用，而应当计入损失。② 费用是与向所有者分配利润无关的经济利益的总流出。其表现形式包括现金或者现金等价物的流出，相关资产的流出或者消耗等。③ 费用会导致所有者权益的减少。不导致所有者权益减少的经济利益的流出不符合费用的定义，不应确认为费用。例如，用银行存款购买原材料、用银行存款偿还应付账款等，都不应当将有关经济利益的流出确认为费用。

费用只有在经济利益很可能流出从而导致企业资产减少或者负债增加，且经济利益的流出额能够可靠计量时才能予以确认。

(三) 利润

利润是指企业在一定会计期间的经营成果。通常情况下，如果企业实现了利润，表明企业的所有者权益将增加，业绩得到了提升；反之，如果企业发生了亏损(即利润为负数)，表明企业的所有者权益将减少，业绩下滑了。因此，利润往往是评价企业管理层业绩的一项重要指标，也是投资者等财务报告使用者进行决策时的重要参考。

利润包括收入减去费用后的净额、直接计入当期利润的利得和损失等。其中收入减去费用后的净额反映的是企业日常活动的业绩，直接计入当期利润的利得和损失反映的是企业非日常活动的业绩。直接计入当期利润的利得和损失，是指应当计入当期损益、最终会引起所有者权益发生增减变动的、与所有者投入资本或者向所有者分配利润无关的利得或者损失。企业应当严格区分收入和利得、费用和损失之间的区别，以更加全面地反映企业的经营业绩。

四、企业会计等式

会计等式是反映会计要素之间平衡关系的计算公式，它是制定各项会计核算方法的理论依据。

1. 资产＝负债＋所有者权益

企业的资产最初表现为所有者的投入资本和向债权人借入的资金。前者就是所有者权益，后者就是企业的负债。随着企业的生产经营活动的进行，企业相应发生费用并取得收入，从而在一定的会计期间实现经营成果，其归属于企业的投资人，成为所有者权益的一个组成部分。与此同时，也与其他企业或单位发生债权债务关系，在生产经营过程中形成一定的债权和债务，发生的债权则成为企业的资产，而形成的债务则成为企业的负债。因此，资产最终都是来源于所有者的投入和向债权人借入的资金以及其在生产经营活动中所产生的效益，即分别来源和归属于所有者或投资人和债权人。归属于所有者的部分形成所有者权益；归属于债权人的部分形成负债（即债权人权益）。资产、负债和所有者权益实际是企业所拥有的经济资源在同一时点上所表现的不同形式。资产表明的是资源在企业存在、分布的形态，而负债和所有者权益则表明了资源取得的形式和渠道。因此，企业有多少数额的资产必有与其等额的负债或所有者权益，即在任何情况下企业的资产与权益（包括所有者权益和债权人权益）必然相等。

这一基本的平衡关系用公式表示出来，就是会计等式，即：

资产＝负债＋所有者权益

资产与权益之间的恒等关系是最基本的会计等式，又称会计平衡公式或会计核算的基本恒等式。它是复式记账法的理论基础，也是企业编制资产负债表的依据。

根据会计平衡公式，不难理解，各项经济业务发生变化，所引起的会计要素的变动情况，归纳起来主要有以下九种基本情况：

（1）一项资产和一项负债同时增加。如：某企业从银行取得一笔短期借款转入企业银行存款户，引起该企业一项资产（银行存款）和一项负债（短期借款）同时等额增加。

（2）一项资产和一项所有者权益同时增加。如：某企业创立时收到投资人的投资存入银行，引起该企业一项资产（银行存款）和一项所有者权益（实收资本）同时等额增加。

（3）一项资产和一项负债同时减少。如：某企业以银行存款偿还前欠甲公司购货款，引起该企业一项资产（银行存款）和一项负债（应付账款）同时等额减少。

（4）一项资产和一项所有者权益同时减少。如：按法定程序减少注册资本，以银行存款向所有者支付，引起该企业一项资产（银行存款）和一项所有者权益（实收资本）同时等额减少。

（5）一项资产增加，另一项资产减少。如：某企业从银行提取现金，引起该企业一项资产（库存现金）增加，另一项资产（银行存款）等额减少。

（6）一项负债增加，另一项负债减少。如：某企业从银行取得一笔短期借款偿还前欠丁公司购货款，引起该企业一项负债（短期借款）增加，另一项负债（应付账款）等额减少。

（7）一项负债增加，一项所有者权益减少。如：某公司宣告分派现金股利（尚未发放），引起该公司一项负债（应付股利）增加，一项所有者权益（利润分配）等额减少。

（8）一项负债减少，一项所有者权益增加。如：某企业经批准将其原发行的应付债券转换为实收资本，引起该企业一项负债（应付债券）减少，一项所有者权益（实收资本）增加。

（9）一项所有者权益增加，另一项所有者权益减少。如：某公司经批准用盈余公积转增资本，引起该公司一项所有者权益（实收资本）增加，另一项所有者权益（盈余公积）等额减少。

以上九种基本情况可用图形表示如图 1－1 所示（每个粗箭头表示包括两种基本情况；每个细箭头表示包括一种基本情况）。

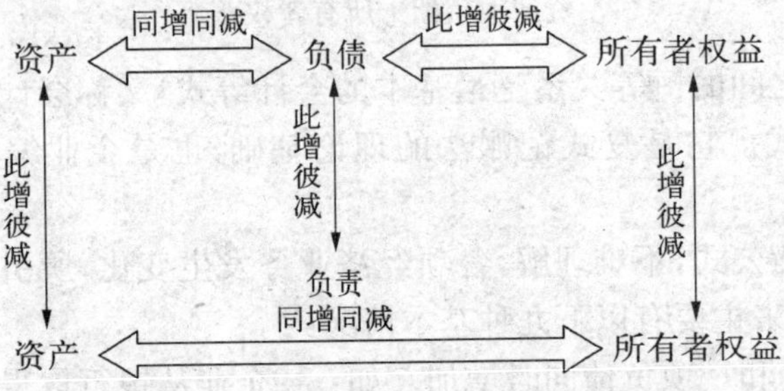

图 1－1 经济业务的九种基本情况

2. 收入－费用＝利润

企业经营的目的是为了获得收入，实现盈利。企业在取得收入的同时，也必然要发生相应的费用。通过收入与费用的比较，才能确定一定时期的盈利水平，确定实现的利润总额。它们之间的关系用公式表示为：

$$收入 - 费用 = 利润$$

在实际工作中，由于收入不包括直接计入当期利润的利得，费用不包括直接计入当期利润的损失，所以，收入减去费用，并经过调整后，即考虑直接计入当期利润的利得和损失，才等于利润。

收入、费用和利润之间的上述关系，是企业编制利润表的基础。

3. （资产＝负债＋所有者权益）与（收入－费用＝利润）的关系

企业在生产经营活动中，一方面必须取得收入，另一方面伴随着收入的取得也必将发生相应的费用。在某一具体时点上，通过收入和费用的比较，形成企业一定期间的利润。由于企业是由企业的所有者投资而组成的，企业实现的利润也只能是属于所有者，利润的实现总是表明所有者在企业中的所有者权益数额增加；反之，企业经营亏损，只能由所有者承担，则表明所有者在企业所有者权益数额减少。于是有：

资产＝负债＋（所有者权益＋利润）

＝负债＋（所有者权益＋收入－费用）

＝负债＋所有者权益＋（收入－费用）

这一等式表明会计主体的财务状况与经营成果之间的相互联系。企业的经营成果最终要影响到企业的财务状况，企业实现利润，将使企业资产增加，或负债减少；企业发生亏损，将使企业资产减少，或负债增加。

公式中的“所有者权益＋利润”是经过一定期间后的某一具体时点上所有者权益变动（增加或减少）后的数额。或者说，企业的净收益经过利润分配所形成的盈余公积和未分配利润，是所有者权益的组成内容［同学们在通过本教材“会计循环模拟实习（二）”后将会清楚地理解这一知识］。这样，会计等式又恢复为：

资产＝负债＋所有者权益

下面通过几个简例，旨在加深对会计等式的理解。

【例 1－1】 永正公司经批准于 20×1 年 1 月 1 日设立，其组织形式为有限责任公司。5 个发起人共投入现金 300 万元作为实收资本存入银行。

资产（3 000 000）＝所有者权益（3 000 000）

【例 1－2】 永正公司在 20×1 年 8 月 1 日向银行借款 100 万元存入公司银行存款户。该公司的资产总额增加到 400 万元，公司的资产现在就有两种资金来源，上述等式也就扩展为：

资产（4 000 000）＝债权人权益（1 000 000）＋所有者权益（3 000 000）

资产＝负债＋所有者权益　　（等式 1）

必须理解：任一时点，因为企业的所有资产都必定有相应的资金来源，所以在任何情况下,等式两边的平衡关系都不会被破坏。

【例 1-3】 永正公司在 20×1 年开业后,全年共取得业务收入 100 万元;发生各种费用共计 40 万元,则 20×1 年实现利润:

收入(1 000 000) - 费用(400 000) = 利润(600 000)

收入 - 费用 = 利润 (等式 2)

【例 1-4】 设永正公司 20×1 年发生的全部收入都已收到现金,费用均已用银行存款支付。

(1) 期末结账前,收入和费用尚未转入本年利润时:

4000 000 + 1 000 000 - 400 000 = 1 000 000 + 3 000 000 + 1 000 000 - 400 000

即:资产=负债+所有者权益+收入-费用[(等式 3),也称扩展会计平衡式]

(2) 期末结账后,由于收入、费用均无余额(其余额均转入所有者权益),利润导致所有者权益增加(如果亏损,导致所有者权益减少),则有:

资产(4 600 000) = 负债(1 000 000) + 所有者权益(3 600 000)

此时,(等式 3)又恢复为(等式 1):资产=负债+所有者权益

可见,"资产=负债+所有者权益" 是最基本的会计恒等式。

第二章 会计科目和复式记账

第一节 会 计 科 目

会计要素是对会计对象的基本分类,但是过于粗略,难以满足各有关方面对会计信息的需要。比如,一个企业虽然资产远大于负债,但是由于其资产的很大一部分是固定资产,货币资金和能够较快地变成货币资金的资产很少,所以,很可能该企业货币资金的支付能力、偿还债务的能力很差,比如,用货币资金购买材料、给职工发放工资等都很困难。因此必须对会计要素进行细化,作进一步分类。

一、会计科目的概念

会计科目是指对会计要素的具体内容进行细化分类核算的项目。

二、常用会计科目及其用途简介

会计基础层次常用的会计科目及其用途简介如表 2-1 所示。

表 2－1

会计基础层次常用会计科目及其用途一览表(以下简称“会计科目表”)

类别	会计科目名称	用　途
资产类	库存现金	核算企业的库存现金。
	银行存款	核算企业存入银行或其他金融机构的各种款项。
	应收票据	核算企业因销售商品、提供劳务等而收到的商业汇票,包括银行承兑汇票和商业承兑汇票。
	应收账款	核算企业因销售商品、提供劳务等经营活动应收取的款项。
	预付账款	核算企业按照合同规定预付的款项。
	应收股利	核算企业应收取的现金股利和应收取其他单位分配的利润。
	其他应收款	核算企业除应收票据、应收账款、预付账款、应收股利等以外的其他各种应收及暂付款项。
	坏账准备	核算企业应收款项的坏账准备。
	在途物资	核算企业采用实际成本(或进价)进行材料、商品等物资的日常核算、货款已付(或应支付)尚未验收入库的在途物资的采购成本。
	原材料	核算企业库存的各种材料的实际成本(或计划成本)。
	库存商品	核算企业库存的各种商品的实际成本或计划成本等。
	固定资产	核算企业持有的固定资产(如厂房、机器设备等)原价。
	累计折旧	核算企业固定资产的累计折旧。
	在建工程	核算企业基建、更新改造等在建工程发生的支出。
	待处理财产损溢	核算企业在清查财产过程中查明的各种财产盘盈(不含固定资产盘盈)、盘亏和毁损的价值。物资在运输过程中发生的非正常短缺与损耗,也通过本科目核算。
负债类	短期借款	核算企业向银行或其他金融机构等借入的期限在一年以下(含一年)的各种借款。
	应付票据	核算企业购买材料、商品和接受劳务等开出、承兑的商业汇票,包括银行承兑汇票和商业承兑汇票。
	应付账款	核算企业因购买材料、商品和接受劳务等经营活动应支付的款项。
	预收账款	核算企业按合同规定预收的款项。
	应付职工薪酬	核算企业根据有关规定应付给职工的各种薪酬(如工资、奖金等)。
	应交税费	核算企业按照税法等规定计算应交纳的各种税费(费,指教育费附加、消费税、城市维护建设税等)。
	应付股利	核算企业分配的现金股利或利润。
	其他应付款	核算企业除应付票据、应付账款、预收账款、应付职工薪酬、应付利息、应付股利、应交税费等以外的其他各项应付、暂收的款项。
	长期借款	核算企业向银行或其他金融机构借入的期限在一年以上(不含一年)的各项借款。

（续表）

类别	会计科目名称	用　　途
所有者权益类	实收资本	核算企业接受投资者投入的实收资本。
	资本公积	核算企业收到投资者出资额超出其在注册资本或股本中所占份额的部分。
	盈余公积	核算企业从净利润中提取的盈余公积。
	本年利润	核算企业当期实现的净利润(或发生的净亏损)。
	利润分配	核算企业利润的分配(或亏损的弥补)和历年分配(或弥补)后的余额。
成本类	生产成本	核算企业进行工业性生产发生的各项生产成本。
	制造费用	核算企业生产车间(部门)为生产产品和提供劳务而发生的各项间接费用。
损益类	主营业务收入	核算企业确认的销售产品、提供劳务等主营业务的收入。
	其他业务收入	核算企业确认的除主营业务活动以外的其他经营活动实现的收入。
	投资收益	核算企业确认的投资收益或投资损失。
	营业外收入	核算企业发生的与其营业活动无直接关系的非日常活动的各项利得(注)。
	主营业务成本	核算企业确认销售商品、提供劳务等主营业务收入时应结转的成本。
	其他业务成本	核算企业确认的除主营业务活动以外的其他经营活动所发生的支出。
	税金及附加	核算企业经营活动发生的消费税、城市维护建设税、资源税和教育费附加等相关税费。
	销售费用	核算企业销售商品和材料、提供劳务的过程中发生的各种费用。
	管理费用	核算企业为组织和管理企业生产经营所发生的管理费用。
	财务费用	核算企业为筹集生产经营所需资金等而发生的筹集费用,包括利息支出(减利息收入)等。
	资产减值损失	核算企业计提各项资产减值准备所形成的损失。
	营业外支出	核算企业发生的与其营业活动无直接关系的非日常活动的各项损失(注)。
	所得税费用	核算企业确认的应从当期利润总额中扣除的所得税费用。
	以前年度损益调整	核算企业本年度发生的调整以前年度损益的事项以及本年度发现的重要前期差错更正涉及调整以前年度损益的事项。

注：关于“营业外收入”和“营业外支出”的概念,现行众多教材(如:注册会计师全国统一考试辅导教材《会计》和全国会计专业技术资格考试辅导教材初级会计资格《初级会计实务》)等的提法是：营业外收入(营业外支出)是指企业发生的与其日常活动无直接关系的各项利得(损失)。以上“会计科目表”对营业外收入和营业外支出概念的提法有所不同。这是因为：① 企业发生的与其日常活动无直接关系的各项利得(或损失)并不都是营业外收入(或营业外支出)。企业发生的与其日常活动无直接关系的有些利得或损失,比如,企业获得的投资收益或发生的投资损失等,就不属于营业外收入或营业外支出,不通过“营业外收入”科目或“营业外支出”科目核算,而是通过“投

资收益”科目核算；② 根据财政部会计司编写的“财务报表列报准则讲解”：“新准则规定的营业利润比原制度规定的范围有所扩大，主要是将投资收益和公允价值变动损益纳入营业利润，这是因为投资收益和公允价值变动损益本质上是属于营业范畴，体现企业经营能力的组成部分”；而营业外收入和营业外支出则不属于营业利润的范畴，这就意味着：新准则将企业的非日常活动区分为（非日常活动的）营业活动和（非日常活动的）非营业活动，以上“会计科目表”将营业外收入（营业外支出）定义为“企业发生的与其营业活动无直接关系的非日常活动的各项利得（损失）”，该定义包括如下两层含义：第一，营业外收入（营业外支出）不是源于企业的日常活动，是属于非日常活动的利得（损失）；第二，营业外收入（营业外支出）也不是源于非日常活动的营业活动。第二层含义就将营业外收入（利得）、营业外支出（损失）与投资收益、公允价值变动损益等属于营业范畴的利得、损失区分开来了。在关于“利润表”的学习中将会看到（也可以参见本教材第一模块刚开始的“案例分析 2”的利润表简表）：以上“会计科目表”关于“营业外收入”和“营业外支出”科目的用途的提法，与“营业外收入”和“营业外支出”项目在利润表中的排列吻合：因为营业外收入和营业外支出与企业的营业活动无直接关系，所以它们不计入利润表的“营业利润”项目，而计入利润表的“利润总额”项目。至于：① 营业外收入（营业外支出）直接计入当期利润，这不是其定义应该包括的内容，而属于相关准则规范的内容；② 关于营业外收入（营业外支出）具有“偶发性”的问题，因其是“非日常活动”的一般结果，“非日常活动”才是本质所在，且更确切、更明确。所以，在营业外收入（营业外支出）的定义中就不需加上“偶发性”的字样了。

以上“会计科目表”关于“营业外收入”和“营业外支出”科目的用途的提法，就给了我们对一项损益是否属于营业外收入或营业外支出提供了一个简单而通俗易懂的一般判断方法：导致该项损益的产生与企业的经营管理是否“有方”有无直接关系？① 如：企业投资收益的大小（包括是投资收益还是投资损失），取决于投资决策是否正确，投资是否“有方”，所以，企业当期确认的投资收益或投资损失，不属于营业外收入或营业外支出，而是一项利得或损失；企业对外捐赠支出，与企业的经营管理是否“有方”无直接关系，所以，企业对外捐赠支出属于营业外支出。

三、会计科目的分类

会计科目按其所提供信息的详细程度及其统驭关系不同，分为总分类科目和明细分类科目。

总分类科目是对会计要素具体内容进行总括分类、提供总括信息的会计科目，表 2－1 所列的会计科目均为总分类科目。明细分类科目是对总分类科目作进一步分类、提供更详细更具体会计信息的科目。比如，“应收账款”科目按债务人名称或姓名设置明细科目，反映应收账款的具体对象（例如，“应收账款——成都市光明超市”科目，反映应收账款的具体对象是成都市光明超市）；“应付账款”科目按债

① 这是本书对会计准则中较为模糊概念的进一步补充。

权人名称或姓名设置明细科目，反映应付账款的具体对象（例如，“应付账款——四川长虹股份有限公司”科目，反映应付账款的具体对象是四川长虹股份有限公司）；“原材料”科目按原料及材料的类别、品种和规格等设置明细科目，反映各种原材料的具体构成内容。对于明细科目较多的总账科目，可以在总分类科目与明细科目之间设置二级或多级科目。比如，“生产成本——基本生产成本——装配车间——甲产品”科目，“基本生产成本”和“装配车间”就是在“生产成本”总分类科目与其明细科目（甲产品）之间设置的二级科目和三级科目。

会计科目按其所归属的会计要素不同进行分类。对于执行《企业会计准则》的企业，会计科目分为资产类、负债类、共同类、所有者权益类、成本类、损益类六大类（共同类会计科目在会计基础层次不涉及）。对于未执行《企业会计准则》的企业，会计科目分为资产类、负债类、所有者权益类、成本类、损益类五大类。

资产类科目是指用于核算资产增减变化，提供资产类项目会计信息的会计科目。负债类科目是指用于核算负债增减变化，提供负债类项目会计信息的会计科目。共同类科目是指可能具有资产性质，也可能具有负债性质的科目，其性质取决于科目核算的结果，当其核算结果出现借方余额时，则作为资产类科目，而当其核算结果出现贷方余额时，则作为负债类科目。所有者权益类科目是指用于核算所有者权益增减变化，提供所有者权益有关项目会计信息的会计科目。成本类科目则是用于核算成本的发生和归集情况，提供成本相关会计信息的会计科目。损益类科目是指用于核算收入（及直接计入当期利润的利得，下同）、费用（及直接计入当期利润的损失，下同）的发生或归集，提供一定期间损益相关的会计信息的会计科目。损益类科目按其核算的具体内容（对利润的影响情况，即使得利润增加还是减少），又分为收入类和费用类科目。这一点同学们应予以注意，在以下学习“会计分录”时将会经常用到。

我国新发布的《企业会计准则——应用指南》就是按照上述标准进行分类的。

在开始会计循环模拟实习后我们将会体会到：会计科目是进行各项会计记录和提供各项会计信息的基础，在会计核算中具有重要意义。其主要表现在：会计科目是复式记账和编制记账凭证的基础；会计科目为成本计算和财产清查提供了前提条件；并为编制财务报表提供了方便。

四、会计科目的设置原则

企业在设置会计科目过程中，应遵循合法性原则、相关性原则和实用性原则。

合法性原则指企业应当按照国家财政部制定的《企业会计准则——应用指南》规定的会计科目，设置本企业适用的会计科目。企业可以根据自身的生产经营特点，在不影响会计核算要求和财务报表指标汇总以及对外提供统一的财务报表的前提下，自行增设、减少或合并某些会计科目。

相关性原则指企业必须考虑会计信息的使用者对本企业会计信息的需要，考虑会计信息相关性的要求，设置本企业所适用的会计科目。同时，企业也应当考虑到本企业内部管理的要求，考虑到强化内部经营管理和内部控制对会计信息的要求，为企业提高内部管理水平提供信息支持。

实用性原则指企业在合法性的基础上，应根据企业自身特点，设置符合企业实际情况的会计科目。对于本企业的重要经济业务，可以按照重要性原则的要求，对会计科目进行细分，设置更为具体的会计科目，以细化对经济业务的核算；对于一些不很重要的经济业务，或不经常发生的经济业务，也可以对会计科目进行适当的合并。对于会计科目的名称，在不违背会计科目使用原则的基础上，也可以结合企业的实际情况，设置本企业特有的会计科目。

第二节 复式记账法与会计分录

一、复式记账法

复式记账法是指以资产与权益的平衡关系作为记账基础，对于每一笔经济业务事项，都要在两个或两个以上相互联系的会计科目中作双重记录，系统地反映资金运动变化结果的一种记账方法。复式记账体现了会计等式的平衡原理，不仅可以了解每一项交易或事项的来龙去脉，而且通过全部经济业务事项的数据记录，可以了解经济活动的全过程和结果；由于复式记账对每项经济业务事项都以相等的金额进行分类登记，因而可以利用记录进行试算平衡，以检查记账正确与否。复式记账法是从单式记账法发展而来的。单式记账法是指对于每一笔经济业务事项，只在一个科目中进行登记的一种记账方法。在单式记账法下，只登记现金和银行存款的收付金额以及债权和债务的结算金额，一般不登记实物的收付金额。单式记账法不能全面地反映经济业务事项的来龙去脉，也不利于检查会计记录是否正确和完整，所以，单式记账法是一种不科学的记账方法。

复式记账法按其用什么记账符号表示会计科目的增加和减少，有借贷记账法、增减记账法、收付记账法等。其中，借贷记账法是一种最科学的记账方法。为我国和世界各国所广泛采用。我国 2006 年颁布的《企业会计准则——基本准则》中明确规定，企业应当采用借贷记账法记账。

借贷记账法是建立在“资产＝负债＋所有者权益”会计等式的基础上，以“借”和“贷”为记账符号，并以“有借必有贷，借贷必相等”作为记账规则，反映会计要素的增减变动情况的一种复式记账方法。

借贷记账法下，“借”和“贷”表示增加还是减少，则取决于会计科目的类别。我们可按以下思路来理解记忆与其有关的“四句话”(要“巧记”：按照图 1－2 粗体字的“第一句话”就可以自然而然地掌握另外的“三句话”)：

前面学习过的扩展的会计平衡式：资产＝负债＋所有者权益＋收入－费用

将其调整为：资产＋费用＝负债＋所有者权益＋收入

借贷记账法下，以上等式左边会计要素所属的会计科目的增加规定用“借”表示，也就是图2-1粗体字所表示的“第一句话①”；根据“有借必有贷，借贷必相等”的记账规则和汉语言的“言下之意意味着”，就不难“巧记”另外的“三句话②、③、④”了：

资产类(注1)、成本类(注2)、费用类会计科目	①增加记为“借”，②减少记为“贷” ⇨	负债类、所有者权益类、收入类会计科目	③增加记为“贷”，④减少记为“借”

图2-1 借贷记账法

注1：需要说明的是：在以后的学习中将会接触到，资产类某些会计科目(如“累计折旧”“坏账准备”等科目)，因其是资产类某科目(或某些科目)的备抵科目，所以，其增加记为“贷”，减少记为“借”。

注2：成本类会计科目实质上归属于资产类会计要素。

准确、熟悉地运用以上“借”和“贷”的会计语言极其重要，是会计人员必须娴熟的基本知识，初学者务必十分重视。

二、会计分录

一笔经济交易或经济事项(简称交易或事项)，总会引起两个或两个以上会计科目(通常简称科目)的增减变化。所谓会计分录，通俗地说，就是一笔交易或事项，会引起哪些会计科目增减变动？分别是增加还是减少以及增加多少或减少多少(金额)？将其用会计的语言表达出来，这就是会计分录(简称分录)。

下面就根据不同的经济业务事项来编制借贷记账法下的会计分录。

【例2-1】 甲、乙、丙均以银行存款分别按60%、30%和10%的持股比例共同投资设立A有限责任公司(以下简称A公司)，注册资本为1 800 000元。A公司于本月1日如期收到各投资者一次缴足的款项并存入银行。

分析：按照会计科目表“对号入座”：该项交易的发生，引起资产类的“银行存款”科目增加(会计分录中用“借”表示)1 800 000元；所有者权益类的“实收资本”科目共增加(会计分录中用“贷”表示)1 800 000元，其中：“实收资本——甲”“实收资本——乙”“实收资本——丙”科目分别增加1 080 000元、540 000元、180 000元。

所以，A公司于收到款项时应作如下会计分录：

借：银行存款	1 800 000	
贷：实收资本——甲		1 080 000
——乙		540 000
——丙		180 000

说明：如果几年(比如3年)后，A公司为了扩大经营规模，经批准，A公司引入第四位投资者丁加入，使注册资本增加到2 000 000元。假如按照投资协议，新投资者丁需缴入现金220 000元，享有A公司10%的股份。A公司已经收到该投资款并存入银行。假定不考虑其他因素。

A公司增加注册资本后注册资本总额为2 000 000元，丁占有10%，为200 000元。为什么新投资者丁需缴入现金220 000元呢？在企业经批准有新的投资者加入时，为了维护原有投资者的利益，新加入的投资者的出资额并不一定全部作为实收资本处理。这是因为，在企业创立后至新增投资之前虽然企业的实收资本并没有增加，但由于企业生产经营活动的进行，其获利能力却不一致。企业创立时，要经过筹建、试生产经营、为产品寻找及开辟市场等过程，且创建初期投资风险性更大，在这个过程中，资本利润率较低。而以后企业在正常生产经营过程中，资本利润率要高于企业初创阶段；另外，企业在经营过程中实现的利润，其中一部分留在企业，形成留存收益，而留存收益也属于投资者权益，但其未转入实收资本。新加入的投资者与原投资者按各自的投资比例共享这部分留存收益。所以，新加入的投资者往往要付出大于按企业实收资本比例计算的出资额，才能取得相应的权益。新投资者投入的资本中按其投资比例与企业的实收资本总额计算的出资额部分，应记入"实收资本"科目，大于的部分应记入"资本公积"科目。

本例，按照会计科目表"对号入座"：该项交易的发生，引起资产类的"银行存款"科目增加220 000元；所有者权益类的"实收资本——丁"科目增加200 000元；同时，所有者权益类的"资本公积——资本溢价"增加20 000元。

所以，A公司于收到丁缴来的投资款并存入银行时应作如下会计分录：

借：银行存款	220 000	
贷：实收资本——丁		200 000
资本公积——资本溢价		20 000

会计基础课程层次如无特别说明，一般暂不考虑投资者投入资本中产生的资本公积问题。

【例2-2】 某厂存货按实际成本计价。20×1年9月发生的部分经济业务事项如下。分别编制其会计分录。

(1) 收到B公司投入的不需要安装的设备一台，投出单位账面原价500 000元，累计折旧100 000元，双方协议确认的价值为350 000元，设备已交生产车间投入使用(暂不考虑增值税因素)。

分析：按照会计科目表"对号入座"：该项交易的发生，引起资产类的"固定资产”科目增加(会计分录中用“借”表示),增加的金额按该厂取得该设备时双方协议确认的价值350 000元确定(请注意:应正确理解企业固定资产原价的含义。参见以下会计分录后的说明);所有者权益类的“实收资本——B公司”科目增加(会计分录中用“贷”表示)350 000元。

所以,应编制如下会计分录:

借:固定资产 350 000
　贷:实收资本——B公司 350 000

“固定资产”科目核算企业持有的固定资产原价。这里的“固定资产原价”,是指企业取得固定资产时的初始成本(即企业通过购建等方式取得某项固定资产达到预定可使用状态前所发生的一切合理、必要的支出),这里的固定资产“原价”,不是追溯其“祖宗三代”。所以,[例1-6]该厂此处“固定资产”科目增加的金额为350 000元,不需考虑该固定资产在投出单位B公司账上的原价和累计折旧的金额。

(2) 向银行借入3年期借款100 000元,借款已转入企业银行存款户。

分析:按照会计科目表“对号入座”:该项交易的发生,引起资产类的“银行存款”科目增加(会计分录中用“借”表示)100 000元;负债类的“长期借款”科目增加(会计分录中用“贷”表示)100 000元。

所以,应编制如下会计分录:

借:银行存款 100 000
　贷:长期借款 100 000

(3) 前欠向丙公司购买材料款200 000元到期,但企业暂时资金紧缺,向银行借入短期借款200 000元直接用于归还前欠丙公司购买材料款。

分析:按照会计科目表“对号入座”:该项交易的发生,一方面引起负债类的“短期借款”科目增加(会计分录中用“贷”表示)200 000元;另一方面引起负债类的“应付账款”科目减少(会计分录中用“借”表示)200 000元。

所以,应编制如下会计分录:

借:应付账款 200 000
　贷:短期借款 200 000

(4) 购入不需安装设备一台,该设备购入价200 000元已用银行存款支付(未发生运杂费)。设备已验收并交生产车间使用(暂不考虑增值税)。

分析:按照会计科目表“对号入座”:该项交易的发生,引起资产类的“固定资产”科目增加(会计分录中用“借”表示)200 000元;同时引起资产类的

“银行存款”科目减少(会计分录中用“贷”表示)200 000 元。所以,应编制如下会计分录:

借:固定资产 200 000

贷:银行存款 200 000

(5) 购买原材料一批,买价 42 500 元,收到销售方寄来的发票。材料尚未收到,款项暂欠(暂不考虑增值税)。

分析:按照会计科目表“对号入座”:该项交易的发生,引起资产类的“在途物资”科目增加(会计分录中用“借”表示)42 500 元;引起负债类的“应付账款”科目增加(会计分录中用“贷”表示)42 500 元。

所以,应编制如下会计分录:

借:在途物资 42 500

贷:应付账款 42 500

(6) 上述购买的原材料已经收到,如数验收入库。

分析:按照会计科目表“对号入座”:该事项的发生,引起资产类的“在途物资”科目减少(会计分录中用“贷”表示)42 500 元;同时引起资产类的“原材料”科目增加(会计分录中用“借”表示)42 500 元。

所以,应编制如下会计分录:

借:原材料 42 500

贷:在途物资 42 500

(7) 以银行存款支付上述暂欠的购买原材料款。

分析:按照会计科目表“对号入座”:该交易的发生,引起资产类的“银行存款”科目减少(会计分录中用“贷”表示)42 500 元;引起负债类的“应付账款”科目减少(会计分录中用“借”表示)42 500 元。

所以,应编制如下会计分录:

借:应付账款 42 500

贷:银行存款 42 500

(8) 生产车间生产产品领用原材料 100 000 元。

分析:按照会计科目表“对号入座”:该事项的发生,引起资产类的“原材料”科目减少(会计分录中用“贷”表示)100 000 元;由于领用的原材料用于生产产品,使得正在生产的产品成本增加,所以,引起成本类的“生产成本”科目增加(会计分录中用“借”表示)100 000 元。

所以,应编制如下会计分录:

借：生产成本　　100 000

　贷：原材料　　100 000

(9) 完工产成品一批验收入库，其生产成本为 160 000 元。

分析：该事项的发生，使得正在生产的产品成本减少，引起资产类的"生产成本"科目减少(会计分录中用"贷"表示)160 000 元；同时引起资产类的"库存商品"科目增加(会计分录中用"借"表示)160 000 元。

所以，应编制如下会计分录：

借：库存商品　　160 000

　贷：生产成本　　160 000

(10) 向甲企业销售产品一批，价款共 480 000 元已收到并存入银行。该批产品的生产成本为 360 000 元(暂不考虑增值税)。

请注意：编制会计分录时，一笔交易或一项事项，必须编制一笔会计分录，并且只编制一笔会计分录。

分析：企业销售产品(商品)，涉及一笔交易(确认销售收入)和一项事项(结转销售成本)，因此，本例应编制两笔会计分录。

① 确认销售收入。因为销售产品是该厂的主要经营业务，所以，该项交易一方面引起损益类的收入类的"主营业务收入"科目增加(会计分录中用"贷"表示)480 000 元；另一方面引起资产类的"银行存款"科目增加(会计分录中用"借"表示)480 000 元。所以，应编制如下会计分录：

借：银行存款　　480 000

　贷：主营业务收入　　480 000

② 结转销售成本。同样地，因为销售产品是该厂的主要经营业务，所以，该事项一方面引起资产类的"库存商品"科目减少(会计分录中用"贷"表示)360 000 元；另一方面引起损益类的费用类的"主营业务成本"科目增加(会计分录中用"借"表示)360 000 元。所以，应编制如下会计分录：

借：主营业务成本　　360 000

　贷：库存商品　　360 000

本例对初学者是一个有一定难度的例子，但却是工业企业和商业企业会计实务中基本的、常见的经济业务事项，初学者必须深入理解、准确和牢固地掌握。同学们应该充分注意理解其账务处理(编制会计分录)的思路和方法。会计分录①中，"主营业务收入"科目和"银行存款"科目相互对应，因为没有考虑增值税，两个科目各自增加的金额与所销售的产品(库存商品)的售价相联系，增加的主营业务收入和增加的银行存款之间体现了因果关系；会计分录②中，"库存商品"科目和"主营业务成本"科目相互对应，两者发生的金额与所销售的产品（库存商品）的成本相联系，体现了"来路"（库存商品）和"去向"（已销商品）的对应关系。

对企业销售行为涉及的以上两笔会计分录，务必透彻理解，切不可掉以轻心！在两笔会计分录中各自的对应科目和金额上切勿混淆，不可"张冠李戴"！

（11）向丙企业销售一批不需用的原材料，共 1 000 千克，销售单价为每千克 50 元；单位成本为每千克 47 元（均暂不考虑增值税）。款项尚未收到。

分析：企业销售材料，同样涉及一笔交易（确认销售收入）和一项事项（结转销售成本），因此，本例应编制两笔会计分录。

① 确认销售收入。因为销售材料不是该企业的主营业务活动，但是属于企业的经营活动（即属于企业的其他经营活动），按照会计科目表"对号入座"：该项交易一方面引起损益类的收入类的"其他业务收入"科目增加（会计分录中用"贷"表示）50 000 元（50×1 000）；另一方面引起资产类的"应收账款"科目增加（会计分录中用"借"表示）50 000 元。所以，应编制如下会计分录：

借：应收账款	50 000	
贷：其他业务收入		50 000

② 结转销售成本。同样地，因为销售材料不是该企业的主营业务活动，但是属于企业的经营活动（即属于企业的其他经营活动），按照会计科目表"对号入座"：该事项一方面引起资产类的"原材料"科目减少（会计分录中用"贷"表示）47 000 元（47×1 000）；另一方面引起损益类的费用类的"其他业务成本"科目增加（会计分录中用"借"表示）47 000 元。所以，应编制如下会计分录：

借：其他业务成本	47 000	
贷：原材料		47 000

（12）按照法定程序减少注册资本 200 000 元，以银行存款向所有者支付。

分析：该事项的发生，使得资产类的"银行存款"科目减少（会计分录中用"贷"表示）200 000 元；同时引起所有者权益类的"实收资本"科目减少（会计分录中用"借"表示）200 000 元。

所以，应编制如下会计分录：

借：实收资本	200 000	
贷：银行存款		200 000

（13）经批准，企业用盈余公积 150 000 元转增资本。

分析：该事项的发生，使得所有者权益类的“盈余公积”科目减少(会计分录中用“借”表示)150 000 元；同时使得所有者权益类的“实收资本” 科目增加(会计分录中用“贷”表示)150 000 元。

所以，应编制如下会计分录：

借：盈余公积　　150 000
　贷：实收资本　　150 000

以下两笔经济业务的账务处理对初学者来讲在理解上有一定难度，所以将其放到下面来讨论。

(14) 9 月 1 日，向 E 公司租入设备一台，由厂部行政管理部门使用。租期 6 个月，每月租金 3 000 元。按合同规定，当日开出 18 000 元转账支票一张，一次性预付 6 个月的租金。

分析：该项交易的发生，一方面，引起资产类的“银行存款”科目减少(会计分录中用“贷”表示)18 000 元；另一方面，按照会计科目表“对号入座”：该项交易的发生，还会引起资产类的“预付账款”科目增加(会计分录中用“借”表示)18 000 元。对于后者，初学者往往不容易理解。为了便于理解，也为了避免“死记硬背”会计科目表，我们举例如下：该厂向 E 公司租入设备的租金越高，意味着该厂将要发生的费用越高，导致利润减少越多。但是，假如您是该厂的厂长，下月将要离任，如果将这 18 000 元全部计入本月的费用(从而减少本月的利润亦即降低本月的经营业绩 18 000 元)，您是否认为不合理？答案是肯定的(认为不合理)。因为计入本月的费用只应该为 3 000 元，其余的 15 000 元应分别确认为以后的 5 个月的费用；再者，当月 1 日设备刚刚租入，只有等到当月末(设备使用了 1 个月时)，才应确认费用 3 000 元。因此，9 月 1 日预付 6 个月的租金 18 000 元时，只是企业按照合同规定预付的款项，应该增加“预付账款”科目 18 000 元。

所以，9 月 1 日，应编制如下会计分录：

借：预付账款　　18 000
　贷：银行存款　　18 000

而 9 月 30 日，则应编制如下会计分录：

借：管理费用　　3 000
　贷：预付账款　　3 000

顺便说明一下：在 2006 年 2 月 15 日新《企业会计准则》发布之前，本例不是使用“预付账款”科目，而是使用“待摊费用”科目。但新《企业会计准则》发布后，情况有所变化。根据新发布的《企业会计准则——应用指南》附录“会计科目和主要账务处理”关于“预付账款”科目的用途的提法，与以前有所不同(该科目的用途有所扩大)，因而本例一般都使用“预付账款”科目。

(15) 前欠M公司购料款5 850元，因M公司已撤销，该笔应付账款确定为无法支付的款项。

分析：该经济业务的发生，引起负债类的“应付账款”科目减少(会计分录中用“借”表示)5 850元；本例的5 850元是企业发生的与日常活动无直接关系的偶发性的收入，这种非日常活动发生的偶发性的收入不应确认为收入，而是一种利得。从理论上讲，按照会计科目表“对号入座”，该项利得可以作为直接计入所有者权益的利得处理(记入“资本公积”科目)，也可以作为直接计入当期利润的相关利得处理(记入“营业外收入”科目)。在实际工作中怎样处理？这就要看《企业会计准则》是怎么规定的(所以说，编制会计分录的基本思路是“原理＋准则”)。按照新《企业会计准则》的规定，本例的5 850元应作为直接计入当期利润的相关利得处理，记入“营业外收入”科目，使该科目增加(会计分录中用“贷”表示)5 850元。所以，应编制如下会计分录：

借：应付账款——M公司　　5 850
　贷：营业外收入——其他　　5 850

注：如果按新《企业会计准则》发布之前的相关规定，本例中的5 850元利得应作为直接计入所有者权益的利得处理，以上会计分录的贷方科目为“资本公积”科目。由此也可以看到：《企业会计准则》并不是“永恒不变”的，会计人员应该经常关注《企业会计准则》有没有变化之处，不断更新知识。

学习会计，千万不可死记硬背会计分录，否则必然导致学习失败！

以上例题中，有几个具有一定难度的知识点进一步强调如下：

一是：对于企业的销售行为，需要分别编制交易或事项两笔会计分录，初学者应十分注意每一笔会计分录各自的对应科目和发生的金额(初学时往往容易产生混淆)。

二是：以上例题中，“生产成本”“库存商品”“主营业务成本”科目只要注意“顾名思义”地直观理解，就可以避免混淆。我们可以结合表2-2中的思路来理解。

表2-2

科目理解思路

科目					
科目	名　称	生产成本		库存商品	主营业务成本
科目	类　别	成本类		资产类	损益类的费用类
直观含义		正在生产的产品的成本		完工入库商品的成本	已销商品的成本
实物及其流程		正在生产的产品	完工入库→	产成品(商品) 销售→	已销商品

注意理解：为什么"生产成本"科目属于成本类科目，而"主营业务成本"科目却属于损益类的费用类科目？成本类科目和费用类科目对当期利润的影响有何不同？

同样地，"主营业务收入""其他业务收入""营业外收入"科目只要弄清楚各个科目的用途，也就不难正确地运用它们，从而避免混淆，如表 2－3 所示。

表 2－3

收入类科目理解思路

科目名称	主营业务收入	其他业务收入	营业外收入
通俗含义	日常主要经营活动产生的收入	是日常经营活动、但不是主要经营活动产生的收入	与日常经营活动无直接关系（为便于判断，可理解为：与企业日常经营管理是否"有方"无直接关系）的相关利得（一般不经常发生）
	均是日常经营活动产生的收入		不是日常经营活动产生的收入

[例 2－2]的会计分录借方和贷方都只涉及一个科目，即属于一借一贷的会计分录，称之为简单会计分录。由两个以上（不含两个）对应科目所组成的会计分录，称之为复合会计分录，包括一借多贷、多借一贷和多借多贷的会计分录。参见[例 2－3]。

【例 2－3】 C 厂向外市建明公司销售产品一批，价款 100 060 元，另外，以银行存款为该公司代垫运费 800 元。收到该公司开具的金额为 100 000 元的银行承兑汇票一张，余款暂欠（暂不考虑增值税）。编制 C 厂向该公司销售产品确认收入的会计分录。

分析：C 厂销售产品（商品）是其主要经营业务，所以，引起收入类的"主营业务收入"科目增加（会计分录中用"贷"表示）100 060 元；同时，引起资产类的"应收票据"科目增加（会计分录中用"借"表示）100 000 元；余款 860 元（货款 60 元及代垫运费 800 元）尚未收到（建明公司暂欠），使得"应收账款"科目增加（会计分录中用"借"表示）860 元；以银行存款为该公司代垫运费 800 元，使得"银行存款"科目减少（会计分录中用"贷"表示）800 元。

所以，C 厂向该公司销售产品确认收入的会计分录如下：

借：应收票据　　100 000

　　应收账款　　860

　贷：主营业务收入　　100 060

　　　银行存款　　800

这是一个多借多贷的会计分录。显而易见，同样符合"有借必有贷，借贷必相等”的记账规则。

[例 2－3]中：

(1) 如果建明公司开具的银行承兑汇票金额为 100 860 元，其他资料不变。C 厂所作的会计分录则为一借多贷的会计分录；

(2) 如果 C 厂没有为该公司代垫运费(比如：C 厂销售的产品系由建明公司自备汽车提货)，其他资料不变。C 厂所作的会计分录则为多借一贷的会计分录。

以上(1)和(2)的会计分录请同学自己独立编制。

思考题：20×1 年 5 月 10 日，红星公司因向深广公司销售一批材料，深广公司应向红星公司支付款项 117 000 元，双方约定于当年 10 月 10 日一次付清。因深广公司财务发生困难无法按合同规定偿还债务，20×1 年 12 月 10 日，经双方协议，红星公司同意减免深广公司 20 000 元债务，余款深广公司用银行存款立即偿清(红星公司未对该债权计提坏账准备)。深广公司于当日通过银行转账支付了该笔剩余款项，红星公司随即收到深广公司通过银行转账偿还的款项。分别作红星公司和深广公司的有关会计分录(对本题题意中的“红星公司未对该债权计提坏账准备”这一句话可以“暂时不去管它”)。

提示：本题属于债务重组的经济业务，一般在《中级会计实务》课程学习。但运用“原理＋准则”的学习方法，只要敢于思考，同学们解决这个问题并不困难。只是债务人深广公司在进行相关账务处理时，对于债权人红星公司“让步”(减免)的 20 000 元是作为直接计入当期利润的利得处理还是作为直接计入所有者权益的利得处理，这要看《企业会计准则》是怎么规定的。按照现行《企业会计准则》(“新准则”)的规定，本例的 20 000 元利得应作为直接计入当期利润的利得处理(通过“营业外收入——债务重组利得”科目核算)；债权人红星公司由于债务重组损失的 20 000 元应作为直接计入当期利润的损失处理(通过“营业外支出——债务重组损失”科目核算)。

同学们通过本讨论题的思考分析，对提高运用“原理＋准则”的学习方法进行账务处理的能力将会颇有收益(对题意中的“红星公司未对该债权计提坏账准备”这一句话可以“暂时不必管它”)；同时，也可以体会到：“原理＋准则”的学习方法是一种科学的学习方法，呈现了“跨越式”的学习效果。

第二模块　实践教学(会计循环模拟实习)

【说明1】 考虑到与后续课程《会计电算化》之间的联系，本会计循环只进行手工会计核算，《会计电算化》课程可结合会计循环模拟实习(二)的资料进行电算化会计核算的实际操作。

【说明2】 学生自备配套物品(每人一套)：

记账凭证	100张
现金日记账	4张
银行存款日记账	4张
总分类账	70张
三栏式明细账	50张
多栏式明细账	10张
横线登记式明细账	2张(若买不到，则使用三栏式明细账)
数量金额式明细账	8张
应交增值税明细账	4张
科目汇总表	10张
资产负债表	4张
利润表	4张
记账凭证封面、封底	各3张
账簿启用表	5张
账夹(总账、明细账各1副)	2副

注：以上数量含少量备用。

【说明3】 本模块应按财政部印发的《会计基础工作规范》第三章"第二节填制会计凭证""第三节登记会计账簿"和"第四节编制财务报告"(见本模块后的[附录1])、中国人民银行关于《正确填写票据和结算凭证的基本规定》(见本模块后的[附录2])以及"数码字的书写要求"(见本模块后的[附录3])等有关规范要求进行操作。

对于[附录1]，在两次会计循环模拟实习的教学实施过程中，可分"两步走"：第一步是在模拟实习过程中，需要用到[附录1]中的哪一条，教师就介绍哪一条;第二步是待两次会计循环模拟实习后,对[附录 1]中有关内容基本上都已经进行了实际操作的基础上,这时,再系统学习(或同学自学阅读)[附录 1]的全部内容。

对于[附录 2],可在会计循环模拟实习(二)开始时再向学生介绍并要求运用到模拟实习中。

对于[附录 3],在会计循环模拟实习(一)开始时,就向学生介绍并希望学生努力运用到两次模拟实习中。

第三章　会计循环模拟实习(一)

第一节　模拟实习前的准备工作

一、实习目的

对会计循环的主要步骤通过实际动手习作,取得框架式的感性认识。初步模拟会计工作实际,设置账户,填制记账凭证(原始凭证的训练放在下次模拟实习时进行),登记账簿(采用科目汇总表账务处理程序登记总账),试算平衡,进行账项调整,期末结账,编制资产负债表、利润表。

二、实施方式

由于本次模拟实习旨在使同学对会计循环的主要步骤先取得一个初步的框架式的感性认识,以利于后续系统地进行本课程的学习,所以其教学实施方式与传统的教学方法有所不同。

实施方式:第一次模拟实习采取在教师的直接指导下以类似"师傅带徒弟"的方式"手把手"地进行(不必担心"这是'依葫芦画瓢',会导致学生'囫囵吞枣'地被动学习",因为通过第一次模拟实习后的总结归纳和第二次模拟实习,情况就会发生变化,费时少、收效好的效果就会逐步显示出来)。

模拟实习过程中的几点建议:

(1) 开设各类账户、登记期初余额时,初学者往往容易出现错误或书写不规范的现象(尤其是登记期初余额时),需要教师及时发现问题,立即纠正、指导。

(2) 填制记账凭证前可先编制会计分录(对初学者来说,相当于"先打个草稿");填制记账凭证时,有些同学往往"害怕"或者不重视填写"摘要"栏,也可能出现种种不规范现象,宜注意。

(3) 各类账户余额的计算不必死记硬背各类具体公式。可按以下基本公式理解、运用：

$$\text{某账户本期期末（增加方）余额} = \text{该账户本期期初（增加方）余额} + \text{本期增加方发生额} - \text{本期减少方发生额}$$

根据以上公式计算的期末增加方余额如果为负数，则在账户中将其绝对值登记为减少方余额；如果期初余额在减少方，则在以上公式中以负数表示。

三、有关说明

(1) 本次模拟实习暂不考虑增值税。

(2) 为了避免第一次“步子迈得太大”，导致“消化不良”，原始凭证的训练放在下次模拟实习时进行，但要提醒学生注意：实际工作中，记账凭证后一般均应附相应的原始凭证。

(3) 根据《企业会计准则——应用指南》附录“会计科目和主要账务处理”规定：企业（商品流通）管理费用不多的，可不设置“管理费用”科目，“管理费用”科目的核算内容可并入“销售费用”科目核算。具体处理方法由教师酌定。

(4) 为减少同学经济负担和避免浪费，按照规定本应使用订本式账簿的，本模拟实习均使用活页式账簿代替（下一次模拟实习同）。

(5) 本着循序渐进的原则，并为强化对会计核算基本原理的理解，本次模拟实习商品销售成本的结转采用逐笔结转法，且每次销售的A商品和B商品各自的单位成本均设计为不变。

(6) 关于总账的设置。总账应按照《企业会计准则——应用指南》“附录会计科目和主要账务处理”的相关规定并根据企业发生的经济业务事项等具体情况设置。具体地说，凡是编制的会计分录中涉及的总账科目，都要开设总账。因是初学者，而且对模拟实习中企业将会发生的经济业务事项尚不熟悉，为了模拟实习方便，本模块的模拟实习先将需要开设的总账告诉学生；也可以故意少告诉学生几个总账，等待登记账簿时发现需要缺少的总账账户，再随时增加。

(7) 为减少作业量和突出会计循环的主要步骤，本次模拟实习除要求设置全部有关总账和现金日记账、银行存款日记账外，只要求对少部分总账（应收账款、预付账款、应付账款、库存商品等）设置所属明细账（应收账款、预付账款、应付账款采用三栏式明细账；库存商品采用数量金额式明细账；多栏式明细账和横线登记式明细账本次模拟实习暂缓实习）。下次模拟实习明细账设置的数量和种类再作一定的增加。

根据该企业的实际情况，该企业需要设置的总账账户，除了期初资料中有余额的账户外，还应设置以下账户：主营业务收入、其他业务收入、主营业务成本、其他业务成本、税金及附加、管理费用、销售费用、财务费用、本年利润、所得税费用等。

(8) 实际工作中,要求科目汇总表的编制时间一般不得超过 10 天。本次模拟实习予以简化,只编制两次科目汇总表(见以下"操作要求")。在"会计循环模拟实习(二)"则按规范要求进行。

第二节　模拟实习的有关资料及操作要求

成都建明公司是一个地处成都市区的商业批发企业。

(一) 期初资料

(1) 20×1 年 1 月初,总分类账户余额如表 3-1 所示。

表 3-1

总分类账户余额　　金额单位:元

账户名称	借方余额	贷方余额
库存现金	2 500	
银行存款	250 800	
应收账款	218 000	
预付账款	18 000	
坏账准备		1 090
库存商品	565 000	
固定资产	600 000	
累计折旧		120 000
短期借款		300 000
应付账款		200 000
应付职工薪酬		58 000
应交税费		8 800
长期借款		300 000 (3 年后到期)
实收资本		450 000
盈余公积		10 000
利润分配		206 410
合　计	1 654 300	1 654 300

(2) 20×1 年 1 月初有关明细分类账户余额如表 3-2 所示。

表 3-2

明细分类账户余额　　金额单位：元

明细账户名称	余　额
应收账款——甲公司	217 000
——乙公司	1 000
预付账款——某保险公司(财产保险费)	18 000
坏账准备——应收账款	1 090
库存商品——A 商品(100 台,每台进价 550 元)	55 000
——B 商品(200 台,每台进价 2 550 元)	510 000
应付账款——丙工厂	120 000
——丁公司	80 000

(二) 操作要求

根据该公司以上期初资料和 1 月份发生的如下经济业务事项,开设全部有关总账、现金日记账、银行存款日记账和以上“(三) 有关说明(7)”中规定的明细账(含:有期初余额的,登记期初余额,下次模拟实习相同,不再说明);填制记账凭证,登记各类账簿(根据科目汇总表登记总账),进行试算平衡,账项调整、结账、编制资产负债表、利润表。

(三) 该公司 1 月份发生的经济业务事项(及有关提示)

(1) 1 日,接银行通知,收到上月赊销给甲公司商品款 217 000 元。

(2) 5 日,赊销给甲公司 B 商品 80 台,每台售价 3 000 元,每台销售成本见期初资料。

(3) 9 日,以银行存款交纳上月应交税费 8 800 元(“应交税费”科目所属的明细科目本次模拟实习暂不要求)。

(4) 10 日,收到国家投资的不需安装的新设备一台,价值 80 000 元。

(5) 10 日,从银行提取现金 48 000 元备发工资;当日 48 000 元工资发放完毕。

(6) 12 日,公司统计员张琼参加统计工作会归来,报销差旅费 580 元,以现金付讫。

(7) 13 日,从本市丙工厂购入 B 商品 200 台,每台进价 2 550 元,收到丙工厂开具的发票,商品如数验收入库,货款暂欠(如前所作说明,本次模拟实习暂不考虑增值税,下同)。

(8) 16 日,以银行存款支付前欠本市丙工厂购货款 120 000 元和前欠本市丁公司购货款 80 000 元。

(9) 17 日,赊销给甲公司 A 商品 60 台,每台售价 700 元;每台销售成本见期初资料。

(10) 18日,从丁公司购入A商品50台,每台进价550元,收到丁公司开具的发票,商品如数验收入库,货款暂欠。

(11) 19日,销售给本市某宾馆A商品10台,每台售价700元;B商品140台,每台售价3 000元。货款全部收到并存入银行。A商品和B商品每台销售成本均见期初资料。

(12) 因友邻公司急需,于本月初将自用的一个仓库暂时调剂给友邻公司使用,租期1个月。20日,收到本月租金2 600元并存入银行。

(13) 20日,以银行存款支付广告费10 000元。

(14) 23日,支付按月付息的用于经营周转的银行借款本月利息9 750元。

(15) 23日,以银行存款偿还向银行借入的到期短期借款200 000元。

(16) 30日,经批准,转销无法收回的应收乙公司销货款1 000元。

【资料(16)难点提示】

"应收账款"科目借方余额218 000元 —(表示)→ 从法律意义上讲,应收账款的金额为218 000元。

"坏账准备"科目贷方余额1 090元 —(表示)→ 应收账款218 000元中,有1 090元可能收不回。

"坏账准备"科目贷方余额表示可能收不回的应收及预付款项的金额。应收款项包括应收票据、应收账款、其他应收款等,本模拟实习资料假定只有应收账款计提了坏账准备。

应收乙公司的账款1 000元确实无法收回 ——→ "应收账款——乙公司"科目借方余额1 000元,即已"名存实亡",经批准,应将其转销(冲减掉,不再在账户中记录)。所以,应作的会计分录中要贷记"应收账款——乙公司"科目1 000元……①

"应收账款"科目借方余额218 000元中,有1 090元可能收不回,其中,应收乙公司的账款有1 000元已经确认收不回,除了应收乙公司的应收账款之外的其他单位的应收账款只有90元(1 090—1 000)可能收不回,也就是说:除了乙公司之外的应收账款可能收不回的金额(即:坏账准备)要在1 090元的基础上减少1 000元。所以,应作的会计分录中要借记"坏账准备——应收账款"科目1 000元……②

根据以上①和②的分析结论,应作如下会计分录:

借:坏账准备——应收账款　　1 000

　贷:应收账款——乙公司　　1 000

(17) 31日,经计算,本月应付职工工资总额为57 000元。其中:营业人员工资 37 000 元，公司管理人员工资 20 000 元。

将以上经济业务事项编制的记账凭证进行科目汇总，编制科目汇总表并据以登记总账，进行试算平衡（实际工作中，科目汇总表的编制时间一般不得超过 10 天，本次模拟实习是为了简化）。

(18) 31 日，计提本月固定资产折旧 2 000 元（其中，出租仓库计提折旧 150 元）。

(19) 31 日，摊销应由本月负担的财产保险费 1 500 元。提示：请注意月初“预付账款——某保险公司（财产保险费）”科目的借方余额。

(20) 31 日，将除了“所得税费用”以外的损益类科目余额结转入“本年利润”科目。

(21) 31 日，假定本月应预交所得税 6 225.40 元（成都建明公司是一个小型微利企业，适用的所得税税率为 20%）。

(22) 31 日，将“所得税费用”科目余额转入“本年利润”科目。

【资料(20)～(22)难点提示】

账结法下，会计期末将损益类科目余额转入“本年利润”科目的账务处理（表结法下，年末一次性结转损益类科目。其原理、方法相同）。

知识点：

(1) 为什么要将损益类科目余额转入“本年利润”科目？

(2) 怎样将除了“所得税费用”以外的损益类科目余额转入“本年利润”科目？

(3) 所得税的账务处理（基础会计层次）。

学习方法：

采用 T 形账户演示；通俗理解，变“洋”为“土”，化难为易。

学习内容：

1. 1 月 31 日，将除了“所得税费用”以外的损益类科目余额结转入“本年利润”科目

(1) 为什么期末要将损益类科目余额转入“本年利润”科目？

为了一目了然地在账上提供利润的会计信息，避免一页一页地去翻阅账簿及计算利润。

(2) 怎样将损益类科目余额转入“本年利润”科目？

① 将损益类的收入（及利得，下同）类科目的余额转入“本年利润”科目。

“土”说法：将收入类科目的贷方余额“搬到”“本年利润”科目的贷方。

“洋”说法：将收入类科目的贷方余额从其借方转入“本年利润”科目的贷方。

思考：

有关损益类的收入类科目余额因“搬走”会使得有关收入类科目余额导致什么结果?

“本年利润”科目因“搬入”会使得“本年利润”科目余额发生什么变化?

② 将损益类的费用(及损失,下同)类科目的余额转入“本年利润”科目。

“土”说法：将费用类科目的借方余额“搬到”“本年利润”科目的借方。

“洋”说法：将费用类科目的借方余额从其贷方转入“本年利润”科目的借方。

思考：

有关损益类的费用类科目余额因“搬走”会使得有关费用类科目余额导致什么结果?

“本年利润”科目因“搬入”会使得“本年利润”科目余额发生什么变化?

(3) 用 T 形账户表示账务处理的思路及会计分录。

① 结转损益类科目前,有关损益类科目的余额情况如图 3-1 所示。

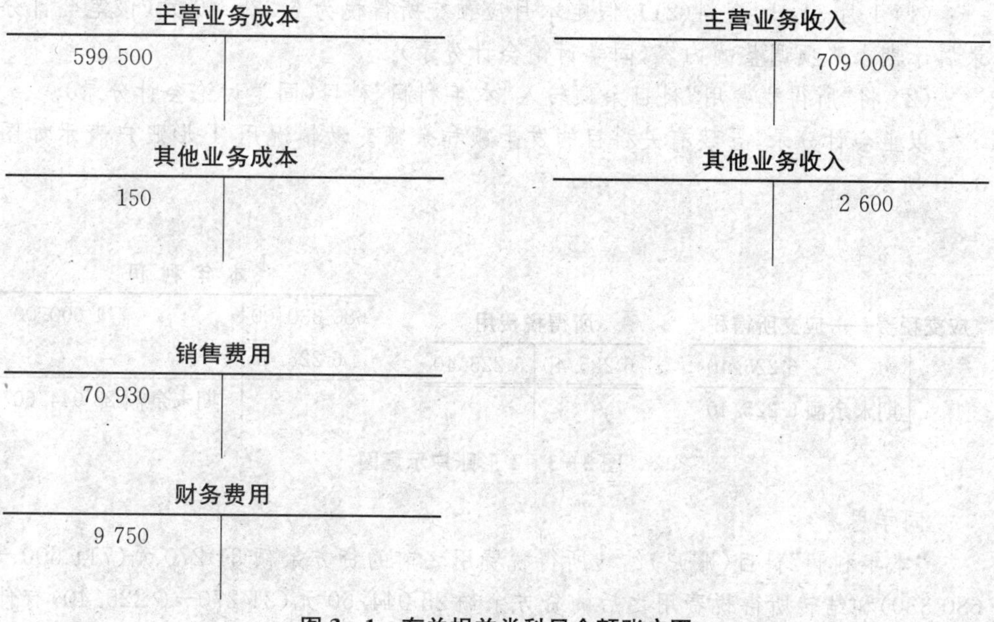

图 3-1　有关损益类科目余额账户图

② 期末结转损益类科目,“搬走”和“搬入”的过程示意如图 3-2 所示。

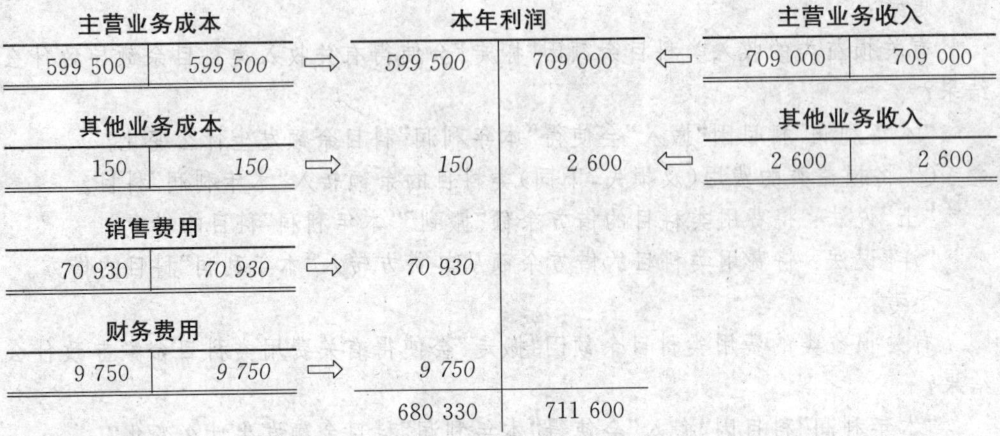

图 3-2　期末结转损益类科目示意图

③ 会计分录请同学自己编制。

2. 所得税的账务处理(会计基础层次)

(1) 1月31日,资料(21),假定本月应预交所得税为6 225.40元(该笔会计分录属于期末账项调整的内容,同学讨论会计分录)。

(2) 将"所得税费用"科目余额转入"本年利润"科目(同学讨论会计分录)。

以上会计分录,导致有关科目的发生额和余额变动情况用T形账户表示如图3-3所示。

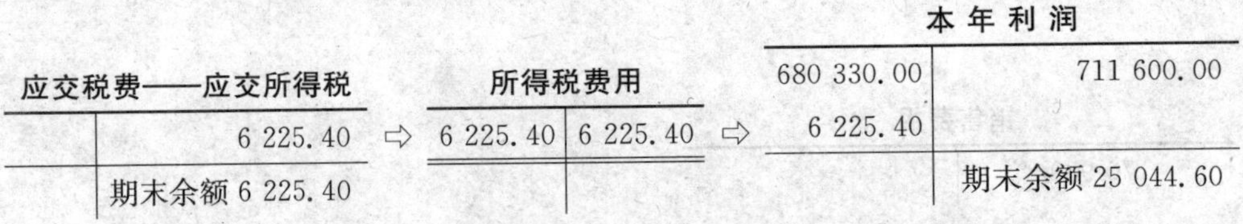

图 3-3　T形账户示意图

同学思考:

"本年利润"科目(账户)结转所得税费用之前的贷方余额31 270元(711 600—680 330)和结转所得税费用之后的贷方余额25 044.60元(31 270—6 225.40)有什么区别?分别是什么含义?

将以上账项调整和结转损益类账户编制的记账凭证进行科目汇总,编制科目汇总表,登记总账并进行试算平衡。

(23) 编制成都建明公司20×1年1月31日的资产负债表和2011年1月的利润表。

【资料(23)难点提示】

① 本模拟实习资料资产负债表中“应收账款”项目期末余额的确定：

20×1 年 1 月 31 日，建明公司“应收账款”科目借方余额为 282 000 元，“坏账准备——应收账款”科目贷方余额为 90 元，这说明：虽然从法律意义上讲，建明公司的应收账款有 282 000 元，但是其中有 90 元可能收不回，建明公司的应收账款“靠得住”的金额只有 281 910 元(282 000－90)，为了使得资产负债表中反映的“应收账款”项目这项资产的金额避免虚增(只反映“靠得住”的金额，而不包括“靠不住”的金额，也就是为了使得会计信息质量谨慎一些)，20×1 年 1 月 31 日，建明公司资产负债表中“应收账款”项目的金额只应该反映为 281 910 元(282 000－90)，计算式中的 90 元为“坏账准备——应收账款”科目的贷方余额。从以上分析可以看到两点：一是“应收账款”科目和“坏账准备——应收账款”科目共同全面反映了企业应收账款这项资产价值的“全貌”：“应收账款”科目的借方余额反映的是法律意义上的应收账款金额，“坏账准备——应收账款”科目的贷方余额反映应收账款中可能收不回的金额(目前暂时回避“坏账准备”科目借方余额的问题)；资产负债表中“应收账款”项目的金额(也就是应收账款中“靠得住”的金额)应该等于从“应收账款”科目的借方余额中抵减“坏账准备——应收账款”科目的贷方余额后的金额。会计上将“坏账准备——应收账款”科目称为“应收账款”科目的抵减科目(又称备抵科目)；二是资产负债表中的“应收账款”是资产负债表的项目名称(而不是会计科目名称)，其反映的金额可能不等于同名称的会计科目的余额。

② 本模拟实习资料资产负债表中“固定资产”项目期末余额的确定：

和①类似：“固定资产”科目和“累计折旧”科目(以及“固定资产减值准备”科目，会计基础层次不作要求)会计共同全面反映了企业固定资产这项资产价值的“全貌”：“固定资产”科目的借方余额反映的是企业固定资产在企业取得时的原价(如前所述，应正确理解企业固定资产原价的含义)，“累计折旧”科目的贷方余额反映的是企业固定资产自企业取得以来累计损耗的价值；而资产负债表中的“固定资产”项目的金额反映的是企业固定资产在企业取得时的原价的基础上抵减了自企业取得(固定资产)以来固定资产累计损耗的价值后的金额。同样地，会计上将“累计折旧”科目称为“固定资产”科目的抵减科目(又称备抵科目)。

③ 本模拟实习资料“存货”项目期末余额为“库存商品”科目期末余额(由于本资料该公司除了库存商品之外没有其他存货)。

④“未分配利润”项目期末余额为“本年利润”科目和“利润分配”科目期末余额之代数和(计算时“本年利润”科目或“利润分配”科目余额如为借方余额，则以负数表示)。

其他"基础性项目"根据同名称会计科目的余额直接填列(由于本资料情况比较单纯,所以资产负债表"基础性项目"的填列比较简单);各"合计""总计"项目分别根据有关项目直接计算填列。

第三节 模拟实习后的回顾

一、思考如下问题

(1) 在填制记账凭证和过账时,某项经济业务事项本应记入"应交税费"科目的贷方发生额,但会计人员将其错记入"应交税费"科目的借方发生额(其对应科目也记入了应记方向的相反方向),将对应交税费的金额有何影响?是否可以通过这种方法使企业少纳税(税务机关是否对此做法"无动于衷")?

(2) 记账凭证为什么要连续编号?请你设计一下实际工作中怎样才能保证不重复不遗漏地连续编号?

二、归纳总结会计循环的基本步骤

(一) 会计循环的概念

会计循环就是按一定的步骤反复运行的会计程序。其基本步骤一般如图3-4所示。

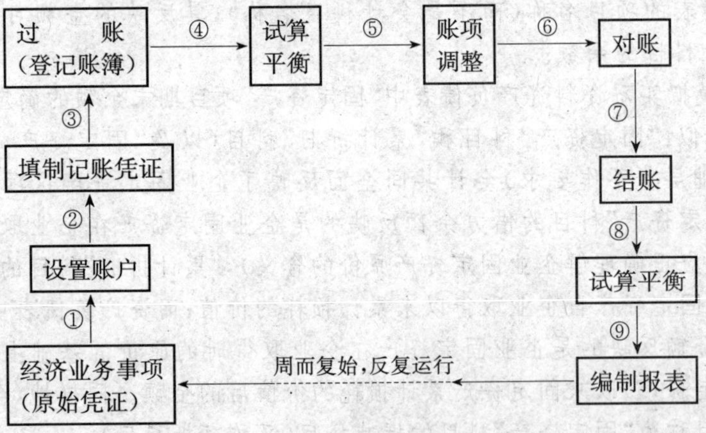

图3-4 会计循环基本步骤简图

(二) 会计循环的基本步骤(见图3-4)

(1) 设置账户。企业的账户(在实际工作中,账户和会计科目这两个概念往往互相通用)根据《企业会计准则——应用指南》"附录 会计科目和主要账务处理"相关规定设置;企业可根据实际情况自行增设、减少或合并某些会计科目。

(2) 填制记账凭证。在我国企业的会计实务中,编制会计分录具体体现为填制记账凭证。因此,我国会计记录具体程序的第一个步骤就是根据原始凭证(或汇总原始凭证)填制(或称编制)相应的记账凭证。本着循序渐进的原则,原始凭证(或汇总原始凭证)的填制、审核、使用等将在下一次模拟实习中进行。记账凭证是介于原始凭证与账簿之间的中间环节,是登记明细分类账户和总分类账户的依据。

(3) 过账。将记账凭证所记录的有关账户发生(即增加或减少)的金额登记到相应的账簿中去(填制、审核凭证和过账属于初次确认)。

(4) 试算平衡。发生额试算平衡和余额试算平衡。为下一步的会计程序作进一步准备。

(5) 账项调整(根据权责发生制将应计而未计的收入、费用进行确认、计量、记录)。

(6) 对账:核对账目。通过对账,做到账证相符、账账相符、账实相符。

(7) 结账:将账簿记录定期(月末、季末或年末)结算清楚[通常包括结清各种损益类账户,并据以计算确定本期利润;结清各资产、负债和所有者权益账户,分别结出本期发生额合计(需要结出本期发生额的账户)和余额;按要求规范地画线等]。

(8) 手工编制会计报表前,一般还应再进行一次试算平衡。

(9) 编制报表(第二次确认)。

以上(1)～(4)属于日常会计核算;(5)～(9)属于期末会计核算。

第四章　会计循环模拟实习(二)

第一节　模拟实习前的准备工作

一、实习目的

模拟一个工业企业12月份的基本经济业务,基本完全仿真与实际会计工作零距离地进行会计基础层次的会计循环模拟实习(成本计算、现金流量表的编制等不作要求)。其目的在于,使学生全面了解和初步掌握会计核算的基本程序及操作规范,掌握会计核算各环节的基本方法,提高动手能力。

二、有关说明

(1) 为使学生对会计循环的各个环节都得到全面实践训练,本次模拟实习继续采用混岗模拟实习的方式,即:每位学生进行一个会计主体的整个会计循环过程的所有会计工作岗位全部工作的训练。但在实际工作中是不容许这样操作的

(这是为了加强内部控制),用专业术语来说,叫做“不相容职务分离”。

(2) 本次模拟实习,应强调更加重视按照所附的三个附录规范地进行操作(包括[附录 2]正确填写票据和结算凭证的基本规定,这是会计人员必须具备的“基本功”)。

(3) 本次模拟实习除对购销业务考虑增值税外,还要求规范地使用原始凭证(包括规范地填制、审核自制原始凭证)。

(4) 该企业发出存货采用先进先出法逐笔结转成本。

(5) 经主管税务机关核定,该企业增值税的纳税期限为 1 个月。

(6) 为减少作业量和突出会计循环的主要步骤,本次模拟实习除要求设置全部有关总账和现金日记账、银行存款日记账外,只要求对部分总账设置明细账。设置明细账的总账(任课教师可根据情况进行调整)及相应明细账账页格式要求如下:

① 三栏式明细账:应收票据、应收账款、预付账款、其他应收款、坏账准备、固定资产(暂代)、在建工程、短期借款、应付账款、应付职工薪酬、应交税费(其中,应交增值税明细账为多栏式明细账且为专用格式的账页)、利润分配等。

② 横线登记式明细账:在途物资(若买不到该账页,则使用三栏式明细账)。

③ 数量金额式明细账:原材料、库存商品。

④ 多栏式明细账:生产成本、制造费用、管理费用。

三、*专题知识:增值税一般纳税人一般购销业务增值税的账务处理*

教学内容:

增值税是以商品(含应税劳务)在流转过程中产生的增值额作为计税依据而征收的一种流转税。增值税纳税人按会计核算水平和经营规模分为一般纳税人和小规模纳税人两类,分别采用不同的增值税计税方法。实际工作中,凡是工业企业和商品流通企业的会计核算,都不可避免地要涉及增值税的账务处理(但涉及增值税账务处理的不仅仅是工业企业和商品流通企业的会计核算,这个问题今后相关课程将会系统学习)。在会计基础层次只介绍增值税一般纳税人一般购销业务增值税账务处理的原理和方法。所以,在进行本次模拟实习前,通过如下案例来讲解这个专题知识。

【例 4-1】 某服装厂(增值税一般纳税企业)购进棉布一批,不含税买价为 10 000 元,应向销货方支付的增值税款为 1 600 元;购进的棉布已如数验收入库,款项暂欠(该厂原材料按实际成本计价);该批棉布所生产的服装已全部售出,不含税售价为 50 000 元,向购货方收取的增值税款为 8 000 元,全部款项已收到存入银行;该批服装的生产成本为 30 000 元。要求:根据以上资料,编制有关会计分录(注:从 2018 年 5 月 1 日起,制造业等增值税税率为 16%,也有的是 10%,今后有关课程将作介绍。本案例增值税税率为16%)。

$$\text{当期应交增值税}=\overbrace{(50\ 000-10\ 000)}^{\text{增值额}}\times \underset{\text{税率}}{16\%}$$

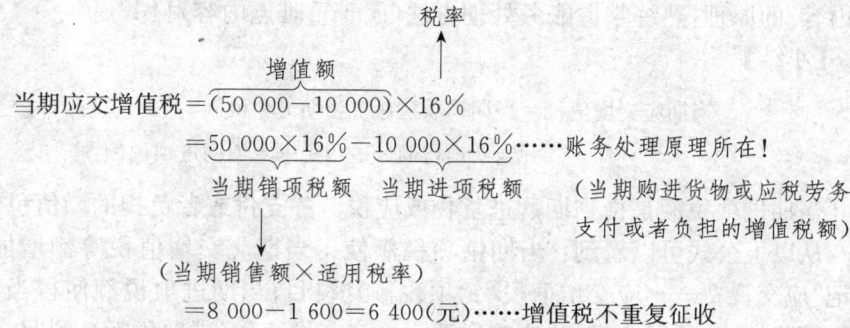

$$=\underbrace{50\ 000\times 16\%}_{\text{当期销项税额}}-\underbrace{10\ 000\times 16\%}_{\text{当期进项税额}}\cdots\cdots\text{账务处理原理所在!}$$

当期销项税额：(当期销售额×适用税率)

当期进项税额：(当期购进货物或应税劳务支付或者负担的增值税额)

$$=8\ 000-1\ 600=6\ 400(\text{元})\cdots\cdots\text{增值税不重复征收}$$

从以上公式可以看到：当期销项税额使得当期应交增值税等额增加，所以应贷记“应交税费——应交增值税(销项税额)”科目；当期进项税额使得当期应交增值税等额减少，所以应借记“应交税费——应交增值税(进项税额)”科目。

有关会计分录：

(1) 购进棉布时：

借：原材料——棉布　　10 000(不含税)

　应交税费——应交增值税(进项税额)　　1 600

　贷：应付账款——××企业　　11 600

(2) 销售服装时：　　(可见，增值税是价外税)

借：银行存款　　58 000

　贷：主营业务收入——×服装　　50 000(不含税)

　　应交税费——应交增值税(销项税额)　　8 000

(3) 结转销售成本：

借：主营业务成本——×服装　　30 000.00

　贷：库存商品——×服装　　30 000.00

应交税费——应交增值税明细账如表4-1所示。

表4-1

应交税费——应交增值税明细账

年		凭证号	摘　要	借　方			贷　方			借或贷	余　额
月	日			……	进项税额	……	……	销项税额	……		
			购　进	……	1 600.00					借	1 700.00
			销　售	……				8 000.00		贷	6 400.00

初学者应该十分重视透彻理解上例的三笔分录[第(3)笔分录属于以前学习过的内容]的原理,熟练掌握账务处理方法(属于重难点内容)!!

【小结】

当期应交增值税=当期销项税额-当期进项税额

=当期销售额×适用税率-当期进项税额

当期进项税额是指当期购进货物或应税劳务支付或者负担的增值税额。

从以上公式可以看到:当期销项税额使得当期应交增值税等额增加,所以应贷记"应交税费——应交增值税(销项税额)"科目;当期进项税额使得当期应交增值税等额减少,所以应借记"应交税费——应交增值税(进项税额)"科目,体现了增值税不重复征收。

第二节 模拟实习的有关资料及操作要求

(一) 期初资料

成都宏达机械厂地处成都市区,是一个生产 A 产品和 B 产品的小型微利工业企业,为增值税一般纳税人,其销售的产品适用增值税税率为 16%,企业所得税税率为 20%(该企业按月计算预缴所得税);该企业存货按实际成本计价,发出存货采用先进先出法逐笔结转成本;经主管税务机关核定,该企业增值税的纳税期限为 1 个月。

该厂 20×1 年 11 月末(即 12 月初)有关资料如下:

(1) 总分类账户 11 月末余额如表 4-2 所示。

表 4-2

总分类账户余额　　金额单位:元

账户名称	借方余额	账户名称	贷方余额
库存现金	5 000	坏账准备	2 000
银行存款	495 000	累计折旧	80 000
应收账款	450 000	短期借款	800 000
其他应收款	11 000	应付账款	320 000
原材料	550 000	应付职工薪酬	127 200
生产成本	220 000	应交税费	19 800
库存商品	700 000	应付利息	2 000
固定资产	3 000 000	长期借款	400 000(注)
		实收资本	2 500 000

(续表)

账户名称	借方余额	账户名称	贷方余额
		盈余公积	60 238.80
		本年利润	447 761.20
		利润分配	672 000
合　计	5 431 000	合　计	5 431 000

(注)其中：100 000 元于 20×2 年 7 月 1 日到期；300 000 元于 20×3 年 7 月 1 日到期。

(2) 部分明细分类账户 11 月末余额如表 4－3 所示。

表 4－3

明细分类账户余额

应收账款——内江市滨江公司	250 000
——重庆市红光公司	199 000
——成都市烟霞公司	1 000
其他应收款——垫付款项	8 000
——某单位(支付的押金)	3 000
坏账准备——应收账款	2 000
原材料——甲材料(100 吨，每吨 4 000 元)	400 000
——乙材料(1 000 千克，每千克 100 元)	100 000
——丙材料(2 500 件，每件 20 元)	50 000
生产成本——A 产品(直接材料 92 800；直接人工 51 200；制造费用 16 000)	160 000
——B 产品(直接材料 37 800；直接人工 16 800；制造费用 5 400)	60 000
库存商品——A 产品(200 台，每台 2 000 元)	400 000
——B 产品(2 000 件，每件 150 元)	300 000
固定资产——厂部——设备	300 000
——房屋	800 000
——生产车间——设备	1 000 000
——房屋	900 000
短期借款——市农行	800 000
应付账款——西宁市前进工厂	120 000
——成都市天元工厂	198 000
——北海市兴发公司	2 000
应交税费——未交增值税	18 000

（续表）

——应交城市维护建设税	1 260
——应交教育费附加	540
应付职工薪酬——工资	110 000
——职工福利	17 200
利润分配——未分配利润	672 000

（3）利润表有关资料如表 4－4 所示。

表 4－4

利润表相关资料

项　　目	20×0 年全年数	20×1 年 1～11 月累计数
一、营业收入	9 000 000	8 649 600
减：营业成本	6 700 000	6 450 288.07
税金及附加	112 000	109 497
销售费用	680 000	660 000
管理费用	800 000	764 800
财务费用	40 000	38 000
二、营业利润	668 000	627 014.93
加：营业外收入		
减：营业外支出		30 000
三、利润总额	668 000	597 014.93
减：所得税费用	167 000	149 253.73
四、净利润	501 000	447 761.20

（二）操作要求

请根据宏达机械厂以上期初资料和 20×1 年 12 月份发生的如下经济业务事项，设置账户[参见本次模拟实习“（二）有关说明（6）”]、填制有关自制原始凭证，并正确使用各种原始凭证（自制原始凭证、外来原始凭证），填制记账凭证，登记现金日记账、银行存款日记账和“有关说明（6）”中指定的明细账，按旬编制科目汇总表并据以登记总账，进行试算平衡，账项调整、结账，编制资产负债表、利润表。

注：“在途物资”账户尽量采用横线登记式明细账（如果买不到横线登记式明细账，则使用三栏式明细账）。

（三）该厂 12 月份发生的经济业务事项（及有关提示）

（1）1 日，为满足生产经营需要，从农行成都市支行取得 1 年期借款 300 000

元,年利率 7.5%,每季末月 20 日为结息日。借款已转入企业银行存款户(注:借款合同号 204576)。

注:本资料原始凭证“借款合同书”从略。

(2) 1 日,生产车间租入本市建平工具厂设备一台,租期 4 个月。开出转账支票预付 4 个月的租金 6 000 元。

(3) 2 日,生产车间为生产 A 产品领用甲材料 4 吨(每吨 4 000 元),领用乙材料 200 千克(每千克 100 元);为生产 B 产品领用乙材料 100 千克(每千克 100 元);领用丙材料 2 000 件(每件 20 元)。

(4) 2 日,经批准,转销无法收回的 9 年前 1 月 5 日应收烟霞公司的销货款 1 000 元。

(5) 3 日,收到本市宏都公司投入的帕萨特小汽车一辆(详见后附原始凭证),交公司行政管理部门使用(请老师简介增值税有关规定)。

(6) 6 日,从内江市锻压机器厂购入需安装设备一台,收到内江市锻压机器厂开具的增值税专用发票,注明买价 200 000 元,增值税款 32 000 元。对方代垫运杂费 334 元,设备已运到验收完毕。收到银行转来托收凭证付款通知,经审核无误,承付全部款项(即:付清了款项)。该设备交由本市诚信安装公司负责安装。

(7) 7 日,开出转账支票支付给本市巧巧修理公司修理费 1 300 元。其中生产车间设备修理费 800 元,厂部管理部门设备修理费 500 元(注:按新准则有关规定进行账务处理)。

(8) 9 日,交纳上月增值税款 18 000 元,城市维护建设税 1 260 元,教育费附加 540 元(请老师简介交纳上月增值税和本月增值税账务处理的有关规定)。

(9) 10 日,本月 6 日交由本市诚信安装公司安装的设备已安装调试完毕,经验收合格交付生产车间使用;开出转账支票支付本市诚信安装公司安装调试费 1 500 元。

(10) 10 日,从银行提取现金 102 000 元备发工资。

(11) 10 日,以现金发放上月职工工资,详见工资结算汇总表。

提示:进行上旬科目汇总,编制科目汇总表,登记总账,并试算平衡。

(12) 13 日,向市天元工厂购入甲材料 10 吨,每吨不含税进价 4 000 元,收到天元工厂开具的增值税专用发票,注明的材料价款为 40 000 元,增值税额为 6 600 元。材料已验收入库,货款暂欠。

(13) 13 日,技术科王伟出差,借差旅费 1 000 元,以现金付讫。

(14) 14 日,向西宁市前进工厂购入乙材料 500 千克,每千克不含税售价 100 元,收到前进工厂开具的增值税专用发票,注明材料价款为 50 000 元,增值税额为 8 000 元。材料尚未收到。本次货款及前欠 120 000 元的货款一并通过银行电汇付清。

(15) 14 日，向本厂附近的育红小学捐赠 10 000 元，开出转账支票。

(16) 15 日，14 日向西宁市前进工厂购入的乙材料如数验收入库。

(17) 15 日，填制电汇凭证一张，支付前欠北海兴发公司货款 2 000 元(假设：收款人账号：56183259；汇入行名称：工行北海市中区支行)。

(18) 15 日，向本市工贸公司购入丙材料 2 000 件，每件不含税价 20 元，收到该公司开具的增值税专用发票，注明材料价款 40 000 元，增值税额为 6 600 元。材料已验收入库，开出转账支票付清款项。

(19) 16 日，生产车间生产 A 产品领用甲材料 8 吨(每吨 4 000 元)，领用乙材料 400 千克(每千克 100 元)。

(20) 17 日，生产车间生产 B 产品领用乙材料 50 千克(每千克 100 元)，领用丙材料 2 000 件(每件 20 元)。

(21) 17 日，向本市工贸公司购入丙材料 5 000 件，每件不含税价 20 元，收到该公司开具的增值税专用发票，注明材料价款 100 000 元，增值税额为 16 000 元，材料已验收入库，货款暂欠。

(22) 20 日，厂部管理部门维修设备领用丙材料 800 件(每件 20 元)。

(23) 20 日，赊销给内江市滨江公司 A 产品 80 台，每台不含税售价 2 600 元；B 产品 1 000 件，每件不含税售价 200 元。开出增值税专用发票。产品成本资料见库存商品明细账(开户银行：工行内江市中区支行；账号：23074821；税务登记号：248325743690)。

提示：进行中旬科目汇总，编制科目汇总表，登记总账，并试算平衡。

(24) 21 日，收到银行结息清单，付、收银行存贷款利息(详见下册原始凭证)。前 2 个月已预提短期借款应付利息 2 000 元。

(25) 22 日，接银行通知，收到内江市滨江公司前欠货款(见下册电子汇划收款回单)。

(26) 23 日，接银行通知，收到重庆市红光公司前欠货款(见下册电子汇划收款回单)。

(27) 23 日，以银行存款付清上月所欠成都市天元工厂货款 198 000 元。

(28) 24 日，向成都市迎宾公司销售 A 产品 100 台，每台不含税售价 2 600 元；销售 B 产品 900 件，每件不含税售价 200 元。开出增值税专用发票，收到转账支票一张，金额 510 400 元，当即送开户银行委托开户银行收款(假定：成都市迎宾公司开户银行：工行成都市中区支行；账号：60824573；税务登记号：648237559422)。

(29) 27 日，以现金购入办公用品 232 元(取得普通发票)，当即交厂部管理部门使用。

(30) 28 日，以银行存款支付本市四通广告公司广告费 50 000 元。

(31) 28 日，以现金支付生产车间工人王昆困难补助费 300 元。

(32) 29日，王伟出差归来，报销差旅费950元；退回余款50元。

(33) 31日，偿还农行成都市分行到期短期借款200 000元及应付利息。

(34) 31日，开出转账支票支付本月水费2 000元，增值税额200元；支付本月照明用电费10 000元，增值税额1 600元。分别取得市供电局和市自来水公司开具的增值税专用发票。水费、电费按使用部门实际耗用量比例分配。本月厂部管理部门用水200吨，用电4 000度；生产车间用水800吨，用电12 000度。

(35) 31日，开出转账支票一张，金额47 000元，偿还所欠市天元工厂购料款(多付的金额以后购料时结算)。

(36) 31日，向西宁市前进工厂购买乙材料1 000千克，每千克不含税价95元，收到西宁市前进工厂开具的增值税专用发票，注明材料价款95 000元，增值税额为15 200元。材料尚未到达，款项暂欠。

(37) 31日，分配本月职工工资，应付工资总额126 000元。

其中：生产工人工资90 000元(生产A产品工时10 500小时，生产B产品工时7 500小时，按生产工时分配工资)，车间管理人员工资12 000元，厂部管理人员工资21 000元，销售人员工资3 000元；该企业按本月工资总额的14%计提职工福利费。

(38) 31日，将企业的银行存款日记账与银行对账单进行逐笔核对，编制银行存款余额调节表(银行对账单提供在本教材下册“原始凭证”部分。银行对账单虽然不是原始凭证，但是装订记账凭证时要附在记账凭证后一并按期装订成册)。

提示：进行下旬科目汇总、编制科目汇总表、登记总账，并试算平衡。

(39) 31日，计提本月固定资产折旧(详见下册折旧计算表)。

(40) 31日，摊销经营租入设备的租金。

(41) 31日，经减值测试，按应收账款余额5‰的比例计提坏账准备。

【资料(41)难点提示】

“经减值测试，按应收账款余额5‰的比例计提坏账准备”，这句话的含义专指：按此测试比例计算的金额就是应收账款可能收不回的金额，也就是“坏账准备”科目累计应具有的贷方余额(注意“累计应具有”字样)。因而：

资产负债表日，是否要计提(或冲减)坏账准备，如要计提(或冲减)坏账准备，计提(或冲减)多少金额的账务处理按照以下“基本原则”进行：

资产负债表日，应使“坏账准备”科目的贷方余额刚好等于应收账款经减值测试“坏账准备”科目应具有的贷方余额。

这就是说，资产负债表日，如果“坏账准备”科目的贷方余额小于应收账款经减值测试“坏账准备”科目应具有的贷方余额，则按其差额计提坏账准备，作如下会计分录：

借：资产减值损失……资产负债表中“应收账款”(资产)项目的金额(“靠得住”的金额)又有所减少，说明该资产又减值了，亦即又增加了资产减值损失

贷：坏账准备……“目前”该科目贷方余额不足，需要增加

反之(即“小于”)，则作相反的会计分录(具体分析叙述从略)；

如果刚好“等于”，则不需作会计分录。

(42) 31 日，将本月发生的制造费用转入生产成本(按 A 产品和 B 产品的生产工时比例分配制造费用)。分配率计算到小数点后 4 位，B 产品分配金额倒挤(制造费用分配表在教师指导下同学自己填写)。

(43) 31 日，本月完工入库 A 产品 80 台、B 产品 1 100 件。经计算，本月完工入库的 A 产品和 B 产品的实际生产成本分别为 153 600 元(直接材料 98 000 元；直接人工 41 000 元；制造费用 14 600 元)和 159 500 元(直接材料 102 000 元；直接人工 44 000 元；制造费用 13 500 元)。结转完工入库产成品的实际成本(注：完工产品成本的计算，将在《成本会计》课程中学习；请注意：“库存商品”明细账“结存栏”的填写)。

(44) 31 日，将本月未交增值税转入“应交税费——未交增值税”明细科目。

(45) 31 日，分别按 7%和 3%的比例计算应交城市维护建设税和应交教育费附加。

(46) 31 日，将除“所得税费用”以外的损益类科目的期末余额转入“本年利润”科目。

(47) 31 日，作本期应交所得税的会计处理(需在教师指导下进行)，并将“所得税费用”科目的余额转入“本年利润”明细科目。

注：该公司按当月实际应税收入额预缴企业所得税。假设分月预缴数与年终汇算清缴数一致。

(48) 31 日，将本年实现的净利润转入“利润分配——未分配利润”明细科目。

(49) 31 日，按 10%的比例提取法定盈余公积金；经审议批准，宣告按本年度净利润的 50%分配现金股利(尚未支付)。

(50) 31 日，将“利润分配”科目所属除“未分配利润”明细科目外的其他明细科目的余额转入“未分配利润”明细科目。

提示：将以上账项调整及结转损益类账户编制的记账凭证进行科目汇总，编制科目汇总表，登记总账，进行试算平衡。

(51) 编制成都宏达机械厂 20×1 年 12 月 31 日的资产负债表、20×1 年 12 月的利润表。

(四) 关于“坏账准备”科目的核算(及“备抵科目”的概念)的串讲

【例 4-2】 20×0 年 12 月 31 日，甲公司对应收账款进行减值测试。“应收账

款"科目所属明细科目均为借方余额,其合计数为 1 000 000 元;"预收账款"科目既无期初余额,也无本期发生额。甲公司根据债务人的资信情况确定按应收账款的 10%计提坏账准备(此前未对应收账款计提过坏账准备)。20×1 年 6 月 25 日,经批准转销确实无法收回的应收账款 30 000 元。20×1 年 6 月 30 日,经减值测试,甲公司根据债务人的资信情况确定调整为按 12%计提坏账准备。20×1 年 12 月 31 日,甲公司根据债务人的资信情况确定调整为按 8%计提坏账准备。20×2 年 2 月 12 日,甲公司收到 20×1 年 6 月 25 日已转销的坏账 30 000 元存入银行。假定甲公司上述期间未发生与应收账款有关的其他经济业务事项。根据上述资料,编制甲公司有关会计分录。

(1) 20×0 年 12 月 31 日:

甲公司对应收账款进行减值测试,确定按 10%计提坏账准备。此处的"确定按 10%计提坏账准备",表明在 1 000 000 元的应收账款中,有 100 000 元(1 000 000×10%)可能收不回。因此说,甲公司的应收账款资产"靠得住"的金额只有 900 000 元(1 000 000−100 000),为了使得资产负债表中反映的"应收账款"(资产)项目的金额避免虚增(只反映"靠得住"的资产金额,而不包括"靠不住"的资产金额,也就是为了使得会计信息质量谨慎一些),20×0 年 12 月 31 日,丙公司资产负债表中"应收账款"项目的金额只应该反映为 900 000 元。从以上分析可以看到以下三点:一是"应收账款"科目和"坏账准备——应收账款"科目共同全面反映了企业应收账款这项资产价值的"全貌":"应收账款"科目的借方余额 1 000 000 元反映的是法律意义上的"应收账款"金额,"坏账准备——应收账款"科目的贷方余额反映的是"应收账款"中可能收不回的金额。资产负债表中"应收账款"(资产)项目的余额(也就是"应收账款"中"靠得住"的金额)应该等于从"应收账款"科目的借方余额中抵减"坏账准备——应收账款"科目的贷方余额后的金额,所以,会计上将"坏账准备——应收账款"科目称为"应收账款"科目的抵减科目(又称备抵科目);二是资产负债表中的"应收账款"是资产负债表的项目名称(而不是会计科目名称),其反映的金额可能不等于同名称的会计科目(账户,下同)的余额;三是 20×0 年 12 月 31 日,应收账款资产"靠得住"的金额只有 900 000 元,减少了 100 000 元,意味着该项资产发生了减值 100 000 元,也就是说,造成了资产减值损失 100 000 元……①

"应收账款"科目借方余额 1 000 000 元 —表示→ 从法律意义上讲,应收账款的金额为 1 000 000 元。

应收账款 1 000 000 元中,有 100 000 元可能收不回 —说明→ "坏账准备"科目应具有的贷方余额应刚好等于 100 000 元……②

因此,应作如下会计分录:

借：资产减值损失　　100 000……①
　贷：坏账准备——应收账款　　100 000……②

(2) 20×1 年 6 月 25 日：

20×1 年 6 月 25 日，经批准转销确实无法收回的应收账款 30 000 元。

应收账款 1 000 000 元中，有 100 000 元可能收不回，其中，应收某债务人的账款有 30 000 元因确实无法收回而已经批准转销，这就是说，除了应收某债务人之外的其他债务人的应收账款 970 000 元(1 000 000－30 000)中，只有 70 000 元(100 000－30 000)可能收不回，也就是说：除了某债务人之外的应收账款 970 000 元中可能收不回的金额(亦即："坏账准备——应收账款"科目应有的贷方余额)要在 100 000 元的基础上减少 30 000 元。所以，会计分录中要借记"坏账准备——应收账款"科目 30 000 元……③

应收某债务人的账款有 30 000 元已经批准转销，也就是说，应收某债务人的账款 30 000 元这项资产不应再在账上反映，"应收账款——某债务人"科目借方余额 30 000 元应该从账上减掉，即：在会计分录中要贷记"应收账款——某债务人"科目 30 000 元……④

因此，应作如下会计分录：

借：坏账准备——应收账款　　30 000……③
　贷：应收账款——某债务人　　30 000……④

(3) 20×1 年 6 月 30 日：

经减值测试，甲公司将计提坏账准备的比例调整为 12%。

20×1 年 6 月 30 日"应收账款"科目借方余额为 970 000 元；"坏账准备"科目应具有的贷方余额应刚好等于 116 400 元(970 000×12%)，而"坏账准备"科目"目前"具有的贷方余额为 70 000 元，比应有的贷方余额少了 46 400 元(116 400－70 000)。因此：

① "坏账准备"科目的贷方余额应增加 46 400 元，即：在应作的会计分录中要贷记"坏账准备——应收账款"科目 46 400 元……⑤

② 由于可能收不回的应收账款增加了 46 400 元，资产负债表中"应收账款"资产项目的金额要减少 46 400 元，从而增加了资产减值损失 46 400 元，在会计分录中要借记"资产减值损失"科目 46 400 元……⑥

因此，应作如下会计分录：

借：资产减值损失　　46 400……⑤
　贷：坏账准备——应收账款　　46 400……⑥

(4) 20×1 年 12 月 31 日：

① 因为20×1年12月31日,甲公司调整为按8%计提坏账准备,所以,“坏账准备”科目应具有的贷方余额应刚好等于77 600元(970 000×8%),而“坏账准备”科目“目前”具有的贷方余额为116 400元,“坏账准备”科目的贷方余额应该减少38 800元(116 400－77 600),即:在应做的会计分录中要借记“坏账准备——应收账款”科目33 800元……⑦

② 由于可能收不回的应收账款减少了33 800元,资产负债表中“应收账款”资产项目的金额要增加33 800元,从而减少了资产减值损失33 800元,在会计分录中要贷记“资产减值损失”科目33 800元……⑧

因此,应作如下会计分录:

借:坏账准备——应收账款　　38 800……⑦
　贷:资产减值损失　　38 800……⑧

(5) 20×2年2月12日:

20×2年2月12日,甲公司收到20×1年6月25日已转销的坏账30 000元存入银行。

在讨论对其进行账务处理之前,先要说明的是:债权人虽然在自己的账上已作为坏账转销了应收债务人的账款,但这是债权人(本例为甲公司)“自己内部的账务处理方法”,债权人并未因此而失去向债务人收取款项的权利;债务人也仍然应该承担偿还债务的义务。

账务处理方法之一:

① 假如甲公司20×1年6月25日“早知今日(20×2年2月12日)”能收到该笔款项,当初就不会编制会计分录(2)。但是已经编制了,现在就要将其冲销,即应作如下与会计分录(2)相反的会计分录:

借:应收账款——某债务人　　30 000
　贷:坏账准备——应收账款　　30 000

② 因为收到某债务人货款存入银行,所以应作如下会计分录:

借:银行存款　　30 000
　贷:应收账款——某债务人　　30 000

该账务处理方法还可以为甲公司提供一个有用的会计信息:当初(20×1年6月25日)转销坏账时,对该债务人“刻骨铭心”“耿耿于怀”:今后不能赊销商品给该公司了(因为担心收不回款项)。但是现在情况发生了变化:该公司财务状况有了好转,具有偿还债务的能力,而且讲信用(能够主动偿还债务),今后可以继续与之进行商业信用往来(债务人的诈骗因素动机除外)。

账务处理方法之二（新准则允许的方法）：

将以上两笔会计分录合成一笔会计分录：

借：银行存款　　30 000

　贷：坏账准备——应收账款　　30 000

第三节　模拟实习后的回顾

请思考如下问题：

(1) 编制记账凭证为什么要附原始凭证？是否所有记账凭证都必须附原始凭证？

(2) 为什么要进行试算平衡？能不能说只要试算平衡了，过账就肯定正确？

(3) 为什么要设置"本年利润"账户？该账户的余额何时要结转完？转入哪个账户？

(4) "应付账款"账户（或其明细账户，下同）、"预收账款"账户如果出现借方余额，其性质就变成资产类账户；"应收账款""预付账款"账户如果出现贷方余额，其性质就变成负债类账户。这是为什么？请用通俗易懂的语言说明（准确、透彻、举一反三地理解本思考题，对提高相关思维能力很有益处）。

【附录1】　财政部印发的《会计基础工作规范》"第三章　会计核算"之"第二节　填制会计凭证""第三节　登记会计账簿""第四节　编制财务报告"和"第四章　会计监督"辑录

第三章　会 计 核 算

……

第二节　填制会计凭证

第四十七条　各单位办理本规范第三十七条规定的事项，必须取得或者填制原始凭证，并及时送交会计机构。

第四十八条　原始凭证的基本要求是：

（一）原始凭证的内容必须具备：凭证的名称；填制凭证的日期；填制凭证单位名称或者填制人姓名；经办人员的签名或者盖章；接受凭证单位名称；经济业务内容；数量、单价和金额。

（二）从外单位取得的原始凭证，必须盖有填制单位的公章；从个人取得的原始凭证，必须有填制人员的签名或者盖章。自制原始凭证必须有经办单位领导人或者其指定的人员签名或者盖章。对外开出的原始凭证，必须加盖本单位公章。

（三）凡填有大写和小写金额的原始凭证，大写和小写金额必须相符。购买实物的原始凭证，必须有验收证明。支付款项的原始凭证，必须有收款单位和收款人的收款证明。

(四) 一式几联的原始凭证,应当注明各联的用途,只能以一联作为报销凭证。

一式几联的发票和收据,必须用双面复写纸(发票和收据本身具备复写纸功能的除外)套写,并连续编号。作废时应当加盖"作废"戳记,连同存根一起保存,不得撕毁。

(五) 发生销货退回的,除填制退货发票外,还必须有退货验收证明;退款时,必须取得对方的收款收据或者汇款银行的凭证,不得以退货发票代替收据。

(六) 职工公出借款凭据,必须附在记账凭证之后。收回借款时,应当另开收据或者退还借据副本,不得退还原借款收据。

(七) 经上级有关部门批准的经济业务,应当将批准文件作为原始凭证附件。如果批准文件需要单独归档的,应当在凭证上注明批准机关名称、日期和文件字号。

第四十九条 原始凭证不得涂改、挖补。发现原始凭证有错误的,应当由开出单位重开或者更正,更正处应当加盖开出单位的公章。

第五十条 会计机构、会计人员要根据审核无误的原始凭证填制记账凭证。

记账凭证可以分为收款凭证、付款凭证和转账凭证,也可以使用通用记账凭证。

第五十一条 记账凭证的基本要求是:

(一) 记账凭证的内容必须具备:填制凭证的日期;凭证编号;经济业务摘要;会计科目;金额;所附原始凭证张数;填制凭证人员、稽核人员、记账人员、会计机构负责人、会计主管人员签名或者盖章。收款和付款记账凭证还应当由出纳人员签名或者盖章。

以自制的原始凭证或者原始凭证汇总表代替记账凭证的,也必须具备记账凭证应有的项目。

(二) 填制记账凭证时,应当对记账凭证进行连续编号。一笔经济业务需要填制两张以上记账凭证的,可以采用分数编号法编号。

(三) 记账凭证可以根据每一张原始凭证填制,或者根据若干张同类原始凭证汇总填制,也可以根据原始凭证汇总表填制。但不得将不同内容和类别的原始凭证汇总填制在一张记账凭证上。

(四) 除结账和更正错误的记账凭证可以不附原始凭证外,其他记账凭证必须附有原始凭证。如果一张原始凭证涉及几张记账凭证,可以把原始凭证附在一张主要的记账凭证后面,并在其他记账凭证上注明附有该原始凭证的记账凭证的编号或者附原始凭证复印件。

一张原始凭证所列支出需要几个单位共同负担的,应当将其他单位负担的部分，开给对方原始凭证分割单，进行结算。原始凭证分割单必须具备原始凭证的基本内容：凭证名称、填制凭证日期、填制凭证单位名称或者填制人姓名、经办人的签名或者盖章、接受凭证单位名称、经济业务内容、数量、单价、金额和费用分摊情况等。

（五）如果在填制记账凭证时发生错误，应当重新填制。已经登记入账的记账凭证，在当年内发现填写错误时，可以用红字填写一张与原内容相同的记账凭证，在摘要栏注明“注销某月某日某号凭证”字样，同时再用蓝字重新填制一张正确的记账凭证，注明“订正某月某日某号凭证”字样。如果会计科目没有错误，只是金额错误，也可以将正确数字与错误数字之间的差额，另编一张调整的记账凭证，调增金额用蓝字，调减金额用红字。发现以前年度记账凭证有错误的，应当用蓝字填制一张更正的记账凭证。

（六）记账凭证填制完经济业务事项后，如有空行，应当自金额栏最后一笔金额数字下的空行处至合计数上的空行处划线注销。

第五十二条 填制会计凭证，字迹必须清晰、工整，并符合下列要求：

（一）阿拉伯数字应当一个一个地写，不得连笔写。阿拉伯金额数字前面应当书写货币币种符号或者货币名称简写和币种符号。币种符号与阿拉伯金额数字之间不得留有空白。凡阿拉伯数字前写有币种符号的，数字后面不再写货币单位。

（二）所有以元为单位（其他货币种类为货币基本单位，下同）的阿拉伯数字，除表示单价等情况外，一律填写到角分；无角分的，角位和分位可写“00”，或者符号“—”；有角无分的，分位应当写“0”，不得用符号“—”代替。

（三）汉字大写数字金额如零、壹、贰、叁、肆、伍、陆、柒、捌、玖、拾、佰、仟、万、亿等，一律用正楷或者行书体书写，不得用0、一、二、三、四、五、六、七、八、九、十等简化字代替，不得任意自造简化字。大写金额数字到元或者角为止的，在“元”或者“角”字之后应当写“整”字或者“正”字；大写金额数字有分的，分字后面不写“整”或者“正”字。

（四）大写金额数字前未印有货币名称的，应当加填货币名称，货币名称与金额数字之间不得留有空白。

（五）阿拉伯金额数字中间有“0”时，汉字大写金额要写“零”字；阿拉伯数字金额中间连续有几个“0”时，汉字大写金额中可以只写一个“零”字；阿拉伯金额数字元位是“0”，或者数字中间连续有几个“0”、元位也是“0”但角位不是“0”时，汉字大写金额可以只写一个“零”字，也可以不写“零”字。

第五十三条 实行会计电算化的单位，对于机制记账凭证，要认真审核，做到会计科目使用正确，数字准确无误。打印出的机制记账凭证要加盖制单人员、审核人员、记账人员及会计机构负责人、会计主管人员印章或者签字。

第五十四条　各单位会计凭证的传递程序应当科学、合理,具体办法由各单位根据会计业务需要自行规定。

第五十五条　会计机构、会计人员要妥善保管会计凭证。

(一) 会计凭证应当及时传递,不得积压。

(二) 会计凭证登记完毕后,应当按照分类和编号顺序保管,不得散乱丢失。

(三) 记账凭证应当连同所附的原始凭证或者原始凭证汇总表,按照编号顺序,折叠整齐,按期装订成册,并加具封面,注明单位名称、年度、月份和起讫时期、凭证种类、起讫号码,由装订人在装订线封签处签名或者盖章。

对于数量过多的原始凭证,可以单独装订保管,在封面上注明记账凭证日期、编号、种类,同时在记账凭证上注明"附件另订"和原始凭证名称及编号。

各种经济合同、存出保证金收据以及涉外文件等重要原始凭证,应当另编目录,单独登记保管,并在有关的记账凭证和原始凭证上相互注明日期和编号。

(四) 原始凭证不得外借,其他单位如因特殊原因需要使用原始凭证时,经本单位会计机构负责人、会计主管人员批准,可以复制。向外单位提供的原始凭证复制件,应当在专设的登记簿上登记,并由提供人员和收取人员共同签名或盖章。

(五) 从外单位取得的原始凭证如有遗失,应当取得原开出单位盖有公章的证明,并注明原来凭证的号码、金额和内容等,由经办单位会计机构负责人、会计主管人员和单位领导人批准后,才能代作原始凭证。如果确实无法取得证明的,如火车、轮船、飞机票等凭证,由当事人写出详细情况,由经办单位会计机构负责人、会计主管人员和单位领导人批准后,代作原始凭证。

第三节　登记会计账簿

第五十六条　各单位应当按照国家统一会计制度的规定和会计业务的需要设置会计账簿。会计账簿包括总账、明细账、日记账和其他辅助性账簿。

第五十七条　现金日记账和银行存款日记账必须采用订本式账簿。不得用银行对账单或者其他方法代替日记账。

第五十八条　实行会计电算化的单位,用计算机打印的会计账簿必须连续编号,经审核无误后装订成册,并由记账人员和会计机构负责人、会计主管人员签字或者盖章。

第五十九条　启用会计账簿时,应当在账簿封面上写明单位名称和账簿名称。在账簿扉页上应当附启用表,内容包括:启用日期、账簿页数、记账人员和会计机构负责人、会计主管人员姓名,并加盖名章和单位公章。记账人员或者会计机构负责人、会计主管人员调动工作时,应当注明交接日期、接办人员或者监交人员姓名,并由交接双方人员签字或者盖章。启用订本式账簿,应当从第一页到最后一面顺序编定页数,不得跳页、缺号。使用活页式账页,应当按账户顺序编号,并须定期装订成册。装订后再按实际使用的账页顺序编定页码。另加目录,记明每个账户的名称和页次。

第六十条 会计人员应当根据审核无误的会计凭证登记会计账簿。登记账簿的基本要求是:

(一) 登记会计账簿时,应当将会计凭证日期、编号、业务内容摘要、金额和其他有关资料逐项记入账内,做到数字准确、摘要清楚、登记及时、字迹工整。

(二) 登记完毕后,要在记账凭证上签名或者盖章,并注明已经登账的符号,表示已经记账。

(三) 账簿中书写的文字和数字上面要留有适当空格,不要写满格,一般应占格距的二分之一。

(四) 登记账簿要用蓝黑墨水或者碳素墨水书写,不得使用圆珠笔(银行的复写账簿除外)或者铅笔书写。

(五) 下列情况,可以用红色墨水记账:

1. 按照红字冲账的记账凭证,冲销错误记录;

2. 在不设借贷等栏的多栏式账页中,登记减少数;

3. 在三栏式账户的余额栏前,如未印明余额方向的,在余额栏内登记负数余额;

4. 根据国家统一会计制度的规定可以用红字登记的其他会计记录。

(六) 各种账簿按页次顺序连续登记,不得跳行、隔页。如果发生跳行、隔页,应当将空行、空页划线注销,或者注明"此行空白""此页空白"字样,并由记账人员签名或者盖章。

(七) 凡需要结出余额的账户,结出余额后,应当在"借或贷",等栏内写明"借"或者"贷"等字样。没有余额的账户,应当在"借或贷"等栏内写"平"字,并在余额栏内用"θ"表示。现金日记账和银行存款日记账必须逐日结出余额。

(八) 每一账页登记完毕结转下页时,应当结出本页合计数及余额,写在本页最后一行和下页第一行有关栏内,并在摘要栏内注明"过次页"和"承前页"字样;也可以将本页合计数及金额只写在下页第一行有关栏内,并在摘要栏内注明"承前页"字样。

对需要结计本月发生额的账户,结计"过次页"的本页合计数应当为自本月初起至本月末止的发生额合计数;对需要结计本年累计发生额的账户,结计"过次页"的本页合计数应当为自年初起至本页末止的累计数;对既不需要结计本月发生额也不需要结计本年累计发生额的账户,可以只将每页末的余额结转次页。

第六十一条 实行会计电算化的单位,总账和明细账应当定期打印。

发生收款和付款业务的,在输入收款凭证和付款凭证的当天必须打印出现金日记账和银行存款日记账,并与库存现金核对无误。

第六十二条 账簿记录发生错误,不准涂改、挖补、刮擦或者用药水消除字迹,不准重新抄写,必须按照下列方法进行更正:

(一) 登记账簿时发生错误,应当将错误的文字或者数字划红线注销,但必须使原有字迹仍可辨认;然后在划线上方填写正确的文字或者数字,并由记账人员在更正处盖章。对于错误的数字,应当全部划红线更正,不得只更正其中的错误数字。对于文字错误,可只划去错误的部分。

(二) 由于记账凭证错误而使账簿记录发生错误,应当按更正的记账凭证登记账簿。

第六十三条 各单位应当定期对会计账簿记录的有关数字与库存实物、货币资金、有价证券、往来单位或者个人等进行相互核对,保证账证相符、账账相符、账实相符。对账工作每年至少进行一次。

(一) 账证核对。核对会计账簿记录与原始凭证、记账凭证的时间、凭证字号、内容、金额是否一致,记账方向是否相符。

(二) 账账核对。核对不同会计账簿之间的账簿记录是否相符,包括:总账有关账户的余额核对,总账与明细账核对,总账与日记账核对,会计部门的财产物资明细账与财产物资保管和使用部门的有关明细账核对等。

(三) 账实核对。核对会计账簿记录与财产等实有数额是否相符。包括:现金日记账账面余额与现金实际库存数相核对;银行存款日记账账面余额定期与银行对账单相核对;各种财物明细账账面余额与财物实存数额相核对;各种应收、应付款明细账账面余额与有关债务、债权单位或者个人核对等。

第六十四条 各单位应当按照规定定期结账。

(一) 结账前,必须将本期内所发生的各项经济业务全部登记入账。

(二) 结账时,应当结出每个账户的期末余额。需要结出当月发生额时,应当在摘要栏内注明"本月合计"字样,并在下面通栏划单红线。需要结出本年累计发生额的,应当在摘要栏内注明"本年累计"字样,并在下面通栏划单红线;十二月末的"本年累计"就是全年累计发生额。全年累计发生额下面应当通栏划双红线。年度终了结账时,所有总账账户都应当结出全年发生额和年末余额。

(三) 年度终了,要把各账户的余额结转到下一会计年度,并在摘要栏注明"结转下年"字样;在下一会计年度新建有关会计账簿的第一行余额栏内填写上年结转的余额,并在摘要栏注明"上年结转"字样。

第四节 编制财务报告

第六十五条 各单位必须按照国家统一会计制度的规定,定期编制财务报告。

财务报告包括会计报表及其说明。会计报表包括会计报表主表、会计报表附表、会计报表附注。

第六十六条 各单位对外报送的财务报告应当根据国家统一会计制度规定的格式和要求编制。

单位内部使用的财务报告,其格式和要求由各单位自行规定。

第六十七条 会计报表应当根据登记完整、核对无误的会计账簿记录和其他有关资料编制,做到数字真实、计算准确、内容完整、说明清楚。

任何人不得篡改或者授意、指使、强令他人篡改会计报表的有关数字。

第六十八条 会计报表之间、会计报表各项目之间,凡有对应关系的数字,应当相互一致。本期会计报表与上期会计报表之间有关的数字应当相互衔接。如果不同会计年度会计报表中各项目的内容和核算方法有变更的,应当在年度会计报表中加以说明。

第六十九条 各单位应当按照国家统一会计制度的规定认真编写会计报表附注及其说明,做到项目齐全、内容完整。

第七十条 各单位应当按照国家规定的期限对外报送财务报告。

对外报送的财务报告,应当依次编定页码,加具封面,装订成册,加盖公章。封面上应当注明:单位名称,单位地址,财务报告所属年度、季度、月度,送出日期,并由单位领导人、总会计师、会计机构负责人、会计主管人员签名或者盖章。单位领导人对财务报告的合法性、真实性负法律责任。

第七十一条 根据法律和国家有关规定应当对财务报告进行审计的,财务报告编制单位应当先行委托注册会计师进行审计,并将注册会计师出具的审计报告随同财务报告按照规定的期限报送有关部门。

第七十二条 如果发生对外报送的财务报告有错误,应当及时办理更正手续。除更正本单位留存的财务报告外,并应同时通知接受财务报告的单位更正。错误较多的,应当重新编报。

第四章 会计监督

第七十三条 各单位的会计机构、会计人员对本单位的经济活动进行会计监督。

第七十四条 会计机构、会计人员进行会计监督的依据是:

(一) 财经法律、法规、规章;

(二) 会计法律、法规和国家统一会计制度;

(三) 各省、自治区、直辖市财政厅(局)和国务院业务主管部门根据《中华人民共和国会计法》和国家统一会计制度制定的具体实施办法或者补充规定;

(四) 各单位根据《中华人民共和国会计法》和国家统一会计制度制定的单位内部会计管理制度;

(五)各单位内部的预算、财务计划、经济计划、业务计划等。

第七十五条　会计机构、会计人员应当对原始凭证进行审核和监督。

对不真实、不合法的原始凭证,不予受理。对弄虚作假、严重违法的原始凭证,在不予受理的同时,应当予以扣留,并及时向单位领导人报告,请求查明原因,追究当事人的责任。对记载不准确、不完整的原始凭证,予以退回,要求经办人员更正、补充。

第七十六条　会计机构、会计人员对伪造、变造、故意毁灭会计账簿或者账外设账行为,应当制止和纠正;制止和纠正无效的,应当向上级主管单位报告,请求作出处理。

第七十七条　会计机构、会计人员应当对实物、款项进行监督,督促建立并严格执行财产清查制度。发现账簿记录与实物、款项不符时,应当按照国家有关规定进行处理。超出会计机构、会计人员职权范围的,应当立即向本单位领导报告,请求查明原因,作出处理。

第七十八条　会计机构、会计人员对指使、强令编造、篡改财务报告行为,应当制止和纠正;制止和纠正无效的,应当向上级主管单位报告,请求处理。

第七十九条　会计机构、会计人员应当对财务收支进行监督。

(一)对审批手续不全的财务收支,应当退回,要求补充、更正。

(二)对违反规定不纳入单位统一会计核算的财务收支,应当制止和纠正。

(三)对违反国家统一的财政、财务、会计制度规定的财务收支,不予办理。

(四)对认为是违反国家统一的财政、财务、会计制度规定的财务收支,应当制止和纠正;制止和纠正无效的,应当向单位领导人提出书面意见请求处理。

单位领导人应当在接到书面意见起十日内作出书面决定,并对决定承担责任。

(五)对违反国家统一的财政、财务、会计制度规定的财务收支,不予制止和纠正,又不向单位领导人提出书面意见的,也应当承担责任。

(六)对严重违反国家利益和社会公众利益的财务收支,应当向主管单位或者财政、审计、税务机关报告。

第八十条　会计机构、会计人员对违反单位内部会计管理制度的经济活动,应当制止和纠正;制止和纠正无效的,向单位领导人报告,请求处理。

第八十一条　会计机构、会计人员应当对单位制定的预算、财务计划、经济计划、业务计划的执行情况进行监督。

第八十二条　各单位必须依照法律和国家有关规定接受财政、审计、税务等机关的监督,如实提供会计凭证、会计账簿、会计报表和其他会计资料以及有关情况,不得拒绝、隐匿、谎报。

第八十三条　按照法律规定应当委托注册会计师进行审计的单位,应当委托注册会计师审计,并配合注册会计师的工作,如实提供会计凭证、会计账簿、会计报表和其他会计资料以及有关情况，不得拒绝、隐匿、谎报，不得示意注册会计师出具不当的审计报告。

第五章……

第六章……

【附录2】 中国人民银行关于《正确填写票据和结算凭证的基本规定》

银行、单位和个人填写的各种票据和结算凭证是办理支付结算和现金收付的重要依据，直接关系到支付结算的准确、及时和安全。票据和结算凭证是银行、单位和个人凭以记载账务的会计凭证，是记载经济业务和明确经济责任的一种书面证明。因此，填写票据和结算凭证，必须做到标准化、规范化，要素齐全、数字正确、字迹清晰、不错漏、不潦草，防止涂改。

一、中文大写金额数字应用正楷或行书填写，如壹（壹）、贰（贰）、叁、肆（肆）、伍（伍）、陆（陆）、柒、捌、玖、拾、佰、仟、万（万）、亿、元、角、分、零、整（正）等字样。不得用一、二（两）、三、四、五、六、七、八、九、十、念、毛、另（或0）填写，不得自造简化字。如果金额数字书写中使用繁体字，如貳、陸、億、萬、圓的，也应受理。

二、中文大写金额数字到“元”为止的，在“元”之后，应写“整”（或“正”）字，在“角”之后可以不写“整”（或“正”）字。大写金额数字有“分”的，“分”后面不写“整”（或“正”）字。

三、中文大写金额数字前应标明“人民币”字样，大写金额数字应紧接“人民币”字样填写，不得留有空白。大写金额数字前未印“人民币”字样的，应加填“人民币”三字。在票据和结算凭证大写金额栏内不得预印固定的“仟、佰、拾、万、仟、佰、拾、元、角、分”字样。

四、阿拉伯小写金额数字中有“0”时，中文大写应按照汉语语言规律，金额数字构成和防止涂改的要求进行书写。举例如下：

（一）阿拉伯数字中间有“0”时，中文大写金额要写“零”字。如￥1 409.50，应写成人民币壹仟肆佰零玖元伍角。

（二）阿拉伯数字中间连续有几个“0”时，中文大写金额中间可以只写一个“零”字。如￥6 007.14，应写成人民币陆仟零柒元壹角肆分。

（三）阿拉伯金额数字万位或元位是“0”，或者数字中间连续有几个“0”，万位、元位也是“0”，但千位、角位不是“0”时，中文大写金额中可以只写一个零字，也可以不写“零”字。如￥1 680.32，应写成人民币壹仟陆佰捌拾元零叁角贰分，或者写成人民币壹仟陆佰捌拾元叁角贰分；又如￥107 000.53，应写成人民币壹拾万柒仟元零伍角叁分，或者写成人民币壹拾万零柒仟元伍角叁分。

（四）阿拉伯金额数字角位是“0”，而分位不是“0”时，中文大写金额“元”后面应写“零”字。如￥16 409.02,应写成人民币壹万陆仟肆佰零玖元零贰分;又如￥325.04,应写成人民币叁佰贰拾伍元零肆分。

五、阿拉伯小写金额数字前面,均应填写人民币符号“￥”(或草写:￥)。阿拉伯小写金额数字要认真填写,不得连写分辨不清。

六、票据的出票日期必须使用中文大写。为防止变造票据的出票日期,在填写月、日时,月为壹、贰和壹拾的,日为壹至玖和壹拾、贰拾和叁拾的,应在其前加“零”;日为拾壹至拾玖的,应在其前加“壹”。如1月15日,应写成零壹月壹拾伍日。再如10月20日,应写零壹拾月零贰拾日。

七、票据出票日期使用小写填写的,银行不予受理。大写日期未按要求规范填写的,银行可予受理,但由此造成损失的,由出票人自行承担。

【附录3】　数码字的书写要求

会计工作中,编制记账凭证、登记账簿、编制会计报表,对数码字(即阿拉伯数字)的写法都有其特定的要求和规范。现将其要点归纳如下:

一、数字的写法自上而下,先左后右。每个数字约占账表格子高度的二分之一;每个数字应保持适当的倾斜度(一般以60度为宜)。

二、7和9的下端伸在占次行的八分之一格外,其他数字都要靠底线书写,6的上端要略高于其他数字,可伸到上半格的四分之一;6、8、9、0这几个数字在画圈时,应是逆时针方向,并注意将口封紧;4的上方敞开、平行;不要将4与9、3与8、1和7等混淆;0字不要写小;不要连笔写数码字。

三、在编制会计报表时,小写金额数字的整数部分要按照三位分一节记数方法,由个位从右到左,每隔三位一个分节点。如8 635 896.45(元)等。这样,便于及时判断出一个数的位数。

四、数码字书写金额时,金额数目若没有角和分,应分别写上两个“0”,不能以任意符号代替。

第三模块 理论教学

第五章 会计核算的具体内容与一般要求

第一节 会计核算的具体内容

会计核算的内容是指特定主体的资金运动，包括资金的投入、资金的循环与周转、资金的退出三个阶段。资金在这三个阶段的运动，又是通过一系列的经济业务事项来进行的。现将《会计法》第十条规定的应当办理会计手续，进行会计核算的经济业务事项具体内容介绍如下。

一、*款项和有价证券的收付*

款项是作为支付手段的货币资金，主要包括现金、银行存款以及其他视同现金和银行存款的银行汇票存款、银行本票存款、信用卡存款、信用证存款等。

有价证券是指表示一定财产拥有权或支配权的证券，如国库券、股票、企业债券等。款项和有价证券是流动性最强的资产。如果款项和有价证券收付环节出现问题，不仅使企业款项和有价证券受损，更直接影响到企业货币资金的供应，从而影响企业生产经营活动。各企业必须按照国家统一的会计制度的规定，及时、如实地核算款项和有价证券的收付及结存，保证企业货币资金的流通性、安全性，提高货币资金的使用效率（注：财政部印发的《会计基础工作规范》所称"国家统一会计制度"，是指由财政部制定，或者财政部与国务院有关部门联合制定，或者经财政部审核批准的在全国范围内统一执行的会计规章、准则、办法等规范性文件）。

二、*财物的收发、增减和使用*

财物是财产物资的简称，企业的财物是企业进行生产经营活动且具有实物形态的经济资源，一般包括原材料、燃料、包装物、低值易耗品、在产品、库存商品等流动资产，以及房屋、建筑物、机器、设备、设施、运输工具等固定资产。这些物资在企业资产总额中往往占有很大比重。财物的收发、增减和使用，是会计核算中的经常性业务，也是发挥会计在控制和降低成本、保证财物安全完整、防止资产流失等职能作用的重要方面。因此，各企业必须加强对财物收发、增减和使用环节的核算，维护企业正常的生产经营秩序。

三、*债权债务的发生和结算*

债权是企业收取款项的权利，一般包括各种应收和预付款项等。债务则是指由于过去的交易或事项形成的企业需要以资产或劳务等偿付的现时义务，一般包括各项借款、应付和预收款项以及应交款项等。债权和债务是企业日常生产经营和业务活动中大量发生的经济业务事项。由于债权债务的发生和结算，涉及本企业与其他单位或有关方面的经济利益，关系到企业自身的资金周转，影响着企业的生产经营活动和业务活动，因此，各企业必须及时、真实、完整地核算本企业的债权债务，防止在债权债务环节发生非法行为。

四、*资本、基金的增减*

资本是投资者为开展生产经营活动而投入的资金。会计上的资本，专指所有者权益中的投入资本。资本的利益关系人比较明确，用途也基本定向。办理资本的政策性强，一般都应以具有法律效力的合同、协议、董事会决议等为依据，各单位必须按照国家统一的会计制度的规定和具有法律效力的文书为依据进行资本的核算。基金的概念本课程从略，不作要求。

五、*收入、支出、费用、成本的核算*

收入是指企业在日常活动中形成的、会导致所有者权益增加的、与所有者投入资本无关的经济利益的总流入。支出是企业所实际发生的各项开支以及在正常生产经营活动以外的支出和损失。费用是指企业在日常活动中所发生的、会导致所有者权益减少的、与向所有者分配利润无关的经济利益的总流出。成本是指企业为生产产品、提供劳务而发生的各种耗费，是按一定的产品或劳务对象所归集的费用，是对象化了的费用。收入、支出、费用、成本都是计算和判断企业经营成果及其盈亏状况的主要依据。各企业应当重视收入、支出、费用、成本环节的管理，按照国家统一的会计制度的规定，正确核算收入、支出、费用、成本。

六、*财务成果的计算和处理*

财务成果主要是指企业在一定时期内通过从事生产经营活动而在财务上所取得的结果，具体表现为盈利或亏损。财务成果的计算和处理一般包括利润的计算、所得税的计算、利润分配或亏损弥补等。财务成果的计算和处理，涉及所有者、国家等方面的利益，因此，各单位必须按照国家统一的会计制度的规定和其他法规制度的规定，正确对财务成果进行计算和处理。

七、需要办理会计手续、进行会计核算的其他事项

需要办理会计手续、进行会计核算的其他事项，也应按照国家统一的会计制度的规定办理会计手续、进行会计核算。

第二节　会计核算的一般要求

财政部印发的《会计基础工作规范》第三章第一节（第三十六条至第四十六条）专门对会计核算的一般要求进行了规范。企业在进行会计核算时应遵循以下一般要求：

(1) 各单位应当按照《中华人民共和国会计法》和国家统一会计制度的规定，设置会计科目和账户、复式记账、填制会计凭证、登记会计账簿、进行成本计算、财产清查和编制财务会计报告，及时提供合法、真实、准确、完整的会计信息。

企业应当根据本企业的实际情况，确定应设置的会计科目和账户，确定成本计算方法等。企业可以对国家统一会计制度规定的会计科目进行适当的调整，在规定的范围内选择使用会计处理方法和程序，但不得违背国家统一会计制度的规定。

(2) 各单位必须根据实际发生的经济业务事项进行会计核算，编制财务会计报告。

实际发生的经济业务事项是会计核算的依据，是保证会计信息真实性和可靠性的基础。单位只能以实际发生的真实的经济业务事项为对象，通过记录经济业务事项的真实情况，并据以编制财务会计报告。计划的或将要发生的经济业务事项不得作为会计核算的依据。虚假的经济业务事项更不能作为会计核算的依据。

(3) 各单位发生的各项经济业务事项应当在依法设置的会计账簿上统一登记、核算，不得违反会计法和国家统一会计制度的规定私设会计账簿登记、核算。

(4) 各单位对外报送的会计报表格式由财政部统一规定。

(5) 实行会计电算化的单位，对使用的会计软件及其生成的会计凭证、会计账簿、财务会计报告和其他会计资料的要求，应当符合财政部关于会计电算化的有关规定。

(6) 各单位的会计凭证、会计账簿、财务会计报告和其他会计资料，应当建立

档案，妥善保管。会计档案建档要求、保管期限、销毁办法等依据《会计档案管理办法》的规定进行。

实行会计电算化的单位，有关电子数据、会计软件资料等应当作为会计档案进行管理。

（7）会计记录的文字应当使用中文。在民族自治地方，会计记录可以同时使用当地通用的一种民族文字。在中华人民共和国境内的外商投资企业、外国企业和其他外国经济组织的会计记录，也可以同时使用一种外国文字。

第六章　会计凭证

第一节　会计凭证的概念、意义和种类

一、会计凭证的概念

在会计实际工作中，记账必须以合法的凭证为依据，所以，在经济业务发生时都必须填制相应的会计凭证。任何单位办理一切经济业务事项，都要由经办人员或有关部门填制或取得能证明经济业务事项的内容、数量、金额的凭证。所有会计凭证都要由会计部门的有关人员进行审核。只有经过审核并认为合法、正确无误的会计凭证，才能作为记账的依据。可以说，正确地填制和审核会计凭证，是会计核算的基本方法之一，是进行会计核算工作的起点和基本环节，也是对经济业务事项进行日常监督的重要环节。

会计凭证是记录经济业务事项发生或完成情况的书面证明，也是登记账簿的依据。它包括几方面的含义：

首先，会计凭证是表明经济业务已经发生和完成的依据。每一个企业，每发生一笔经济业务事项，各有关经办单位或人员，都必须按规定的程序和要求，在会计凭证上记明经济业务事项的内容。

其次，会计凭证是登记账簿的依据。有关人员必须对会计凭证的真实性、正确性、合法性及手续的完备性进行严格审核，并据以登记账簿，确保登记的账簿真实、正确。

再次，会计凭证是明确经济责任具有法律效力的书面证明。经办经济业务事项的有关单位或人员，必须在填制的会计凭证上盖章或签名，以表示对会计凭证的真实性和正确性承担全部责任。

二、会计凭证的意义

会计凭证在会计核算和经济管理中具有重要意义，主要体现在以下几个方面。

（一）记录经济业务事项，提供记账依据

会计凭证是登记账簿的依据，会计凭证所记录的有关信息是否真实、可靠、及时，对于能否保证会计信息质量具有至关重要的影响。通过会计凭证的填制和审核，可以如实地反映各项经济业务事项的具体情况。任何单位都不能凭空记账，登记账簿必须以经过审核无误的会计凭证为依据。

（二）明确经济责任，强化内部控制

任何会计凭证除记录有关经济业务事项的基本内容外，还必须由有关部门和人员签章，从而明确了有关部门和人员的责任，这就必然会增强经办人员以及其他有关人员的责任感，促使其严格按照有关法律、法规和制度的规定办事，在其职权范围内各负其责，相互控制，同时，也有利于今后发现问题时查明责任归属。通过凭证审核，还可以及时发现经营管理上的薄弱环节，总结经验教训，以便采取措施，改进工作。

（三）监督经济活动，控制经济运行

通过会计凭证的审核，可以查明每一项经济业务事项是否符合国家有关法律、法规、制度规定，是否符合计划和预算进度，是否有违法乱纪、铺张浪费等行为，监督经济活动的真实性、合法性、合理性。对于查出的问题，应积极采取措施予以纠正，及时对经济活动进行事中控制，保证经济活动健康运行，从而有效地发挥会计的监督作用。

三、会计凭证的种类

会计凭证按照其填制程序和用途的不同，可以划分为原始凭证和记账凭证。原始凭证记录的是经济信息，是进行会计核算的原始资料和重要依据，是编制记账凭证的依据；记账凭证记录的是会计信息，是会计核算的起点，是登记账簿的直接依据。原始凭证和记账凭证的种类，如表 6－1 所示。

表 6－1

会计凭证的种类

原始凭证	按来源划分	外来原始凭证
		自制原始凭证
	按填制手续及内容划分	一次凭证
		累计凭证
		汇总凭证
	按格式划分	通用凭证
		专用凭证

（续表）

记账凭证	按内容划分	收款凭证
		付款凭证
		转账凭证
	按填列方式划分	复式凭证
		单式凭证

第二节　原始凭证

一、原始凭证的概念

原始凭证又称单据，是在经济业务发生或完成时取得或填制的，用于记录或证明经济业务的发生或完成情况的文字凭据。如发货票、委托银行收款结算凭证、借款单、差旅费报销单、收料单、领料单等。

原始凭证的质量决定了会计信息的真实性和可靠性，在一定意义上决定了分类核算和会计报表的质量。《会计法》第十四条规定："办理本法第十条所列的经济业务事项，必须填制或者取得原始凭证并及时送交会计机构"；"会计机构、会计人员必须按照国家统一的会计制度的规定对原始凭证进行审核，对不真实、不合法的原始凭证有权不予接受，并向单位负责人报告；对记载不准确、不完整的原始凭证予以退回，并要求按照国家统一的会计制度的规定更正、补充"；"记账凭证应当根据经过审核的原始凭证及有关资料编制"。

二、原始凭证的种类

（一）按其来源不同分

原始凭证按其来源的不同，可分为外来原始凭证和自制原始凭证。

1. 外来原始凭证

外来原始凭证是指在经济业务发生或完成时，从其他单位或个人直接取得的原始凭证。如购买货物时取得的增值税专用发票、收款单位开出的收款收据、银行的各种结算凭证、对外支付款项时取得的收据、出差取得的飞机票、车船票、住宿发票等。

2. 自制原始凭证

自制原始凭证是指在经济业务事项发生或完成时，由本单位内部经办部门或人员填制的凭证。如企业购进材料验收入库时，由仓库保管人员填制的收料单、车间或班组向仓库领用材料时填制的领料单、产品入库单、产品出库单、借款单、工资发放明细表、折旧计算表等。

在本课程会计循环模拟实习（二）已经接触过一些外来原始凭证和自制原始凭

证，有关格式不再举例。

(二) 按填制手续及内容不同分

原始凭证按填制手续及内容不同，可分为一次凭证、累计凭证和汇总凭证。

1. 一次凭证

一次凭证是指一次填制完成、只记录一笔经济业务事项的原始凭证。一次凭证是一次有效的凭证。外来原始凭证一般都是一次凭证；在自制的原始凭证中，大部分都属于一次凭证。如收料单、入库单、领料单、收据、发货票、销货发票、银行结算凭证等。

一次凭证的格式在本课程会计循环模拟实习(二)已经多次接触过，有关格式不再举例。

2. 累计凭证

累计凭证是指在一定时期内多次记录发生的同类型经济业务事项的原始凭证。其特点是，在一张凭证内可以连续登记相同性质的经济业务事项，随时结出累计数及结余数，并按照费用限额进行费用控制，期末按实际发生额记账。累计凭证是多次有效的原始凭证。在一些单位，为了连续反映某一时期内不断重复发生而分次进行的特定业务，需要在一张凭证中连续、累计填制该特殊业务的具体情况，这类凭证的填制手续不是一次完成的，而是随着经济业务事项的发生而多次进行才能完成的。累计凭证一般为自制原始凭证，如工业企业的“限额领料单”就是典型的累计凭证。限额领料单的格式如表 6-2 所示。

表 6-2

限额领料单

领料部门：　　　　　　　　　　　　　　　　　　　　编号：

领料用途：　　　　　　年　　月　　日　　　　　　　发料仓库：

材料类别	材料编号	材料名称及规格	计量单位	领用限额	实际领用	单价	金额	备注
供应部门负责人：				生产计划部门负责人：				
日期	领用				退料			限额结余
	请领数量	实发数量	发料人签章	领料人签章	退料数量	退料人签章	收料人签章	

3. 汇总凭证

汇总凭证也称原始凭证汇总表，是指对一定时期内反映经济业务事项内容相同的若干原始凭证，按照一定标准综合填制的原始凭证。这种凭证的作用主要是把许多同类性质的经济业务事项汇总后一次记账，以简化会计工作。汇总凭证既可以提供总量指标，又可以简化核算手续。但汇总原始凭证所汇总的内容，只能是同类经济业务事项，不能汇总两类或两类以上的经济业务事项。汇总凭证也是一种自制的原始凭证。如收料凭证汇总表、发出材料汇总表、工资结算汇总表、差旅费报销单、销售日报等。

汇总凭证的格式如表 6－3 所示。

表 6－3

发出材料汇总表

年　　月　　日

会计科目	领料部门	领用材料			
		原材料	包装物	低值易耗品	合　计
生产成本	一车间				
	二车间				
	小　计				
	供电车间				
	供水车间				
	小　计				
制造费用	一车间				
	二车间				
	小　计				
管理费用	行政部门				
合　计					

需要注意的是，有些凭证单据虽然是“原始”的，但不是原始凭证，由于它们不能证明经济业务事项已经发生或完成情况，不能作为编制记账凭证和登记账簿的依据。如用工计划表、经济合同、银行存款余额调节表、派工单等。

（三）按格式不同分

原始凭证按格式不同，可分为通用凭证和专用凭证。

1. 通用凭证

通用凭证是指由有关部门统一印制、在一定范围内使用的具有统一格式和使用方法的原始凭证。通用凭证的使用范围，因制作部门不同而异，可以是某一地区、某一行业，也可以是全国通用。如全国统一的异地结算银行凭证，部门统一规定的收料单或领料单，地区统一规定的发货单等。这种凭证，格式标准，内容规范，便于比较；统一负责印制，可以降低核算费用。

2. 专用凭证

专用凭证是指由单位自行印制、仅在本单位内部使用的原始凭证。例如：部门未统一规定而由各单位自行印制的收料单或领料单、差旅费报销单，折旧计算表、借款单、工资费用分配表等。

三、原始凭证的基本内容

作为反映经济业务事项已经发生或已经完成的原始凭证，必须反映经济业务事项发生或完成的情况，并明确有关人员的经济责任。归纳起来，作为记账依据的原始凭证，必须包括以下一些基本要素：

(1) 原始凭证名称。

(2) 填制原始凭证的日期。

(3) 接受原始凭证的单位名称。

(4) 经济业务事项内容(包括数量、单价、金额等)。

(5) 填制单位盖章。

(6) 有关人员签章。

(7) 凭证附件。

有些原始凭证必须同时满足多方面的需要，例如：生产、销售、储运、统计等部门要使用同一原始凭证，就必须在原始凭证中增加其他部门所需要的内容，以便于一证多用，充分发挥其作用。

四、原始凭证的填制要求

原始凭证作为经济业务事项的原始证明，是进行会计核算工作的原始资料和重要依据，也是有效提供会计信息资料的基础。为了保证会计核算资料的真实、正确和及时，原始凭证的填制必须符合一定的规范，具体要求如下。

1. 记录要真实

原始凭证所填制的经济业务事项的内容和数字必须真实可靠，符合实际情况。

2. 内容要完整

原始凭证所要求填列的项目必须逐项填列齐全，不得遗漏和省略。

3. 手续要完备

单位自制的原始凭证必须有经办单位领导人或者其他指定的人员签名盖章；

对外开出的原始凭证必须加盖本单位公章；从外部取得的原始凭证必须盖有填制单位的公章；从个人取得的原始凭证，必须有填制人员的签名盖章。

4. 书写要清楚、规范

详见[附录1]财政部印发的《会计基础工作规范》第五十二条、[附录2]《正确填写票据和结算凭证的基本规定》。

5. 编号要连续

如果原始凭证已预先印定编号，在写坏作废时应加盖"作废"戳记，妥善保管，不得撕毁。

6. 不得涂改、括擦、挖补

原始凭证有错误的，应当由出具单位重开或者更正，更正处应当加盖出具单位的公章。原始凭证金额有错误的，应当由出具单位重开，不得在原始凭证上更正。

7. 编制要及时

各种原始凭证一定要及时填写，并按照规定的程序及时送交会计机构、会计人员进行审核。

五、原始凭证的审核内容

在会计核算工作中，原始凭证只有经过审核无误后，才能作为填制记账凭证和记账的依据，这是保证会计记录真实、可靠和准确，充分发挥会计监督作用的重要环节。原始凭证的审核内容主要包括以下几个方面。

1. 原始凭证的真实性

对原始凭证真实性的审核包括凭证日期是否真实、业务内容是否真实、数据是否真实等内容的审查。对外来原始凭证，必须有填制单位公章和填制人员签章；对自制原始凭证，必须有经办部门和经办人员的签名或盖章。对通用原始凭证，还应审核凭证本身的真实性，防止以假冒的原始凭证记账。

2. 原始凭证的合法性

审核原始凭证所记录经济业务是否有违反国家法律、法规的情况，是否符合规定的审批权限，是否履行了规定的凭证传递和审核程序，是否有贪污腐化等行为。

3. 原始凭证的合理性

审核原始凭证所记录的经济业务是否符合企业生产经营活动的需要、是否符合有关的计划和预算等。

4. 原始凭证的完整性

审核原始凭证各项基本要素是否齐全，是否有漏项情况，日期是否完整，数字是否清晰，文字是否工整，有关人员签章是否齐全，凭证联次是否正确等。

5. 原始凭证的正确性

审核原始凭证各项金额的计算及填写是否正确，包括：阿拉伯数字分位填写，不得连写；小写金额前要标明“¥”字样，中间不能留有空位，金额要标至“分”，无角、分的，要以“0”补位；金额大写部分要正确，大写金额前要加“人民币”字样，大写金额与小写金额要相符；凭证中有书写错误的，应采用正确的更正方法，不能采用涂改、括擦、挖补等不正确方法。

6. 原始凭证的及时性

原始凭证的及时性是保证会计信息及时性的基础。为此，要求经济业务发生或完成时及时填制有关原始凭证，及时进行凭证的传递。审核时，应注意审查凭证的填制日期，尤其是银行汇票、银行本票等时效性较强的原始凭证，更应仔细验证其签发日期。

经审核的原始凭证应根据不同情况处理：

(1) 对于完全符合要求的原始凭证，应及时据以编制记账凭证入账。

(2) 对于真实、合法、合理但内容不够完整、填写有错误的原始凭证，应退回给有关经办人员，由其负责将有关凭证补充完整、更正错误或重开后，再办理正式会计手续。

(3) 对于不真实、不合法的原始凭证，会计机构、会计人员有权不予接受，并向单位负责人报告。

经审核无误的原始凭证，才可据以编制记账凭证和登记账簿。

六、原始凭证的错误更正

为了明确相关人员的经济责任，防止利用原始凭证进行舞弊，《会计法》规定：

(1) 原始凭证所记载的各项内容均不得涂改，随意涂改的原始凭证即为无效凭证，不能以此作为填制记账凭证或登记会计账簿的依据。

(2) 原始凭证记载的内容有错误的，应当由开具单位重开或者更正，更正工作必须由原始凭证出具单位进行，并在更正处加盖出具单位印章；重新开具原始凭证也应由原始凭证出具单位进行。

(3) 原始凭证金额出现错误的不得更正，只能由原始凭证开具单位重新开具。因为原始凭证上的金额是反映经济业务事项情况的最重要数据，如果允许随意更改，容易产生舞弊，不利于保证原始凭证的质量。

(4) 原始凭证开具单位应当依法开具准确无误的原始凭证，对于填制有误的原始凭证，负有更正和重新开具的法律义务，不得拒绝。

原始凭证的审核是一项十分严肃、重要的工作，会计人员必须熟悉国家有关法规和制度以及本单位的有关规定，才能掌握审核和判断是非的标准，确定经济业务事项是否合理、合法，从而做好原始凭证的审核工作，实现正确有效的会计监督。

第三节 记账凭证

一、记账凭证的概念

记账凭证又称记账凭单，是会计人员根据审核无误的原始凭证，按照经济业务事项的内容加以归类，并据以确定会计分录后所填制的会计凭证。它是登记账簿的直接依据。

在我国企业的会计实务中，编制会计分录具体体现为填制记账凭证。因此，我国会计记录具体程序的第一个步骤便是根据原始凭证编制记账凭证。

由于原始凭证种类繁多、内容不同，而且形状不一，根据原始凭证直接记账容易发生差错，所以会计人员在登记账簿之前，要按照原始凭证反映的经济内容进行归类和整理，编制记账凭证。在记账凭证中，必须体现会计账户的名称、借贷方向、记账金额等会计分录的基本内容。然后再依据记账凭证登记账簿，将原始凭证作为记账凭证的附件附在记账凭证之后，以便于日后核对和查账。记账凭证具有分类归纳原始凭证和满足登记会计账簿的作用。

记账凭证根据复式记账法的基本原理，确定了应借、应贷的会计科目及其金额，将原始凭证中的一般数据转化为会计语言。因此，记账凭证是介于原始凭证与账簿之间的中间环节，是登记明细分类账户和总分类账户的依据。

二、记账凭证的种类

（一）按内容分类

记账凭证按其反映经济业务事项的内容不同，可以分为收款凭证、付款凭证和转账凭证。

(1) 收款凭证是指用于记录现金和银行存款收款业务的会计凭证。它是根据库存现金收入业务和银行存款收入业务的原始凭证填制的，据以作为登记现金和银行存款等有关账户（账簿）的依据。

收款凭证又可分为现金收款凭证和银行存款收款凭证。现金收款凭证是根据现金收入业务的原始凭证编制的收款凭证，如以现金结算的发票记账联；银行存款收款凭证是根据银行存款收入业务的原始凭证编制的收款凭证，如银行进账通知单。

收款凭证的格式如表 6-4 所示。

表 6-4

收款凭证

借方科目：　　　　　　年　　月　　日　　　　　　____字第____号

摘　要	贷方科目		金　额										记账
	总账科目	明细科目	千	百	十	万	千	百	十	元	角	分	
合　计													

附单据　　张

会计主管　　　记账　　　出纳　　　审核　　　制单

(2) 付款凭证是指用于记录现金和银行存款付款业务的会计凭证。它是根据库存现金和银行存款付出业务的原始凭证填制的，既是出纳付款的依据，也是企业据以登记现金、银行存款日记账和其他有关账户(账簿)的依据。

付款凭证又可分为现金付款凭证和银行存款付款凭证。现金付款凭证是根据现金付出业务的原始凭证编制的付款凭证，如以现金结算的发票联；银行存款付款凭证是根据银行存款付出业务的原始凭证编制的付款凭证，如现金支票存根、转账支票存根。

付款凭证的格式如表 6-5 所示。

表 6-5

付款凭证

贷方科目：　　　　　　年　　月　　日　　　　　　____字第____号

摘　要	借方科目		金　额										记账
	总账科目	明细科目	千	百	十	万	千	百	十	元	角	分	
合　计													

附单据　　张

会计主管　　　记账　　　出纳　　　审核　　　制单

需要注意的是，为了避免重复记账，对于涉及现金和银行存款之间相互划转的经济业务（从银行提取现金或把现金存入银行的经济业务），统一均只编制付款凭证（而不编制收款凭证）。具体地说，就是当发生从银行提取现金的业务时，只编制银行存款付款凭证，而不编制现金收款凭证；当发生把现金存入银行的业务时，只编制现金付款凭证，而不编制银行存款收款凭证。

(3) 转账凭证是指用于记录不涉及现金和银行存款业务的会计凭证。它是根据有关转账业务（即在经济业务事项发生时，不需要收付现金或银行存款的各项经济业务事项）的原始凭证填制的，如企业内部的领料单、出库单等；计提固定资产折旧、期末结转成本等也是转账行为。

转账凭证的格式如表 6－6 所示。

表 6－6

转 账 凭 证

年　　月　　日　　　　　　　　____字第____号

摘要	会计科目		借方										贷方										√
	总账科目	明细科目	千	百	十	万	千	百	十	元	角	分	千	百	十	万	千	百	十	元	角	分	
合　计																							

附单据　　张

会计主管　　　　记账　　　　审核　　　　制单

为便于识别，各种记账凭证一般印制成不同颜色。

将记账凭证划分为收款凭证、付款凭证和转账凭证三种，为记账工作带来方便，但工作量较大。对于经济业务较简单、规模较小、收付业务较少的单位，为了简化核算，还可以采用通用记账凭证来记录所有经济业务事项。通用记账凭证是指对全部经济业务事项不再区分收款、付款及转账业务事项，而将所有经济业务事项统一编号，在同一格式的凭证中进行记录。通用记账凭证的格式与转账凭证基本相同。本课程模拟实习就是采用的通用记账凭证（简称记账凭证）。

(二) 按填列方式分类

记账凭证按其填列方式,可分为复式凭证、单式凭证。

(1) 复式凭证是指将每一笔经济业务事项所涉及的全部会计科目及其发生额均在同一张记账凭证中反映的一种凭证。前述收款凭证、付款凭证、转账凭证(和通用记账凭证)都是复式凭证,是实际工作中应用最普遍的记账凭证。复式凭证可集中反映一项经济业务事项的科目对应关系,便于分析对照,了解有关经济业务事项的全貌,而且减少了凭证数量。但采用复式凭证不便于同时汇总计算每一账户的发生额,也不利于会计人员分工记账。

(2) 单式凭证是指每一张记账凭证只填列经济业务事项所涉及的一个会计科目及其金额的记账凭证。填列借方科目的称为借项凭证;填列贷方科目的称为贷项凭证。单式凭证便于汇总计算每一会计科目的发生额和分工记账,方便了记账凭证汇总表的编制。但是,采用单式凭证不能在一张凭证上反映对应关系和经济业务事项的全貌,也不便于查账。一般适用于业务量较大,会计部门内部分工较细的单位。

单式凭证的一般格式及举例如下。

【例 6-1】 某工厂 20×1 年 5 月 31 日从本市 A 公司采购甲材料一批,收到的增值税专用发票上注明价款 10 000 元,增值税进项税额 1 700 元;材料尚未到达。开出转账支票一张付清全部款项(该厂材料按实际成本计价)。

依据审核无误的原始凭证,编制如下会计分录(560 号):

借: 在途物资　　10 000
　　应交税费——应交增值税(进项税额)　　1 700
　贷: 银行存款　　11 700

该会计分录涉及两个借方会计科目,一个贷方会计科目,应分别填制两张借项记账凭证、一张贷项记账凭证,其格式与内容分别如表 6-7、表 6-8、表 6-9 所示。

表 6-7

借项记账凭证

对应总账科目: 银行存款　　年　　月　　日　　凭证编号: 560 $\frac{1}{3}$

摘　要	总账科目	明细科目	金　额	账　页
购甲材料	在途物资	A 公司(甲材料)	10 000.00	
合　计			10 000.00	

附单据 2 张

会计主管　　记账　　审核　　制单

表 6-8

借项记账凭证

对应总账科目：银行存款　　　　年　　月　　日　　　　凭证编号：560 $\frac{2}{3}$

摘　要	总账科目	明细科目	金　额	账　页	附单据见 560 $\frac{1}{3}$ 号
购甲材料	应交税费	应交增值税(进项税额)	1 700.00		
合　计			1 700.00		

会计主管　　　　　　记账　　　　　　审核　　　　　　制单

表 6-9

贷项记账凭证

对应总账科目：在途物资、应交税费　　　年　　月　　日　　　凭证编号：560 $\frac{3}{3}$

摘　要	总账科目	明细科目	金　额	账　页	附单据见 560 $\frac{1}{3}$ 号
购甲材料	银行存款		11 700.00		
合　计			11 700.00		

会计主管　　　　　　记账　　　　　　审核　　　　　　制单

三、记账凭证的基本要求

根据《会计基础工作规范》第五十一条，记账凭证的基本要求是：

(1) 记账凭证的内容必须具备：填制凭证的日期；凭证编号；经济业务摘要；会计科目；金额；所附原始凭证张数；填制凭证人员、稽核人员、记账人员、会计机构负责人、会计主管人员签名或者盖章。收款和付款记账凭证还应当由出纳人员签名或者盖章。

以自制的原始凭证或者原始凭证汇总表代替记账凭证的，也必须具备记账凭证应有的项目。

(2) 填制记账凭证时，应当对记账凭证进行连续编号。

一笔经济业务需要填制两张以上记账凭证的，可以采用分数编号法编号。

(3) 记账凭证可以根据每一张原始凭证填制，或者根据若干张同类原始凭证汇总填制，也可以根据原始凭证汇总表填制。但不得将不同内容和类别的原始凭证汇总填制在一张记账凭证上。

(4) 除结账和更正错误的记账凭证可以不附原始凭证外，其他记账凭证必须附有原始凭证。如果一张原始凭证涉及几张记账凭证,可以把原始凭证附在一张主要的记账凭证后面,并在其他记账凭证上注明附有该原始凭证的记账凭证的编号或者附原始凭证复印件。

一张原始凭证所列支出需要几个单位共同负担的,应当将其他单位负担的部分,开给对方原始凭证分割单,进行结算。原始凭证分割单必须具备原始凭证的基本内容:凭证名称、填制凭证日期、填制凭证单位名称或者填制人姓名、经办人的签名或者盖章、接受凭证单位名称、经济业务内容、数量、单价、金额和费用分摊情况等。

(5) 如果在填制记账凭证时发生错误,应当重新填制。已经登记入账的记账凭证,在当年内发现填写错误时,可以用红字填写一张与原内容相同的记账凭证,在摘要栏注明"注销某月某日某号凭证"字样,同时再用蓝字重新填制一张正确的记账凭证,注明"订正某月某日某号凭证"字样。如果会计科目没有错误,只是金额错误,也可以将正确数字与错误数字之间的差额,另编一张调整的记账凭证,调增金额用蓝字,调减金额用红字。发现以前年度记账凭证有错误的,应当用蓝字填制一张更正的记账凭证。

(6) 记账凭证填制完经济业务事项后,如有空行,应当自金额栏最后一笔金额数字下的空行处至合计数上的空行处画线注销。

需要说明的是,记账凭证中的日期,一般应为编制记账凭证当天的日期。但是,在企业单位中,有些属于当月的经济业务事项,例如:按照权责发生制进行的账项调整,利润的结转等分录的记账凭证,需要到下月才能编制凭证的,仍应填写当月月末的日期,以便记入当月账内,正确计算经营成果。

四、记账凭证的审核内容

记账凭证是登记账簿的依据,为了保证账簿记录的正确性,监督款项的收付,必须在记账之前由有关人员对记账凭证进行严格的审核。由于记账凭证是根据审核后的合法的原始凭证填制的,因此,记账凭证的审核,实际上是对原始凭证的审核。记账凭证审核的内容主要包括以下几个方面:

(1) 内容是否真实。审核记账凭证是否附有原始凭证,所附原始凭证的内容是否与记账凭证记录的内容一致,记账凭证汇总表与记账凭证的内容是否一致。

(2) 项目是否齐全。审核记账凭证各项目的填写是否齐全,如日期、凭证编号、摘要、会计科目、金额、所附原始凭证张数及有关人员盖章等。

(3) 科目是否正确。审核记账凭证的应借、应贷科目是否正确,账户对应关系是否正确,所使用的会计科目是否符合国家统一的会计制度的规定等。

（4）金额是否正确。审核记账凭证所记录的金额与原始凭证的有关金额是否一致，记账凭证汇总表的金额与记账凭证的金额合计是否相符，原始凭证中的数量、单价、金额计算是否正确等。

（5）书写是否正确。审核记账凭证中的记录是否文字工整、数字清晰，是否按规定使用蓝黑墨水或碳素墨水，是否按规定进行更正等。

此外，出纳人员在办理收款或付款业务后，应在凭证上加盖“收讫”或“付讫”的戳记，以避免重收重付。

填制会计凭证（包括原始凭证、记账凭证）的要求，见第二模块［附录1］《会计基础工作规范》第五十二条。

第四节　会计凭证的传递与保管

一、会计凭证的传递

（一）会计凭证的传递的概念

会计凭证的传递是指从会计凭证的取得或填制时起至归档保管过程中，在单位内部有关部门和人员之间的传送程序。

（二）会计凭证的传递的意义

正确组织会计凭证的传递，对于提高会计核算的及时性、合理组织经济活动、贯彻经济责任制、加强会计监督具有重要的意义。

（1）通过会计凭证的传递，有利于及时地反映各项经济业务事项的发生或完成情况。通过明确会计凭证的传递程序和传递时间，就能把有关经济业务事项完成情况，及时地传递到有关部门和人员，以保证会计凭证按时送到财务会计部门，及时记账、结账，并按规定编制会计报表。

（2）通过会计凭证的传递，有利于正确地组织经济活动，贯彻经济责任制。通过正确地组织会计凭证的传递，能把本单位各有关部门和人员的活动紧密地联系起来，可以明确各部门及人员的分工协作关系，强化各工作环节之间的监督和制约作用，体现了经济责任制度的执行情况。

（3）通过会计凭证的传递，能加强会计监督。会计凭证实际上起着相互牵制、相互监督的作用，它可以督促各有关部门和人员及时地、正确地完成各项经济业务事项，并按规定办理好各种凭证手续，从而有利于加强岗位责任制，有利于发挥会计的监督职能。

（三）会计凭证的传递的要求

会计凭证的传递，要求能够满足内部控制制度的要求，使传递程序合理有效，同时尽量节约传递时间，减少传递的工作量。由于各种会计凭证涉及的部门和人员不同，所以应当为各种会计凭证规定一个合理的传递程序。如果凭证为一式数联的，还应规定每一联传到哪些部门及其用途等。各种会计凭证还应合理规定其传递时间，使各个工作环节环环相扣，相互督促，以提高工作效率。

（四）会计凭证的传递程序和方法

《会计基础工作规范》规定：各单位会计凭证的传递程序应当科学、合理，具体办法由各单位根据会计业务需要自行规定。

在制定合理的凭证传递程序和时间时，应考虑以下几点：

（1）会计凭证的传递程序，要视经济业务事项的手续程序而定。由于经济业务事项的内容不同，办理经济业务事项的手续程序各异，因而会计凭证的传递程序也有不同。有的经济业务事项过程简单，凭证的传递过程也简单；有的经济业务事项过程复杂，凭证的传递过程也复杂。因此，要根据经济业务事项的特点、企业内部的机构设置和人员分工情况以及管理上的要求等，具体规定各种凭证的联数和传递程序，使有关部门既能按规定手续处理业务，又能利用凭证资料掌握情况，提供数据，协调一致，同时还要注意流程合理，避免不必要的环节，以加快传递速度。

（2）会计凭证的传递时间，要根据办理经济业务事项手续在正常情况下完成所需要的时间而定。明确规定各种凭证在各个环节上停留的最长时间，不得拖延和积压会计凭证，以保证会计工作的正常秩序。一切会计凭证的传递和处理，都应在报告期内完成，以保证会计核算的准确性和及时性。应注意要根据有关部门和人员办理业务的必要手续时间，确定凭证的传递时间。时间过紧，会影响业务手续的完成，过松则影响工作效率。

（3）会计凭证传递过程中的衔接手续，应该做到既完备严密，又简便易行。凭证的收发、交接都应按一定的手续制度办理，以保证会计凭证的安全和完整。

要通过调查研究和协商来制定会计凭证的传递程序和传递时间。原始凭证大多涉及本单位内部各个部门和经办人员，因此，会计部门应会同有关部门和人员共同协商其传递程序和时间。记账凭证是会计部门的内部凭证，可由会计主管会同制证、审核、出纳、记账等有关人员商定其传递程序和时间。

会计凭证的传递程序、传递时间和传递过程中的衔接手续明确后，可以制定凭证流程图，制定凭证传递程序，规定凭证传递的路线、环节，在各环节上的时间、处理内容及交接手续，使凭证传递工作迅速有效地进行。执行中如有不合理的地方，可随时根据实际情况加以修正。

二、会计凭证的保管

会计凭证的保管是指会计凭证记账后的整理、装订、归档和存查工作。

《会计基础工作规范》第五十五条规定：会计机构、会计人员要妥善保管会计凭证。

会计凭证的保管，主要要求有：

(1) 会计凭证应当及时传递，不得积压。

(2) 会计凭证登记完毕后，应当按照分类和编号顺序保管，不得散乱丢失。

(3) 记账凭证应当连同所附的原始凭证或者原始凭证汇总表(及银行存款对账单等)，按照编号顺序，折叠整齐，按期装订成册，并加具封面，注明单位名称、年度、月份和起讫时期、凭证种类、起讫号码，由装订人在装订线封签处签名或者盖章。

对于数量过多的原始凭证，可以单独装订保管，在封面上注明记账凭证日期、编号、种类，同时在记账凭证上注明“附件另订”和原始凭证名称及编号。

各种经济合同、存出保证金收据以及涉外文件等重要原始凭证，应当另编目录，单独登记保管，并在有关的记账凭证和原始凭证上相互注明日期和编号。

(4) 原始凭证不得外借，其他单位如因特殊原因需要使用原始凭证时，经本单位会计机构负责人、会计主管人员批准，可以复制。向外单位提供的原始凭证复制件，应当在专设的登记簿上登记，并由提供人员和收取人员共同签名或盖章。

(5) 从外单位取得的原始凭证如有遗失，应当取得原开出单位盖有公章的证明，并注明原来凭证的号码、金额和内容等，由经办单位会计机构负责人、会计主管人员和单位领导人批准后，才能代作原始凭证。如果确实无法取得证明的，如火车、轮船、飞机票等凭证，由当事人写出详细情况，由经办单位会计机构负责人、会计主管人员和单位领导人批准后，代作原始凭证。

第七章　账户与会计账簿

第一节　账　户

一、*账户的概念*

会计科目只是对会计对象具体内容进行分类的项目或名称，为了全面、序时、连续、系统地反映和监督会计要素的增减变动，进行具体的会计核算，还必须设置账户。账户是用于分类反映会计要素增减变动情况及其结果的载体。设置账户是会计核算的重要方法之一。

账户是用来记录会计科目所反映的经济业务事项内容的工具，它是根据会计科目设置的。账户以会计科目作为它的名称，同时它又具有自己一定的格式，即结构。会计科目只有分类的名称而没有一定的格式，还不能把发生的经济业务事项连续、系统地记录下来以取得经营管理所需的信息资料。因此，还必须根据规定的会计科目来设置账户，利用账户来记账，有利于分门别类地、连续系统地记录和反映各项经济业务事项，以及由此而引起的有关会计要素具体内容的增减变动及其结果。

二、账户的分类

(一) 根据账户所提供信息的详细程度及其统驭关系分

根据账户所提供信息的详细程度及其统驭关系，账户分为总分类账户和明细分类账户。

总分类账户又称为总账账户或一级账户，简称总账。它是根据总分类会计科目设置的，是提供总括分类核算资料指标的账户，在总分类账户中只使用货币计量单位反映经济业务。它可以提供概括的核算资料和指标，是对其所属明细分类账户资料的综合。总账以下的账户称为明细账户。

明细分类账户又称明细账户，简称明细账。它是根据明细分类科目设置的，明细账提供明细核算资料和指标，是对其总账资料的具体化和补充说明。对于明细账的核算，除用货币计量反映经济业务事项外，必要时还需用实物计量或劳动量计量单位从数量和时间上进行反映，以满足经营管理的需要。

总账和其所属的明细账的核算内容相同，都是核算和反映同一事物，只不过反映内容的详细程度有所不同。总账反映总括情况；明细账反映具体详细情况。两者相互补充，相互制约，相互核对。总账统驭和控制明细账，是明细账的统驭账户。明细账户从属于总账，是总账的从属账户。

总分类账户与明细分类账户的关系可归纳为以下几点。

1. 总分类账户对明细分类账户具有统驭控制作用

总分类账户提供的总括核算资料是对有关明细分类账户资料的综合；明细分类账户所提供的明细核算资料是对其总分类账户资料的具体化。因此，总分类账户对其所属的明细分类账户具有统驭控制作用。

2. 明细分类账户对总分类账户具有补充说明作用

总分类账户是对会计要素各项目增减变化的总括反映，提供总括的资料；明细分类账户反映的是会计要素各项目增减变化的详细情况，提供了某一具体方面的详细资料，有些明细分类账户还可以提供实物数量指标和劳动量指标等。因此，明细分类账户对总分类账户具有补充说明的作用。

3. 总分类账户与其所属明细分类账户在总金额上应当相等

由于总分类账户与其所属明细分类账户是根据相同的依据来进行平行登记的，所反映的经济内容也是相同的，所以其总金额必然相等。

(二) 根据账户所反映的经济内容分

根据账户所反映的经济内容，可将其分为资产类账户、负债类账户、所有者权益类账户、成本类账户、损益类账户等。

(三)根据账户与财务报表的关系分

根据账户与财务报表的关系,账户可分为资产负债表账户和利润表账户。资产负债表账户是指为资产负债表的编制提供资料的账户。资产负债表账户包括资产类账户、负债类账户和所有者权益类账户;利润表账户是指为利润表的编制提供资料的账户。利润表账户包括收入类账户和费用类账户。

三、账户的基本结构

账户是用来记录经济业务事项的,它有三个作用:一是分门别类地记载各项经济业务事项;二是提供日常会计核算资料和数据;三是为编制财务报表提供依据。为此,账户不但要有明确的核算内容,而且还应该具有一定的格式,即结构。账户所记载的各项经济业务事项,它们所引起的会计要素数量上的变动,不外乎是增加和减少两种情况。为了全面地、清楚地反映和监督这种变化,在每一账户上都应当分别登记数量的增加和数量的减少,这就形成了账户的基本结构。账户分为左方、右方两个方向,左方为借方,右方为贷方,“借”和“贷”表示增加还是减少,则取决于账户所反映的经济内容的类别(与会计科目的类别相同)。账户的基本结构,同时还应具有以下内容:

(1)账户的名称,即会计科目。

(2)日期和摘要,即记载经济业务事项的日期和概括说明经济业务事项的内容。

(3)增加方和减少方的金额及余额。

(4)凭证号数,即说明记载账户记录的依据。

在本教材第二模块会计循环模拟实习中,我们已经接触了各类账户的格式,模拟实习了各类账户期初余额、本期发生额、期末余额的登记、计算,不再重复叙述。

四、账户与会计科目的联系和区别

(一)账户与会计科目的联系

会计科目和账户所反映的会计对象的具体内容是相同的,两者口径一致,性质相同,都是体现对会计要素具体内容的分类。会计科目是账户的名称,也是设置账户的依据;账户则是根据会计科目来设置的,账户是会计科目的具体运用。因此,会计科目的性质决定了账户的性质,账户的分类和会计科目的分类一样,可分为资产类账户、负债类账户、所有者权益类账户、收入类账户、费用类账户、利润类账户等。按会计科目提供核算资料的详细程度分类,相应地分为总分类账户和明细分类账户等。会计科目和账户对会计对象的经济内容分类的方法和分类的用途及分类的结果是完全相同的。如,“固定资产”科目和“固定资产”账户核算的内容、范围完全相同。没有会计科目，账户便失去了设置的依据；没有账户，会计科目就无法发挥作用。

(二) 账户与会计科目的区别

会计科目仅仅是账户的名称，会计科目不存在结构；而账户则具有一定的格式和结构。会计科目仅说明反映的经济内容是什么，而账户不仅说明反映的经济内容是什么，而且是系统反映和控制其增减变化及结余情况的工具。会计科目的作用主要是为了开设账户，填制凭证所运用；而账户的作用主要是提供某一具体会计对象的会计资料，为编制财务报表所运用。

在实际工作中，账户和会计科目这两个概念已不加严格区别，往往互相通用。

第二节　会计账簿的概念和种类

一、会计账簿的概念和意义

会计账簿是指由一定格式账页组成的，以经过审核的会计凭证为依据，全面、系统、连续地记录各项经济业务事项的簿籍。

通过会计凭证的填制与审核，可以将每天发生的经济业务事项进行如实、正确的记录，明确经济责任。但会计凭证数量繁多，信息分散，难以全面、完整地了解企业的财务状况，不便于会计信息的整理与报告。因此，各单位应当按照国家统一的会计制度的规定和会计业务的需要设置账簿，以便系统地归纳会计信息，全面、系统、连续地核算和监督单位的经济活动及其财务收支情况。

设置和登记账簿是编制会计报表的基础，是连接会计凭证与会计报表的中间环节，在会计核算中具有重要意义。这是因为：

(1) 通过账簿的设置和登记，可以记载、储存会计信息。将会计凭证所记录的经济业务事项逐笔逐项登记入有关账簿，可以全面反映一定时期发生的各项经济活动，及时储存所需要的各项会计信息。

(2) 通过账簿的设置和登记，可以分类、汇总会计信息。通过账簿记录，可以将分散在会计凭证上大量的核算资料，按其不同性质加以归类、整理和汇总，以便全面、系统、连续和分类地提供企业资产、负债、所有者权益、收入、费用和利润等会计要素的增减变化情况，及时提供各方面所需要的总括会计信息，为管理决策提供信息。

(3) 通过账簿的设置和登记，可以检查、校正会计信息。账簿记录是对会计凭证的进一步整理，账簿记录也是会计分析、会计检查的重要依据。如：账簿中记录的财产物资的账面数可以通过实地盘点的方法，与实存数进行核对，来检查财产物资是否妥善保管，账实是否相符。

(4) 通过账簿的设置和登记，可以编报、输出会计信息。会计账簿是对会计凭证的系统化，提供的是全面、系统、分类的会计信息，因而账簿记录是编制会计报表的主要资料来源，账簿所提供的资料，是编制会计报表的主要依据。

二、会计账簿与账户的关系

账簿与账户有着十分密切的关系。账户是根据会计科目开设的，账户存在于账簿之中，账簿中的每一账页就是账户的存在形式和载体，没有账簿，账户就无法存在；账簿序时、分类地记载经济业务事项，是在个别账户中完成的。因此，账簿只是一个外在形式，账户才是它的真实内容。所以说，账簿是由若干账页组成的一个整体，而开设于账页上的账户则是这个整体中的个别部分，因而，账簿与账户的关系，是形式和内容的关系。

三、会计账簿的分类

在会计核算中，账簿的种类是多种多样的，为了便于了解和使用，必须对账簿进行分类。账簿一般可以按其用途、账页格式和外形特征进行划分。

(一) 按用途分类

账簿按其用途不同，可以分为序时账簿、分类账簿和备查账簿三种。

(1) 序时账簿。序时账簿又称日记账，是按照经济业务事项发生或完成时间的先后顺序逐日逐笔进行登记的账簿。在实际工作中，这种账簿通常是按照记账凭证编号的先后顺序逐日进行登记的，因此又称为日记账。日记账的特点是序时登记和逐笔登记。序时账簿通常有两种：一种是用来登记全部经济业务事项的发生情况的账簿，称为普通日记账；另一种是用来登记某一类经济业务事项发生情况的账簿，称为特种日记账。在实际工作中，因为经济业务事项的复杂性，一般很少采用普通日记账，应用较为广泛的是特种日记账。为了加强对货币资金的监督和管理，各单位应当专门设置用于专门记录和反映现金收付业务及其结存情况的现金日记账以及专门记录和反映银行存款收付业务及其结存情况的银行存款日记账。在我国，大多数单位一般只开设现金日记账和银行存款日记账，而不设置转账日记账。

(2) 分类账簿。分类账簿是对全部经济业务事项按照会计要素的具体类别而设置的分类账户进行登记的账簿。分类账簿按照分类的概括程度不同，又分为总分类账和明细分类账两种。按照总分类账户分类登记经济业务事项的是总分类账簿，简称总账；按照明细分类账户分类登记经济业务事项的是明细分类账簿，简称明细账。明细分类账是对总分类账的补充和具体化，并受总分类账的控制和统驭。分类账簿提供的核算信息是编制会计报表的主要依据。

分类账簿和序时账簿的作用不同。序时账簿能提供连续系统的信息，反映企业资金运动的全貌；分类账簿则是按照经营与决策的需要而设置的账簿，归集并汇总各类信息，反映资金运动的各种状态、形式及其构成。在账簿组织中，分类账簿占有特别重要的地位。因为只有通过分类账簿，才能把数据按账户形成不同信息，满足编制会计报表的需要。

(3) 备查账簿。备查账簿简称备查簿，是对某些在序时账簿和分类账簿等主要账簿中都不予登记或登记不够详细的经济业务事项进行补充登记时使用的账簿。备查账簿可以为某项经济业务事项的内容提供必要的参考资料，加强企业对使用和保管的属于他人的财产物资的监督。例如，租入固定资产登记簿、受托加工材料登记簿、代销商品登记簿等。备查账簿可以由各单位根据需要进行设置。

备查账簿与序时账簿和分类账簿相比，存在两点不同之处：一是登记依据可能不需要记账凭证，甚至不需要一般意义上的原始凭证；二是账簿的格式和登记方法不同，备查账簿的主要栏目不记录金额，它更注重用文字来表述某项经济业务事项的发生情况。

(二) 按账页格式分类

按账页格式的不同，账簿可以分为两栏式、三栏式、多栏式和数量金额式四种。

(1) 两栏式账簿。两栏式账簿是指只有借方和贷方两个基本金额栏目的账簿。普通日记账和转账日记账一般采用两栏式。

(2) 三栏式账簿。三栏式账簿是设有借方、贷方和余额三个基本栏目的账簿。各种日记账、总分类账以及资本、债权、债务明细账都可采用三栏式账簿。三栏式账簿又分为设对方科目和不设对方科目两种。区别是在摘要栏和借方科目栏之间是否有一栏"对方科目"。设有"对方科目"栏的，称为设对方科目的三栏式账簿；不设有"对方科目"栏的，称为不设对方科目的三栏式账簿。

(3) 多栏式账簿。多栏式账簿是在账簿的两个基本栏目借方和贷方按需要分设若干专栏的账簿。如多栏式日记账、多栏式明细账。其专栏设置在借方还是贷方，或两方都设置专栏以及专栏的数量等，应根据需要确定。收入、费用等明细账一般均采用多栏式账簿。

(4) 数量金额式账簿。数量金额式账簿的借方、贷方和余额三个栏目内都分设数量、单价和金额三个小栏，以反映财产物资的实物数量和价值量。如原材料、库存商品、产成品等明细账一般都采用数量金额式账簿。

(三) 按外形特征分类

账簿按其外形特征不同可分为订本账、活页账和卡片账三种。

(1) 订本账。订本账是启用之前就已将账页装订在一起，并对账页进行了连续编号的账簿。订本账的优点是能避免账页散失和防止抽换账页；其缺点是不能准确为各账户预留账页。这种账簿一般适用于总分类账、现金日记账、银行存款日记账。

(2) 活页账。活页账是在账簿登记完毕之前并不固定装订在一起，而是装在活页账夹中。当账簿登记完毕之后(通常是一个会计年度结束之后)，才将账页予以装订，加具封面，并给各账页连续编号。各种明细分类账一般采用活页账形式。这类账簿的优点是记账时可以根据实际需要，随时将空白账页装入账簿，或抽去不需用的账页，便于分工记账；其缺点是如果管理不善，可能会造成账页散失或故意抽换账页。通常各种明细分类账一般采用活页账形式。

(3) 卡片账。卡片账是将账户所需格式印刷在硬卡上。严格地说，卡片账也是一种活页账，只不过它不是装在活页账夹中，而是装在卡片箱内。在我国，企业一般只对固定资产的核算采用卡片账形式，也有少数企业在材料核算中使用材料卡片。

会计账簿的总体分类情况可归纳如图 7-1 所示。

- 会计账簿
  - 按用途分类
    - 序时账簿
    - 分类账簿
    - 备查账簿
  - 按账页格式分类
    - 两栏式
    - 三栏式
    - 多栏式
    - 数量金额式
  - 按外形特征分类
    - 订本账
    - 活页账
    - 卡片账

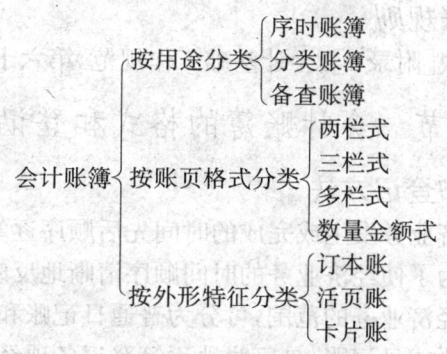

图 7-1　会计账簿总体分类情况

第三节　会计账簿的内容、启用与记账规则

一、会计账簿的基本内容

在实际工作中，由于各种会计账簿所记录的经济业务不同，账簿的格式也多种多样，但各种账簿都应具备以下基本内容。

(1) 封面。主要用来标明账簿的名称，如总分类账、各种明细分类账、现金日记账、银行存款日记账等。

(2) 扉页。主要列明科目索引、账簿启用和经营人员一览表(活页账、卡片账在装订成册后，填列账簿启用和经营人员一览表)。格式参见模拟实习使用的“账簿启用及交接表”。

(3) 账页。账页是账簿用来记录经济业务事项的载体，包括账户的名称、登记账户的日期栏、凭证种类和号数栏、摘要栏(记录经济业务事项内容的简要说明)、金额栏(记录经济业务事项的金额增减变动情况)、总页次和分户页次等基本内容。

二、会计账簿的启用

账簿是重要的会计档案。为了确保账簿记录的合法性和完整性，明确记账责任，在启用会计账簿时，应当在账簿封面写明单位名称和账簿名称，并在账簿扉页上附启用表，表内详细载明：单位名称、账簿名称、账簿编号、账簿页数、启用日期、记账人员和会计主管人员姓名，并加盖有关人员的签章和单位公章。更换记账人员时，应办理交接手续，在交接记录内填写交接日期和交接人员姓名并签章，具体格式在第二模块会计循环模拟实习已经接触并使用过，不再列示。启用订本式账簿，应当从第一页到最后一页顺序编定页数，不得跳页、缺号。使用活页式账页，应当按账户顺序编号，并须定期装订成册；装订后再按实际使用的账页顺序编定页码，另加目录，记录每个账户的名称和页次。

三、会计账簿的记账规则

见本教材第二模块[附录1]《会计基础工作规范》第六十条。

第四节　会计账簿的格式和登记方法

一、日记账的格式和登记方法

日记账是按照经济业务发生或完成的时间先后顺序逐笔进行登记的账簿。设置日记账的目的就是为了使经济业务的时间顺序清晰地反映在账簿记录中。日记账按其所核算和监督经济业务的范围，可分为普通日记账和特种日记账。

普通日记账是两栏式日记账，是序时地逐笔登记各项经济业务的账簿，它核算和监督全部经济业务的发生和完成情况，其格式如表7-1所示。

表7-1

普通日记账　　　　第　页

20×1年		凭证		会计科目	摘要	借方金额	贷方金额	过账
月	日	字	号					
3	1	转	1	在途物资	购入材料	20 000.00		
				应交税费	增值税	3 200.00		
				应付账款	××公司		23 200.00	

特种日记账是用来核算和监督某一类型经济业务的发生和完成情况的账簿。常见的特种日记账有现金日记账、银行存款日记账、转账日记账、购货日记账、销货日记账等。一般经济单位都应设置现金日记账和银行存款日记账。三栏式现金日记账和三栏式银行存款日记账的设置和登记方法已进行过模拟实习，不再叙述。以下主要介绍多栏式现金日记账和多栏式银行存款日记账的设

置和登记方法。

(一) 现金日记账的格式和登记方法

1. 现金日记账的格式

现金日记账是用来核算和监督库存现金每天的收入、支出和结存情况的账簿，其格式有三栏式和多栏式两种。无论采用三栏式还是多栏式现金日记账，都必须使用订本账。三栏式现金日记账设借方、贷方和余额三个基本的金额栏目，一般将其分别称为收入、支出和结余三个基本栏目。在金额栏与摘要栏之间常常插入“对方科目”，以便记账时标明现金收入的来源科目和现金支出的用途科目。多栏式现金日记账是在三栏式现金日记账基础上发展起来的，日记账的借方(收入)和贷方(支出)金额栏都按对方科目设专栏，也就是按收入的来源和支出的用途设专栏。多栏式现金日记账的格式如表 7－2 所示。

表 7－2

现金日记账　　第　页

年		凭证号	摘要	收入				支出				结余
				应贷科目			合计	应借科目			合计	
月	日			银行存款	主营业务收入	……		其他应收款	管理费用	……		

2. 现金日记账的登记方法

现金日记账由出纳人员根据同现金收付有关的记账凭证，按时间顺序逐笔进行登记，并根据“上日余额＋本日收入－本日支出＝本日余额”的公式，逐日结出现金余额，与库存现金实存数核对，以检查每日现金收付是否有误。

三栏式现金日记账的具体登记方法如下：

(1) 日期栏：登记记账凭证的日期，应与现金实际收付日期一致。

(2) 凭证栏：登记入账的收付凭证的种类和编号，如：“现金收(付)款凭证”，简写为“现收(付)”；“银行存款收(付)款凭证”，简写为“银收(付)”。凭证栏还应登记凭证的编号数，以便于查账和核对。

(3) 摘要栏：摘要说明登记入账的经济业务的内容。文字要简练，但要能说明问题。

对方科目栏：登记现金收入的来源科目或现金支出的用途科目。如从银行提取现金,其来源科目(即对方科目)为“银行存款”。其作用在于了解经济业务的来龙去脉。

(4) 收入、支出栏:登记现金实际收付的金额。每日终了,应分别计算现金收入和付出的合计数,结出余额,同时将余额与出纳人员的库存现金核对,即通常说的“日清”。如账款不符应查明原因,并记录备案。月终同样要计算现金收、付和结存的合计数,通常称为“月结”。

在实际工作中,如果要设多栏式现金日记账,一般常把现金收入业务和支出业务分设“现金收入日记账”和“现金支出日记账”两本账。其中,现金收入日记账按对应的贷方科目设置专栏,另设“支出合计”栏和“结余”栏;现金支出日记账则只按支出的对方科目设专栏,不设“收入合计”栏和“结余”栏。“现金收入日记账”和“现金支出日记账”的格式分别如表 7-3、表 7-4 所示。

表 7-3

现金收入日记账 第 页

20×1 年		收款凭证		摘 要	贷方科目			收入合计	支出合计	余额
月	日	字	号		银行存款	其他应收款	……			
7	1			月初余额						1 500
	2	银付	1	从银行提现	800			800		
	2			转记					500	1 800
	5			转记					100	1 700
	6	现收	1	出售废旧物资				80		1 780
	7	现收	2	差旅费余额交回		50		50		1 830

表 7-4

现金支出日记账 第 页

20×1 年		付款凭证		摘 要	结算凭证		借方科目			
月	日	字	号		种类	号数	其他应付款	管理费用	……	支出合计
7	2	现付	1	预支差旅费			500			500
	5	现付		购买办公用品				100		600

借贷方分设的多栏式现金日记账的登记方法是:

(1) 先根据有关现金收入业务的记账凭证登记现金收入日记账,根据有关现金支出业务的记账凭证登记现金支出日记账。

(2) 每日营运终了，根据现金支出日记账结计的支出合计数，一笔转入现金收入日记账的“支出合计”栏中，并结出当日余额。

(二) 银行存款日记账的格式和登记方法

银行存款日记账是用来核算和监督银行存款每日的收入、支出和结余情况的账簿。银行存款日记账应按企业在银行开立的账户和币种分别设置，每个银行账户设置一本日记账。由出纳人员根据与银行存款收付业务有关的记账凭证，按时间先后顺序逐日逐笔进行登记。根据银行存款收款凭证和有关的现金付款凭证(库存现金存入银行的业务)登记银行存款收入栏，根据银行存款付款凭证登记其支出栏，每日结出存款余额。

1. 银行存款日记账的格式

银行存款日记账的格式与现金日记账相同，既可以采用三栏式，也可以采用多栏式。多栏式可以将收入和支出的核算在一本账上进行，也可以分设“银行存款收入日记账”和“银行存款支出日记账”，其格式与表7－3、表7－4相似。

2. 银行存款日记账的登记方法

银行存款日记账的登记方法也与现金日记账的登记方法基本相同。其登记方法如下：

(1) 日期栏：登记记账凭证的日期。

(2) 凭证栏：登记入账的收付款凭证的种类和编号(与现金日记账的登记方法一致)。

(3) 对方科目栏：登记银行存款收入的来源科目或支出的用途科目。如材料按实际成本计价的企业，开出支票一张支付购料款(收到发票账单，材料尚未收到)，其支出的用途科目(即对方科目)为“在途物资”，其作用在于了解经济业务的来龙去脉。

(4) 摘要栏：摘要说明登记入账的经济业务的内容。文字要简练，但能概括说明问题。

现金支票号数和转账支票号数栏：如果所记录的经济业务是以支票付款结算的，应在这两栏内填写相应的支票号数，以便与开户银行对账。

(5) 收入、支出栏：登记银行存款实际收付的金额。每日终了，应分别计算银行存款的收入和支出的合计数，结算出余额，做到日清；月终应计算出银行存款全月收入、支出的合计数，结出余额，做到月结。

二、总分类账的格式和登记方法

(一) 总分类账的格式

总分类账简称总账，它是按照总分类账户分类登记以提供总括会计信息的账簿。总账中的账页是按总账科目(一级科目)开设的总分类账户。应用总分类账，可以全面、系统、综合地反映企业所有的经济活动情况和财务收支情况，可以为编制会计报表提供所需的资料。因此，每一企业都应设置总分类账。

总分类账最常用的格式为三栏式，设置借方、贷方和余额三个基本金额栏目。

(二) 总分类账的登记方法

总分类账可以根据记账凭证逐笔登记，也可以根据经过汇总的科目汇总表或汇总记账凭证等登记。

三、明细分类账的格式和登记方法

(一) 明细分类账的格式

明细分类账是根据二级账户或明细账户开设账页，分类、连续地登记经济业务事项以提供明细核算资料的账簿。明细分类账是总分类账的明细记录，它是按照总分类账的核算内容，进行更加详细的分类，反映某一具体类别经济活动的财务收支情况。它对总分类账起补充说明的作用，它所提供的资料也是编制会计报表的重要依据。其格式有三栏式、多栏式、数量金额式和横线登记式(或称平行式)等多种。其中，三栏式、多栏式、数量金额式明细账在第二模块模拟实习中均已接触和使用过，因而其格式不再介绍，仅对横线登记式明细账作介绍(横线登记式明细账模拟实习时有可能未能买到)。

(1) 三栏式明细分类账。三栏式明细分类账是设有借方、贷方和余额三个栏目，用于分类核算各项经济业务事项，提供详细核算资料的账簿，其格式与三栏式总账格式相同。三栏式明细账适用于只进行金额核算的账户，如应收账款、应付账款等往来结算账户。

(2) 多栏式明细分类账。多栏式明细分类账是将属于同一个总账科目的各个明细科目合并在一张账页上进行登记，即在这种格式账页的借方或贷方金额栏内按照明细项目设若干专栏。多栏式明细分类账适用于成本费用类科目的明细核算。

在实际工作中，成本费用类科目的明细账，可以只按借方发生额设置专栏，由于贷方发生额每月发生的笔数很少，可以在借方直接用红字冲销。这类明细账也可以在借方设专栏的情况下，贷方设一总的金额栏，再设一余额栏。

(3) 数量金额式明细分类账。数量金额式明细分类账其借方(收入)、贷方(发出)和余额(结存)都分别设有数量、单价和金额三个专栏。该明细账适用于既要进行金额核算又要进行数量核算的账户。

(4) 横线登记式明细分类账。横线登记式明细分类账采用横线登记，即：将每一相关的业务登记在一行，从而可依据每一行借方和贷方有关栏目的登记是否平衡来判断该项业务的进展情况（栏目名称、栏目数量等根据各个明细账的需要设置）。这种明细账实际上也是一种多栏式明细账，适用于登记材料采购业务、应收票据业务等。比如，在途物资明细账的格式可以如表 7-5 所示。

表 7-5

在途物资明细账

第　页

行次	户　名	借　方					贷　方					转销
		年		凭证号数	摘　要	金额	年		凭证号数	摘　要	金额	
		月	日				月	日				

(二) 明细分类账的登记方法

明细分类账的登记通常有几种方法：一是根据原始凭证直接登记明细账；二是根据汇总原始凭证登记明细分类账；三是根据记账凭证登记明细分类账。

不同类型经济业务的明细分类账，可根据管理需要，依据记账凭证、原始凭证或汇总原始凭证逐日逐笔或定期汇总登记。固定资产、债权、债务等明细账应逐日逐笔登记；库存商品、原材料、产成品收发明细账以及收入、费用明细账可以逐笔登记，也可定期汇总登记。

四、总分类账户与明细分类账户的平行登记

所谓平行登记是指对所发生的每项经济业务事项都要以会计凭证为依据，一方面记入有关总分类账户，另一方面记入有关总分类账户所属明细分类账户的方法。

总分类账户与明细分类账户平行登记要求做到以下几点：

(1) 登记的依据相同，即所依据的会计凭证相同。对于发生的经济业务事项，要根据相同的会计凭证，一方面要在有关的总分类账户中登记，另一方面要在该总分类账户所属的明细分类账户中登记。

(2) 登记的方向一致，即借贷方向相同。对于发生的每项经济业务事项，记入

总分类账户和其所属明细分类账户的方向必须相同。如果总分类账户登记在借方,那么所属明细分类账户也应该登记在借方;反之,如果总分类账户登记在贷方,那么所属明细分类账户也应该登记在贷方。

(3) 登记的会计期间相同,即所属会计期间相同。对于发生的每项经济业务事项,在记入总分类账户和其所属明细分类账户时,必须在同一会计期间全部登记入账。即一项经济业务事项发生后,必须在记入总分类账户进行总括登记的同一会计期间,在其所属明细分类账户进行明细分类登记。

(4) 登记的金额相等,即记入总分类账户的金额与记入明细分类账户的合计金额相等。对于发生的每一项经济业务事项,记入总分类账户的金额必须等于记入所属明细分类账户的金额之和,使得总分类账户本期发生额与其所属明细分类账户本期发生额合计相等;总分类账户期末余额与其所属明细分类账户期末余额合计相等。

总分类账户与明细分类账户平行登记的以上要点,从第二模块的两次模拟实习中都可以得到完全的验证。不另举例。

第五节 借贷记账法的试算平衡

所谓试算平衡是指根据资产与权益的恒等关系以及借贷记账法的记账规则,检查所有账户记录是否正确的过程。试算平衡包括发生额试算平衡法和余额试算平衡法两种方法。

一、发生额试算平衡法

发生额试算平衡法是根据本期所有账户借方发生额合计与贷方发生额合计的恒等关系,检验本期发生额记录是否正确的方法。计算公式为:

全部账户本期借方发生额合计 = 全部账户本期贷方发生额合计

由于借贷记账法对于每项经济业务事项的记录都是按照“有借必有贷,借贷必相等”的记账规则进行的,这样,一个会计主体在一定时期内的全部账户的借方发生额合计与贷方发生额合计就一定相等。从第二模块的两次模拟实习中都可以得到完全的验证。

二、余额试算平衡法

余额试算平衡法是根据本期所有账户借方余额合计等于贷方余额合计的恒等关系,检验本期账户记录是否正确的方法。根据余额时间不同,又分为期初余额平衡和期末余额平衡两类。计算公式为:

全部账户的借方期初余额合计 = 全部账户的贷方期初余额合计

全部账户的借方期末余额合计 = 全部账户的贷方期末余额合计

根据"资产＝负债＋所有者权益"的恒等关系，运用借贷记账法在账户中记录经济业务事项的结果，各项资产余额合计必然等于各项负债和所有者权益的余额合计。在借贷记账法下，资产账户的余额应在账户的借方，负债和所有者权益账户的余额应在账户的贷方，因此，所有账户的借方余额合计与所有账户的贷方余额合计一定相等。同样地，从第二模块的两次模拟实习中都可以得到完全的验证。

试算平衡一般是通过编制试算平衡表进行的，其常见格式如表 7-6 所示。

表 7-6

试算平衡表

年　月　日

会计科目	期初余额		本期发生额		期末余额	
	借　方	贷　方	借　方	贷　方	借　方	贷　方
合　计	$\sum 1$	$\sum 1$	$\sum 2$	$\sum 2$	$\sum 3$	$\sum 3$

在编制试算平衡表时，需要注意以下问题：

(1) 必须将所有账户的期初余额、期末余额、本期发生额都准确记入试算平衡表中。如果有遗漏的话，就会造成试算不平衡的情况发生。

(2) 如果不是由于上述原因导致的试算不平衡，就说明账户记录一定有错误，需要认真仔细查找原因，使得试算平衡表能够平衡。

(3) 如果试算平衡表经过试算都是平衡的，也不能说明账户记录就一定是正确的。因为有些错误的出现并不会影响借贷双方的平衡关系。比如：漏记某项经济业务事项，将使本期借贷双方的发生额同时减少，借贷仍然平衡；重记某项经济业务事项，将使本期借贷双方的发生额同时增加，借贷仍然平衡；或者是某项经济业务事项发生后，记错了账户，借贷仍然平衡，等等。

所以,在编制试算平衡表之前,一定要认真核对有关的账户记录,避免出现上述问题。

第六节 对 账

对账就是核对账目,是对账簿、账户记录所进行的核对工作。通过对账,应当做到账证相符、账账相符、账实相符。

在日常会计工作中,在填制凭证、记账、算账、结账、计算等过程中,难免会发生差错,出现账款、账物不符的情况。因而,在结账前后,要通过对账,将有关账簿记录进行核对,确保会计核算资料的正确性和完整性,为编制会计报表提供真实可靠的数据资料。对账的内容一般包括账证核对、账账核对、账实核对几个方面。

一、账证核对

账证核对是指核对会计账簿记录与原始凭证、记账凭证的时间、凭证字号、内容、金额是否一致,记账方向是否相符。为了保证账证相符,必须将账簿记录同有关会计凭证相核对。一般来说,现金日记账和银行存款日记账应与收、付款凭证相核对,总账应与记账凭证相核对,明细账应与记账凭证或原始凭证相核对。通常这些核对工作是在日常制证和记账工作中进行的。

二、账账核对

账账核对是指核对不同会计账簿之间的账簿记录是否相符。为了保证账账相符,必须将各种账簿之间的有关数据相核对。具体核对的内容包括:

(1) 总分类账簿有关账户的余额核对。资产类账户的余额应等于权益类账户的余额,或总账账户的借方期末余额合计数应与贷方期末余额合计数核对相符。

(2) 总分类账簿与所属明细分类账簿核对。总账账户的期末余额应与所属明细分类账户期末余额之和核对相符。

(3) 总分类账簿与序时账簿核对。如前所述,序时账簿包括特种日记账和普通日记账。而我国企事业单位必须设置的特种日记账是现金日记账和银行存款日记账。这两类业务同时还必须设置总分类账。现金日记账和银行存款日记账期末余额应分别同有关总分类账户的期末余额核对相符。

(4) 明细分类账簿之间的核对。会计部门各种财产物资明细分类账的期末余额应与财产物资保管或使用部门有关明细账的期末余额核对相符。

三、账实核对

账实核对是指各项财产物资、债权债务等账面余额与实有数额之间的核对。

为了保证账实相符,应将各种账簿记录与有关财产物资的实有数相核对。具体核对内容包括:

(1) 现金日记账账面余额与库存现金数额是否相符。现金日记账账面余额应与现金实际库存数逐日核对相符。

(2) 银行存款日记账账面余额与银行对账单的余额是否相符。银行存款日记账的账面余额与银行送来的对账单定期核对相符。

(3) 各项财产物资明细账账面余额与财产物资的实有数额是否相符。各项财产物资明细账账面余额与财产物资的实有数定期核对相符。

(4) 有关债权债务明细账账面余额与对方单位的账面记录是否相符。

各种应收、应付、应交款明细账的期末余额应与债务、债权单位的账目核对相符;与上下级单位、财政和税务部门的拨缴款项也应定期核对无误。

以上账实核对的结果,如果发生不相符的情况,其处理方法将在以下"财产清查"一章介绍。

第七节　错账更正方法

账簿记录应保持整齐清洁。因此,记账时应力求正确和清楚,避免差错。如果账簿记录发生错误,必须按照规定的方法予以更正,不准涂改、挖补、刮擦或者用药水消除字迹,不准重新抄。错账更正方法通常有划线更正法、红字更正法和补充登记法等几种。

一、*划线更正法*

划线更正法又称红线更正法。在结账前发现账簿记录有文字或数字错误,而记账凭证没有错误,可以采用划线更正法。更正时,可在错误的文字或数字上划一条红线,在红线的上方填写正确的文字或数字,并由记账及相关人员在更正处盖章。对于错误的数字,应全部划红线更正,不得只更正其中的错误数字;对于文字错误,可只划去错误的部分。

【例 7-1】 某账簿记录中,将 128.50 元误记为 125.80 元。

更正方法为:把"125.80"全部用红线划去(不能只划去其中的 5.80),并在其上方写上"128.50"。即:

128.50
~~125.80~~

初学者应注意:下面的更正方法是错误的:

8.50
12~~5.80~~

二、红字更正法

红字更正法是指用红字冲销原有错误的账户记录或凭证记录，以更正或调整账簿记录的一种方法。通常有两种情况：

（1）记账后在当年内发现记账凭证所记的会计科目错误，可以采用红字更正法。更正方法是：记账凭证会计科目错误时，用红字填写一张与原记账凭证完全相同的记账凭证，以示注销原记账凭证，然后用蓝字填写一张正确的记账凭证，并据以记账。

【例7-2】 某企业以银行存款购买A材料3 000元，材料已验收入库。在填制记账凭证时，误作贷记“库存现金”科目，并已据以登记入账（假设不考虑增值税因素）。编制如下会计分录：

借：原材料 3 000
　贷：库存现金 3 000

更正时，用红字填制一张与原错误记账凭证内容完全相同的记账凭证，以冲销原错误记录。编制如下会计分录：

借：原材料 [3 000]
　贷：库存现金 [3 000]

然后，用蓝字填制一张正确的记账凭证。会计分录如下：

借：原材料 3 000
　贷：银行存款 3 000

（2）会计科目无误而所记金额大于应记金额，从而引起记账错误，可以采用红字更正法。更正方法是：记账凭证会计科目无误而所记金额大于应记金额时，按多记的金额用红字编制一张与原记账凭证应借、应贷科目完全相同的记账凭证，以冲销多记的金额，并据以记账。

【例7-3】 某企业从银行提取现金30 000元，备发工资。误作下列记账凭证，并已登记入账。

借：库存现金 50 000
　贷：银行存款 50 000

发现错误后，应将多记的金额用红字作与上述科目相同的会计分录。编制如下会计分录：

借：库存现金 [20 000]
　贷：银行存款 [20 000]

三、补充登记法

补充登记法是在记账后发现记账凭证填写的会计科目无误，只是所记金额小于应记金额时，所采用的一种更正方法。

具体更正方法是：按少记的金额用蓝字编制一张与原记账凭证应借、应贷科目完全相同的记账凭证，以补充少记的金额，并据以记账。

【例 7－4】 接受外单位投入资金 180 000 元，已存入银行。在填制记账凭证时，误将其金额写为 150 000 元，并以登记入账。

借：银行存款	150 000	
贷：实收资本		150 000

发现错误后，应将少记的金额用蓝字编制一张与原记账凭证应借、应贷科目完全相同的记账凭证，登记入账：

借：银行存款	30 000	
贷：实收资本		30 000

综上所述，错账更正方法的基本内容可概括如表 7－7 所示。

表 7－7

错账更正方法汇总

错账更正方法	适用范围	更正方法
划线更正法（又称红线更正法）	在结账前发现账簿记录有文字或数字错误，而记账凭证没有错误。	在错误的文字或数字上划一条红线，在红线的上方填写正确的文字或数字，并由记账及相关人员在更正处盖章（必须注意：对于错误的数字，应全部划红线更正，不得只更正其中的错误数字；对于文字错误，可只划去错误的部分）。
红字更正法	(1) 记账后在当年内发现记账凭证所记的会计科目错误。	(1) 先用红字填写一张与原记账凭证完全相同的记账凭证，以示注销原记账凭证；(2) 然后用蓝字填写一张正确的记账凭证，并据以记账。
	(2) 记账后在当年内发现记账凭证会计科目无误但所记金额大于应记金额。	按多记的金额用红字编制一张与原记账凭证应借、应贷科目完全相同的记账凭证，以冲销多记的金额，并据以记账。
补充登记法	记账后在当年内发现记账凭证会计科目无误但所记金额小于应记金额。	按少记的金额用蓝字编制一张与原记账凭证应借、应贷科目完全相同的记账凭证，以补充少记的金额，并据以记账。

两点说明：① 记账前发现的在填制记账凭证时发生的错误，只需重新填制记账凭证，不采用以上错账更正方法；② 当年内发现的以前年度的差错，不属于本节讨论的内容，对于前期差错更正，将在《中级会计实务》课程学习。

第八节　结　账

结账是一项将账簿记录定期结算清楚的账务工作。在一定时期结束时(如月末、季末或年末),为了编制会计报表,需要进行结账。结账的内容通常包括两个方面:一是结清各种损益类账户,并据以计算确定本期利润;二是结清各资产、负债和所有者权益账户,分别结出本期发生额合计和余额。

一、结账的程序

(1) 将本期发生的经济业务事项全部登记入账,并保证其正确性。

(2) 根据权责发生制的要求,调整有关账项,合理确定本期应计的收入和应计的费用。

(3) 将损益类科目的余额转入"本年利润"科目,结平所有损益类科目。

(4) 结算出资产、负债和所有者权益科目的期末余额,需要结计本期发生额的,按规定方法结出本期发生额。

二、结账的方法

(1) 对不需按月结计本期发生额的账户,如各项应收应付款明细账和各项财产物资明细账等,每次记账以后,都要随时结出余额,每月最后一笔余额即为月末余额。也就是说,月末余额就是本月最后一笔经济业务事项记录的同一行内的余额。月末结账时,只需要在最后一笔经济业务事项记录之下画一条通栏单红线,不需要再结计一次余额。

(2) 现金、银行存款日记账和需要按月结计发生额的收入、费用等明细账,每月结账时,要在最后一笔经济业务事项记录下面画一条通栏单红线,结出本月发生额和余额,在摘要栏内注明"本月合计"字样,并在下面再画一条通栏单红线。

(3) 需要结计本年累计发生额的某些明细账户,每月结账时,应在"本月合计"行下结出自年初起至本月末止的累计发生额,登记在月份发生额下面,在摘要栏内注明"本年累计"字样,并在下面再画通栏单红线。12 月末的"本年累计"就是全年累计发生额,全年累计发生额下画通栏双红线。

(4) 总账账户平时只需结出月末余额。年终结账时,为了反映本年全年各项资金增减变动的全貌,核对账目,要将所有总账账户结出全年发生额和年末余额,在摘要栏内注明"本年合计"字样,并在合计数下画通栏双红线。

(5) 年度终了结账时,有余额的账户,要将其余额结转下年,并在摘要栏注明"结转下年"字样;在下一会计年度新建的有关会计账户的第一行余额栏内填写上年结转的余额，并在摘要栏注明“上年结转”字样（不需要编制记账凭证，也不必将余额再记入本年账户的借方或贷方，使本年有余额的账户的余额变为零。因为，既然年末是有余额的账户，其余额就应当如实地在账户中加以反映，这样更显得清晰、明了。否则，就混淆了有余额的账户和无余额的账户的区别）。

第九节 会计账簿的更换与保管

一、会计账簿的更换

会计账簿的更换通常在新会计年度建账时进行。一般来说，总账、日记账和多数明细账应每年更换一次。但有些财产物资明细账（如固定资产明细账、库存材料明细账等）和债权、债务明细账（如应收账款明细账、应付账款明细账等），由于有关财产物资的品种、规格和往来单位较多，更换新账、重抄一遍的工作量较大，因此，可以不必每年度更换一次（可以跨年度连续使用）。各种备查账簿也可以连续使用。前任会计离职，新任会计上岗时不必更换账簿，只需要在账簿扉页交接手续栏填写相关信息即可。

二、会计账簿的保管

年度终了，各种账户在结转下年、建立新账后，一般都要把旧账送交总账会计集中统一管理。被更换下来的旧账是会计档案的重要组成部分，必须科学、妥善地加以保管。会计账簿暂由本单位财务会计部门保管 1 年，期满之后，由财务会计部门编造清册移交本单位的档案部门保管。

第八章 账务处理程序

第一节 账务处理程序的意义和种类

一、账务处理程序的意义

账务处理程序也称会计核算组织程序或会计核算形式，是指会计凭证、会计账簿、会计报表相互结合的方式。包括会计凭证和账簿的种类、格式，会计凭证与账簿之间的联系方法，由原始凭证到编制记账凭证、登记明细分类账和总分类账、编制会计报表的工作程序和方法等。

会计凭证、会计账簿、会计报表之间的结合方式不同，形成了不同的账务处理程序，不同的账务处理程序又有不同的方法、特点和适用范围。科学、合理地选择适用于本单位的账务处理程序，对于提高会计核算的工作效率，保证会计核算工作质量，有效地组织会计核算有重要意义。

(1) 有利于会计工作程序的规范化，确定合理的凭证、账簿与报表之间的联系方式，保证会计信息加工过程的严密性，提高会计信息的质量。

(2) 有利于保证会计记录的完整性、正确性，通过凭证、账簿及报表之间的牵制作用，增强会计信息的可靠性。

(3) 有利于减少不必要的会计核算环节，通过井然有序的账务处理程序，提高会计工作效率，保证会计信息的及时性。

二、账务处理程序的种类

账务处理程序的建立是由多种因素决定的，主要有经济活动和财务收支的实际情况，经营管理的需要，会计核算中的核算手续等。这些因素是在不断变化的，因此，由它们所决定的会计凭证系统组织、会计账簿系统组织、会计报表系统组织以及核算程序和方法也在不断发生变化，由此形成了不同的账务处理程序。在我国，常用的账务处理程序主要有：

(1) 记账凭证账务处理程序。

(2) 汇总记账凭证账务处理程序。

(3) 科目汇总表账务处理程序。

上述三种账务处理程序有许多共同之处，它们的不同之处在于登记总分类账的依据和程序不同。以下就三种账务处理程序作简要介绍。

第二节 不同种类账务处理程序的内容

一、记账凭证账务处理程序

(一) 基本内容

记账凭证账务处理程序是指对发生的经济业务事项，都要根据原始凭证或汇总原始凭证编制记账凭证，然后直接根据记账凭证逐笔登记总分类账的一种账务处理程序。其特点是直接根据记账凭证逐笔登记总分类账。它是最基本的账务处理程序。在这一程序中，记账凭证可以是通用记账凭证，也可以分设收款凭证、付款凭证和转账凭证，需要设置现金日记账、银行存款日记账、明细分类账和总分类账，其中现金日记账、银行存款日记账和总分类账一般采用三栏式，明细分类账根据需要采用三栏式、多栏式和数量金额式。其一般程序是：

(1) 根据原始凭证编制汇总原始凭证。

(2) 根据原始凭证或汇总原始凭证，编制记账凭证。

(3) 根据收款凭证、付款凭证逐笔登记现金日记账和银行存款日记账。

(4) 根据原始凭证、汇总原始凭证和记账凭证，登记各种明细分类账。

(5) 根据记账凭证逐笔登记总分类账。

(6) 期末,现金日记账、银行存款日记账和明细分类账的余额同有关总分类账的余额核对相符。

(7) 期末,根据总分类账和明细分类账的记录,编制会计报表。

记账凭证账务处理程序如图 8-1 所示。

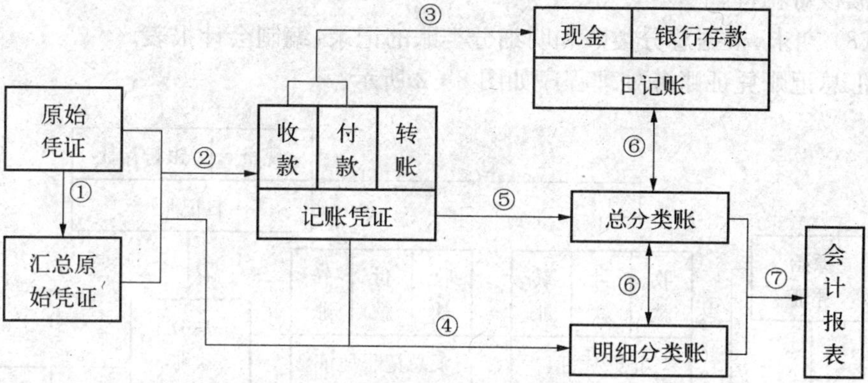

图 8-1 记账凭证账务处理程序

(二) 优缺点及适用范围

记账凭证账务处理程序的优点是:直接根据记账凭证登记总账,简单明了,易于理解,总分类账可以较详细地反映经济业务的发生情况。其缺点是:登记总分类账的工作量较大。对于经济业务较多,经营规模较大的企业,总分类账的登记工作过于繁重。因此,记账凭证账务处理程序适用于规模较小、经济业务量较少的单位。

二、汇总记账凭证账务处理程序

(一) 基本内容

汇总记账凭证账务处理程序是根据原始凭证或汇总原始凭证编制记账凭证,定期根据记账凭证分类编制汇总收款凭证、汇总付款凭证和汇总转账凭证,再根据汇总记账凭证登记总分类账的一种账务处理程序。其特点是:定期根据记账凭证分类编制汇总收款凭证、汇总付款凭证和汇总转账凭证,再根据汇总记账凭证登记总分类账。在这一程序中,除设置收款凭证、付款凭证和转账凭证外,还应设置汇总收款凭证、汇总付款凭证和汇总转账凭证,账簿的设置与记账凭证账务处理程序基本相同。其一般程序是:

(1) 根据原始凭证编制汇总原始凭证。

(2) 根据原始凭证或汇总原始凭证,编制记账凭证。

(3) 根据收款凭证、付款凭证逐笔登记现金日记账和银行存款日记账。

(4) 根据原始凭证、汇总原始凭证和记账凭证,登记各种明细分类账。

(5) 根据各种记账凭证编制有关汇总记账凭证。

(6) 根据各种汇总记账凭证登记总分类账。

(7) 期末,现金日记账、银行存款日记账和明细分类账的余额同有关总分类账的余额核对相符。

(8) 期末,根据总分类账和明细分类账的记录,编制会计报表。

汇总记账凭证账务处理程序如图 8-2 所示。

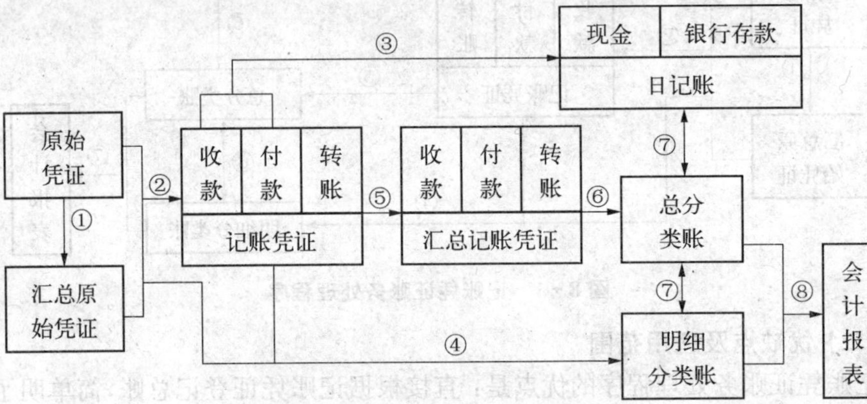

图 8-2 汇总凭证账务处理程序

汇总记账凭证,习惯上按转账凭证的贷方科目分别设置,根据转账凭证按其借方账户(对应账户)定期归类汇总。通常 5 天或 10 天汇总填列一次,每月编制一张。月末时,根据汇总转账凭证中的汇总合计数,分别过记到总分类账的应贷账户的贷方,以及各个应借账户的借方。由于通常是按转账凭证的贷方科目设置汇总转账凭证,因此,为了便于汇总,平时编制记账凭证时应编制一借一贷或多借一贷的转账凭证,而不宜编制一借多贷或多借多贷的转账凭证。

(二) 优缺点及适用范围

汇总记账凭证账务处理程序的优点是:减轻了登记总分类账的工作量,便于了解账户之间的对应关系。其缺点是:按每一贷方科目编制汇总转账凭证,不利于会计核算的日常分工,当转账凭证较多时,编制汇总转账凭证的工作量较大。特别是销售商品的会计分录,贷方科目一般至少都要涉及"主营业务收入"和"应交税费——应交增值税(销项税额)"这两个科目,采用汇总记账凭证账务处理程序则需要编制两笔会计分录,无疑增加了工作量。汇总记账凭证账务处理程序适用于规模较大、经济业务量较多的单位。

（三）汇总记账凭证账务处理程序举例

为节省篇幅，仅以编制库存现金、银行存款、应付账款汇总记账凭证和登记总分类账为例介绍如下。

【例 8－1】 某企业 20×1 年 3 月 31 日各账户的期末余额如表 8－1 所示。

表 8－1

账户期末余额

账户名称	借方余额	账户名称	贷方余额
库存现金	900	坏账准备	400
银行存款	133 000	累计折旧	180 000
应收账款	15 000	短期借款	150 000
其他应收款	500	应付账款	28 400
原材料	82 985	其他应付款	4 100
生产成本	27 000	应付职工薪酬	7 200
库存商品	81 000	应交税费	12 900
固定资产	726 015	实收资本	532 000
		资本公积	46 400
		盈余公积	20 000
		本年利润	35 000
		利润分配	50 000
合　计	1 066 400	合　计	1 066 400

根据该企业 20×1 年 4 月发生的经济业务事项编制的收、付款凭证和转账凭证如表 8－2 所示（以会计分录代替记账凭证）。

表 8－2

会计分录（代记账凭证）

2011 年		凭证字号		摘　要	借　方		贷　方	
月	日	字	号		账户名称	金　额	账户名称	金　额
4	1	转账	1	收到投资厂房一幢	固定资产	500 000	实收资本	500 000
	2	银收	1	从银行借入短期借款	银行借款	80 000	短期借款	80 000
	3	银付	1	购入小轿车一辆	固定资产	93 600	银行存款	93 600
	3	银付	2	购入需安装设备一台	在建工程	23 400	银行存款	23 400
	3	现付	1	支付需安装设备运杂费	在建工程	200	库存现金	200
	4	转账	2	安装设备耗用材料	在建工程	150	原材料	150

（续表）

2011年		凭证字号		摘　要	借　方		贷　方	
月	日	字	号		账户名称	金　额	账户名称	金　额
4	4	现付	2	付安装设备人员劳务费	在建工程	100	库存现金	100
	5	转账	3	安装设备交付使用	固定资产	23 850	在建工程	23 850
	6	转账	4	购入甲材料，款项未付	在途物资	43 200		
					应交税费——应交增值税(进项税额)	6 912	应付账款	50 544
	9	银付	3	支付材料采购费用	在途物资	800	银行存款	800
	9	现付	3	统计员王飞预借差旅费	其他应收款	240	库存现金	240
	10	现付	4	支付购入材料运杂费	在途物资	180	库存现金	180
	10	银付	4	支付材料采购款项	在途物资	10 900		
					应交税费——应交增值税(进项税额)	1 744	银行存款	12 753
	10	银付	5	支付前欠购材料款项	应付账款	50 544	银行存款	50 544
	12	转账	5	王飞报销差旅费	管理费用	220	其他应收款	220
	12	现收	1	王飞退回余款	库存现金	20	其他应收款	20
	13	转账	6	采购的材料验收入库	原材料	55 080	在途物资	55 080
	16	转账	7	生产产品领用材料	生产成本	42 900	原材料	42 900
	17	银付	6	付短期借款手续费	财务费用	100	银行存款	100
	17	银收	2	销售A产品一批	银行存款	52 650	主营业务收入	45 000
							应交税费——应交增值税(销项税额)	7 200
	19	银收	3	预收丙公司货款	银行存款	22 000	预收账款	22 000
	19	转账	8	赊销丁公司产品一批	应收账款	35 100	主营业务收入	30 000
							应交税费——应交增值税(销项税额)	4 800
	20	银收	4	收到丁公司货款	银行存款	35 100	应收账款	35 100
	20	转账	9	销售给丙公司产品一批	预收账款	21 060	主营业务收入	18 000
							应交税费——应交增值税(销项税额)	2 880
	20	银付	7	退回丙公司余款	预收账款	940	银行存款	940
	20	银付	8	支付广告费	销售费用	3 300	银行存款	3 300
	20	银付	9	交纳上月应交增值税	应交税费——未交增值税	12 900	银行存款	12 900
	23	银付	10	公益性捐赠支出	营业外支出	2 000	银行存款	2 000
	30	转账	10	计算本月生产工人工资	生产成本	19 600	应付职工薪酬	19 600

（续表）

2011年		凭证字号		摘要	借方		贷方	
月	日	字	号		账户名称	金额	账户名称	金额
4	30	银付	11	从银行提取现金	库存现金	19 600	银行存款	19 600
	30	现付	5	以现金发放工资	应付职工薪酬	19 600	库存现金	19 600
	30	银付	12	支付购办公用品费	管理费用	390	银行存款	390
	30	银付	13	支付邮电费	管理费用	200	银行存款	200
	30	银付	14	支付退休人员工资	管理费用	1 000	银行存款	1 000
		……	…	……	……	…	……	…

1. 编制汇总记账凭证

(1) 汇总收款凭证(见表8-3、表8-4)。

表8-3

汇总收款凭证

借方科目：库存现金　　　　20×1年4月　　　　编号：汇收1号

贷方科目	金额				过账	
	1日至10日 现收凭证 号至　号	11日至20日 现收凭证 号至　号	21日至30日 现收凭证 号至　号	合计	借方	贷方
其他应收款		20		20	√	√

会计主管　　　　记账　　　　审核　　　　填制

表8-4

汇总收款凭证

借方科目：银行存款　　　　20×1年4月　　　　编号：汇收2号

贷方科目	金额				过账	
	1日至10日 银收凭证 号至　号	11日至20日 银收凭证 号至　号	21日至30日 银收凭证 号至　号	合计	借方	贷方
短期借款	80 000			80 000	√	√
主营业务收入		45 000		45 000	√	√
应交税费		7 200		7 200	√	√
预收账款		22 000		22 000	√	√
应收账款		35 100		35 100	√	√

会计主管　　　　记账　　　　审核　　　　填制

（2）汇总付款凭证(见表8-5、表8-6)。

表8-5

汇总付款凭证

贷方科目：库存现金　　　　20×1年4月　　　　编号：汇付1号

借方科目	金额				过账	
	1日至10日 现付凭证 号至　号	11日至20日 现付凭证 号至　号	21日至30日 现付凭证 号至　号	合计	借方	贷方
在建工程	300			300	√	√
其他应收款	240			240	√	√
在途物资	180			180	√	√
应付职工薪酬			19 600	19 600	√	√

会计主管　　　　记账　　　　审核　　　　填制

表8-6

汇总付款凭证

贷方科目：银行存款　　　　20×1年4月　　　　编号：汇付2号

借方科目	金额				过账	
	1日至10日 银收凭证 号至　号	11日至20日 银收凭证 号至　号	21日至30日 银收凭证 号至　号	合计	借方	贷方
固定资产	93 600			93 600	√	√
在建工程	23 400			23 400	√	√
在途物资	10 900			11 700	√	√
应交税费——应交增值税（进项税额）	1 744			1 853	√	√
应付账款	50 544			50 544	√	√
财务费用		100		100	√	√
预收账款		940		940	√	√
销售费用		3 300		3 300	√	√
应交税费——未交增值税		12 900		12 900	√	√
营业外支出			2 000	2 000	√	√
库存现金			19 600	19 600	√	√
管理费用			1 590	1 590	√	√

会计主管　　　　记账　　　　审核　　　　填制

(3) 汇总转账凭证(见表8-7)。

表8-7

汇总转账凭证

贷方科目:应付账款　　　　20×1年4月　　　　编号:汇转4号

借方科目	金额				过账	
	1日至10日 转账凭证 共1张	11日至20日 转账凭证 共 张	21日至30日 转账凭证 共 张	合计	借方	贷方
在途物资	43 200			43 200	√	√
应交税费—— 应交增值税 (进项税额)	7 344			7 344	√	√

会计主管　　　　记账　　　　审核　　　　填制

2. 登记总分类账

采用汇总记账凭证账务处理程序,在定期编制汇总记账凭证后,就可以根据这些汇总记账凭证登记总分类账。总分类账的过账举例如表8-8、表8-9、表8-10所示。

表8-8

总分类账

账户名称:库存现金

20×1年		凭证字号	摘要	对应账户	借方	贷方	借/贷	余额
月	日							
4	1		月初余额				借	900
	30	汇收1号	(略)	其他应收款	20			
		汇付1号		在建工程		300		
				其他应收款		240		
				在途物资		180		
				应付职工薪酬		19 600		
		汇付2号		银行存款	19 600			
4	30		本月发生额及余额		19 620	30 320		200

表 8-9

总 分 类 账

账户名称：银行存款

20×1年		凭证字号	摘 要	对应账户	借 方	贷 方	借/贷	余 额
月	日							
4	1		月初余额				借	133 000
	30	汇收2号	（略）	短期借款	80 000			
				主营业务收入	45 000			
				应交税费——应交增值税（销项税额）	7 200			
				预收账款	22 000			
				应收账款	35 100			
	30	汇付2号		固定资产		93 600		
				在建工程		23 400		
				在途物资		10 900		
				应交税费——应交增值税（进项税额）		1 744		
				应付账款		50 544		
				财务费用		100		
				预收账款		940		
				销售费用		3 300		
				应交税费——未交增值税		12 900		
				营业外支出		2 000		
				库存现金		19 600		
				管理费用		1 500		
4	30		本月发生额及余额		189 750	221 527	借	101 223

表 8-10

总 分 类 账

账户名称：应付账款

20×1年		凭证字号	摘 要	对应账户	借 方	贷 方	借/贷	余 额
月	日							
4	1		月初余额				贷	28 400
	30	汇付2号	（略）	银行存款	50 544			
		汇转4号		在途物资		43 200		
				应交税费——应交增值税（进项税额）		6 912		
4	30		本月发生额及余额		50 544	50 544	贷	28 400

3. 编制财务会计报告

登记总账后，应编制“结账后试算平衡表”，并在此基础上再根据总分类账和明细分类账的记录编制财务会计报告。

三、科目汇总表账务处理程序

（一）基本内容

科目汇总表账务处理程序又称记账凭证汇总表账务处理程序，它是根据记账凭证定期编制科目汇总表，再根据科目汇总表登记总分类账的一种账务处理程序。科目汇总表是根据记账凭证汇总而成的。其特点是编制科目汇总表并据以登记总分类账。其记账凭证、账簿的设置与记账凭证账务处理程序基本相同。本教材第二模块进行的模拟实习就是采用的科目汇总表账务处理程序，科目汇总表的格式不再介绍（其账务处理程序也不再举例）。其一般程序是：

（1）根据原始凭证编制汇总原始凭证。

（2）根据原始凭证或汇总原始凭证，编制记账凭证。

（3）根据收款凭证、付款凭证逐笔登记现金日记账和银行存款日记账。

（4）根据原始凭证、汇总原始凭证和记账凭证，登记各种明细分类账。

（5）根据各种记账凭证编制科目汇总表。

（6）根据科目汇总表登记总分类账。

（7）期末，现金日记账、银行存款日记账和明细分类账的余额同有关总分类账的余额核对相符。

（8）期末，根据总分类账和明细分类账的记录，编制会计报表。

科目汇总表账务处理程序如图 8-3 所示。

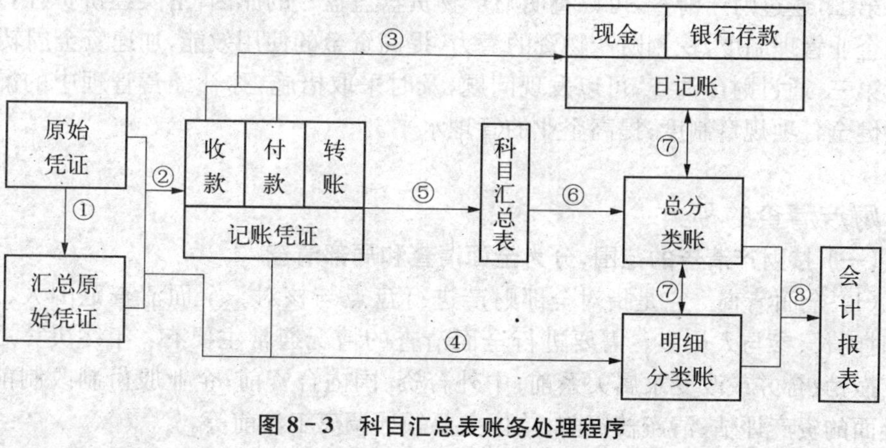

图 8-3　科目汇总表账务处理程序

(二) 优缺点及适用范围

科目汇总表账务处理程序的优点是：可以简化总分类账的登记工作，减轻了登记总分类账的工作量，并可做到试算平衡，简明易懂，方便易学。其缺点是：科目汇总表不能反映账户对应关系，不便于查对账目。科目汇总表账务处理程序通常适用于经济业务较多的单位。

第九章 财 产 清 查

第一节 财产清查的意义、种类和一般程序

一、*财产清查的意义*

财产清查是指通过对货币资金、实物资产和往来款项的盘点或核对，确定其实存数，查明账存数与实存数是否相符的一种专门方法。

造成账实不符的原因是多方面的，如财产物资保管过程中发生的自然损耗；财产收发过程中由于计量或检验不准，造成多收发或少收发从而引起账存数与实存数不符；由于管理不善、制度不严造成的财产损坏、丢失、被盗；在账簿记录中发生的重记、漏记、错记；由于有关凭证未到，形成未达账项，造成结算双方账实不符；发生意外灾害等。造成账实不符的原因不同，其会计处理也不同。

加强财产清查工作，对于加强企业管理、充分发挥会计的监督作用具有重要意义：

第一，通过财产清查，做到账实相符，保证会计信息的真实性、可靠性，保护各项财产的安全完整。

第二，通过财产清查，可以查明财产物资盘盈盘亏的原因，落实经济责任，从而完善企业管理制度，挖掘财产物资的潜力，提高资金的使用效能，加速资金周转。

第三，通过财产清查，可以发现问题，及时采取措施，弥补经营管理中的漏洞，建立健全各项规章制度，提高企业的管理水平。

二、*财产清查的种类*

(一) 按财产清查的范围，分为全面清查和局部清查

(1) 全面清查。它是指对全部财产进行盘点与核对。全面清查范围大、内容多、时间长、参与人员多。需要进行全面清查的情况通常主要有：年终决算之前；单位撤销、合并或改变隶属关系前；中外合资、国内合资前；企业股份制改制前；开展全面的资产评估、清产核资前；单位主要领导调离工作前等。

(2) 局部清查。它是指根据需要对部分财产物资进行盘点与核对。主要是对货币资金、存货等流动性较大的财产的清查。局部清查范围小、内容少、时间短、参与人员少,但专业性较强。局部清查一般包括下列清查内容:现金应每日清点一次,银行存款每月至少同银行核对一次,债权债务每年至少核对一至两次,各项存货应有计划、有重点地抽查,贵重物品每月清查一次等。

(二) 按财产清查的时间,分为定期清查和不定期清查

(1) 定期清查。它是指根据计划安排的时间对财产物资进行的清查。定期清查一般在期末进行,它可以是全面清查,也可以是局部清查。

(2) 不定期清查。它是指根据实际需要对财产物资所进行的临时性清查。不定期清查一般是局部清查,如改换财产物资保管人员进行的有关财产物资的清查、发生意外灾害等非常损失进行的损失情况的清查、有关部门进行的临时性检查等。

企业在编制年度财务会计报告前,应当全面清查财产、核实债务。各单位应当定期将会计账簿记录与实物、款项及有关资料相互核对,保证会计账簿记录与实物及款项的实有数额相符。

三、*财产清查的一般程序*

(1) 建立财产清查组织。

(2) 组织清查人员学习有关政策规定,掌握有关法律、法规和相关业务知识,以提高财产清查工作的质量。

(3) 确定清查对象、范围,明确清查任务。

(4) 制定清查方案,具体安排清查内容、时间、步骤、方法,以及必要的清查前准备。

(5) 清查时本着先清查数量、核对有关账簿记录等,后认定质量的原则进行。

(6) 根据盘存清单填制实物、往来账项清查结果报告表。

第二节　财产清查的方法

为了实施财产清查工作,应组成由会计部门牵头的清查小组,制定好清查计划,准备好计量器具和各项登记表格等。会计人员要做好账簿登记工作,做到账账相符、账证相符,财产物资保管部门要做好财产物资的入账工作,整理、排放好各项财产物资,准备接受清查。不同的财产物资,其清查方法也有所不同。

一、*货币资金的清查方法*

(一) 现金的清查

现金清查的主要方法是通过实地盘点的方法来确定库存现金的实存数,然后再与现金日记账的账面余额核对，确定账存与实存是否相符以及长余或短缺情况。

现金清查主要包括两种情况：一是由出纳人员每日清点库存现金实有数，并与现金日记账结余额相核对，这是出纳人员所做的经常性的现金清查工作。这种清查方法比较省时、省力，但只采用这种清查方法不够严密，容易出漏洞。因此，在实际工作中，除了由出纳人员对现金进行经常性清查以外，还应由清查小组对库存现金进行定期或不定期清查。清查时，出纳人员必须在场，现金由出纳人员经手盘点，清查人员从旁监督。同时，清查人员还应认真审核现金收付凭证和有关账簿，检查账务处理是否合理合法，账簿记录有无错误，以确定账存与实存是否相符，等等。

通过现金清查，既要检查账证是否客观、真实，是否符合各项有关规定，又要检查账实是否相符。现金清查结束后应填写"库存现金盘点报告表"（见表9-1），并据以调整现金日记账的账面记录。

表 9-1

库存现金盘点报告表

年　　月　　日

实存金额	账存金额	对比结果		备注
		溢余	短缺	

负责人签章：　　　　盘点人签章：　　　　出纳员签章：

（二）银行存款的清查

银行存款清查是通过与开户银行转来的对账单进行核对，来查明银行存款的实有数额。银行存款日记账与开户银行转来的对账单不一致的原因有两个方面：一是双方或一方记账有错误；二是存在未达账项。

清查时，要将企业的银行存款日记账与银行定期送来的对账单进行逐笔核对，以查明账实是否相符。如果在核对中发现属于企业方面的记账差错，经确定后企业应立即更正；属于银行方面的记账差错，则应通知银行更正。即使双方均无记账错误，企业的银行存款日记账余额与银行对账单余额也往往不一致，这种不一致一般是由于未达账项造成的。所谓未达账项，是指企业与银行之间，由于凭证传递上的时间差，一方已登记入账，而另一方因尚未接到凭证因而未登记入账的款项。具体来说，未达账项大致有下列四种情况：

（1）企业已收，银行未收。即企业已收款入账，银行尚未收款入账。

（2）企业已付，银行未付。即企业已付款入账，银行尚未付款入账。

（3）银行已收，企业未收。即银行已收款入账，企业尚未收款入账。

(4) 银行已付,企业未付。即银行已付款入账,企业尚未付款入账。

上述任何一种情况的发生,都会造成企业的银行存款日记账的余额与银行对账单的余额不相符。其中在(1)、(4)两种情况下,会使企业账面的存款余额大于银行对账单的余额;而在(2)、(3)两种情况下,又会使企业账面的存款余额小于银行对账单的余额。因此,在清查银行存款时,如出现未达账项,应通过编制银行存款余额调节表进行调整。调节表的编制方法一般是在企业与银行双方的账面余额基础上,各自加上对方已收而本单位未收的款项,减去对方已付而本单位未付的款项。经过调节后,双方的余额应相互一致。下面举例说明银行存款余额调节表的格式和编制方法。

【例 9-1】 20×1 年 6 月 30 日,企业银行存款日记账余额为 413 280 元,银行对账单余额为 418 900 元。经逐笔核对,双方记账均无差错,但发现有下列未达账项:

(1) 6 月 29 日,企业收到转账支票一张,计 46 800 元,企业已作存款收入入账,但银行尚未入账。

(2) 6 月 29 日,企业开出转账支票一张,计 70 200 元,用以支付供货单位账款,企业已作存款付出入账,但支票尚未到达银行,银行尚未入账。

(3) 6 月 30 日,银行计算应付给企业存款利息 800 元,银行已登记入账,作为企业存款的增加,而企业未收到收款通知,尚未入账。

(4) 6 月 30 日,银行代企业付水电费 18 580 元,银行已登记入账,作为企业存款的减少,而企业尚未收到付款通知,尚未入账。

根据以上未达账项,编制银行存款余额调节表如表 9-2 所示。

表 9-2

银行存款余额调节表

20×1 年 6 月 30 日　　单位:元

项　目	金　额	项　目	金　额
企业银行存款日记账余额	413 280	银行对账单余额	418 900
加:银行已收,企业未收		加:企业已收,银行未收	
(3) 银行存款利息	800	(1) 企业收到转账支票	46 800
减:银行已付,企业未付		减:企业已付,银行未付	
(4) 银行代付水电费	18 580	(2) 企业开出转账支票	70 200
调节后存款余额	395 500	调节后存款余额	395 500

银行存款余额调节表的编制方法,是双方在账面余额的基础上各自补记对方已记账、本单位未记账的金额(包括增加金额和减少金额),经过调节以后的双方账面余额应该相等,说明双方记账均无错误。根据双方账面余额和未达账项调节后的余额,是企业实际可使用的存款数额。

需要说明的是，银行存款双方余额调节相符后，对未达账项一般暂不作账务处理，对银行已入账而企业未入账的各项经济业务，不能根据银行存款余额调节表来编制会计分录，作为记账依据，而必须在收到银行转来的有关原始凭证后方可入账。因此说，银行存款余额调节表只是为核对银行存款余额而编制的一个工作底稿，不能作为实际记账的凭证。它只是及时查明本企业和银行双方账目记载有无差错的一种清查方法。对长期存在的未达账项，应查明原因及时处理。

二、实物的清查方法

由于实物的形态、体积、重量、码放方式等不同，采用的清查方法也不同。主要有以下两种：

(1) 实地盘点法。它是指在财产物资存放现场逐一清点数量或用计量仪器确定其实存数的一种方法。此方法数字准确可靠，但工作量较大。

(2) 技术推算法。它是指利用技术方法推算财产物资实存数的方法。适用于煤炭、砂石等大宗物资的清查。此方法盘点数字不够准确，但工作量较小。

对各项财产物资的盘点结果，应逐一填制盘存单，并同账面余额记录核对，确认盘盈盘亏数，填制实存账存对比表，作为调整账面记录的原始凭证。盘存单及实存账存对比表的格式参见表9-3、表9-4。

表9-3

盘 存 单

单位名称：　　　　　　　　　　存放地点：

财产类别：　　　　　　　　　　盘点时间：　　　　　　　　编号：

序 号	名 称	规 格	计量单位	盘点数量	单 价	金 额	备 注

盘点人签章：　　　　　　　　　　保管人签章：

表9-4

实存账存对比表

单位名称：　　　　　　　　年　　月　　日

序号	名称	规格	计量单位	单价	实存		账存		盘盈		盘亏		备注
					数量	金额	数量	金额	数量	金额	数量	金额	

盘点人签章：　　　　　　　　　　会计签章：

三、往来款项的清查方法

往来款项主要包括应收款、应付款、暂收款等款项。往来款项的清查一般采用发函询证的方法进行核对。具体步骤为：

（1）将本单位的往来账款核对清楚，确认总分类账与明细分类账的余额相等，各明细分类账的余额相符。

（2）在保证往来账户记录完整正确的基础上，编制“往来款项对账单”，寄往各有关往来单位。“往来款项对账单”的格式一般为一式两联，其中一联作为回单，对方单位核对后退回，盖章表示核对相符，如不相符由对方单位另外说明。其格式如表 9－5 所示。

函　证　信

××单位：

本公司与贵单位的业务往来款项有下列各项目，为了清兑账目，特函请查证，是否相符，请在回执联中注明后盖章寄回。此致敬礼。

表 9－5

往来款项对账单

单位：________	地址：________	编号：________	
会计科目名称	截止日期	经济业务摘要	账面余额

（3）收到上述回单后，应据此编制“往来款项清查表”（见表 9－6），注明核对相符与不相符的款项，对不符的款项按有争议、未达账项、无法收回等情况归类合并，针对具体情况及时采取措施予以解决。

表 9－6

往来款项清查表

总分类账户名称：　　　　　20×1 年×月×日

明细分类账户		清　查　结　果		核对不符原因分析			备注
名称	账面余额	核对相符金额	核对不符金额	未达账项金额	有争议款项金额	其他	

第三节　财产清查结果的处理

一、财产清查结果处理的要求

对财产清查的结果，应以国家的有关法规、制度为依据，严肃认真处理。

(一) 分析产生差异的原因和性质,提出处理建议

对于财产清查所发现的盘盈、盘亏,应及时查明原因,明确经济责任,并依据有关规定进行处理。对于一些合理的物资损耗等,只要在规定的损耗标准和范围内,会计人员可按照规定及时作出处理;对于超出规定职权范围,会计人员无权自行处理,应及时报请单位负责人作出处理。一般来说,个人造成的损失,应由个人赔偿;因管理不善原因造成的损失,应作为企业管理费用入账;因自然灾害造成的非常损失,列入企业的营业外支出。

(二) 积极处理多余积压财产,清理往来款项

对于财产清查中发现的多余、积压物资,应分别不同情况处理,属于盲目采购或者盲目生产等原因造成的积压,一方面积极利用或者改造出售;另一方面要停止采购或生产。

(三) 总结经验教训,建立健全各项管理制度

财产清查后,要针对存在的问题和不足,总结经验教训,采取必要的措施,建立健全财产管理制度,进一步提高财产管理水平。

(四) 及时调整账簿记录,保证账实相符

对于财产清查中发现的盘盈或盘亏,应及时调整账面记录,以保证账实相符。要根据清查中取得的原始凭证编制记账凭证,登记有关账簿,使各种财产物资的账存数与实存数相一致,同时反映待处理财产损溢的发生。

二、*财产清查结果处理的步骤*

为了记录、反映财产的盘盈、盘亏和毁损情况,应设置“待处理财产损溢”科目。“待处理财产损溢”科目是资产类科目,用来核算企业在清查财产过程中查明的各种财产物资的盘盈、盘亏和毁损。在该科目下应设置“待处理非流动资产损溢”和“待处理流动资产损溢”两个明细科目,分别核算固定资产和流动资产的待处理的损溢。“待处理财产损溢”账户的基本结构如表 9-7 所示。

表 9-7

待处理财产损溢

待处理财产盘亏数; 根据批准的处理意见结转待处理财产盘盈数(不含固定资产盘盈)。	待处理财产盘盈数(不含固定资产盘盈); 根据批准的处理意见结转待处理财产盘亏数。

(一) 审批之前的处理

对于财产清查中发现的盘盈、盘亏,在报经有关领导审批之前,应基于客观性原则，根据“清查结果报告表”“盘点报告表”等已经查实的数据资料，编制记账凭证，记入有关账簿，使账簿记录与实际盘存数相符（以下简称“调账”），同时根据企业的管理权限，将处理建议报股东大会或董事会，或经理（厂长）会议或类似机构批准。

（二）审批之后的处理

经批准后根据差异发生的原因和批准处理意见，将处理结果编制会计分录，并据以登记有关账簿，进行差异处理，调整账项。

1. 财产盘盈的账务处理

企业盘盈的各种材料、库存商品等流动资产，应借记“原材料”“库存商品”等科目，贷记“待处理财产损溢”科目。盘盈的流动资产，报经批准后处理时，借记“待处理财产损溢”科目，贷记“管理费用”等科目（对于固定资产盘盈，新《企业会计准则——应用指南》附录对其账务处理的规定与以前的相关规定有所变化，见下面的[例 9－7]）。

说明：运用“原理＋准则”的学习方法，可以避免死记硬背上述相关账务处理规定。我们可按以下思路进行分析，从而编制会计分录。

【例 9－2】 某企业在财产清查中，盘盈某种原材料一批，价值 8 000 元。

编制会计分录的分析思路：

（1）在报经批准前，根据“账存实存对比表”确定的原材料盘盈数：

① 盘盈的某种原材料一批，价值 8 000 元，应该调整账面记录，使账簿记录与实际数相符（即“调账”）。因而，要借记“原材料”科目 8 000 元；

② 盘盈的原材料在报经批准前，属于企业的待处理财产损溢，根据“有借必有贷，借贷必相等”的记账规则，倒挤“待处理财产损溢”科目的记账方向和金额，因而，要贷记“待处理财产损溢”科目 8 000 元。

所以，应编制如下会计分录：

借：原材料　　8 000……① 调账

　贷：待处理财产损溢——待处理流动资产损溢　　8 000……② 倒挤

（2）在报经批准后，根据批准的处理意见，转销材料盘盈的会计分录：

① 既然是对待处理财产损溢进行处理，就应结平“待处理财产损溢”科目，因而，要借记“待处理财产损溢”科目 8 000 元；

② 根据“有借必有贷，借贷必相等”的记账规则和准则规定，倒挤“管理费用”科目的记账方向和金额（本例，根据批准的处理意见，按照准则规定，冲减管理费用）。

所以，应编制如下会计分录：

借：待处理财产损溢——待处理流动资产损溢　　8 000……① 结平
　贷：管理费用　　8 000……② 倒挤

【例 9-3】 企业在财产清查中，发现现金溢余 420 元，无法查明溢余原因。

（1）在报经批准前，根据“现金盘点报告表”确定的现金盘盈数，编制如下会计分录（编制会计分录的分析思路同上例）：

借：库存现金　　420……① 调账
　贷：待处理财产损溢——待处理流动资产损溢　　420……② 倒挤

（2）在报经批准后，根据批准的处理意见，转销现金盘盈的如下会计分录：

借：待处理财产损溢——待处理流动资产损溢　　420……① 结平
　贷：营业外收入（使用的科目参见并对比[例 9-6]）　　420……② 倒挤

2. 财产盘亏的账务处理

企业盘亏的各种材料、库存商品、固定资产等，应借记“待处理财产损溢”科目、“累计折旧”科目，贷记“原材料”“库存商品”“固定资产”科目。盘亏财产报经批准后处理时：对于流动资产的盘亏，应当先将其残料价值、可以收回的保险赔偿和过失人赔偿，借记“原材料”“其他应收款”等科目；剩余净损失中，属于非常损失部分，借记“营业外支出”科目，贷记“待处理财产损溢”科目；属于一般经营损失部分，借记“管理费用”科目，贷记“待处理财产损溢”科目。对于固定资产的盘亏，借记“营业外支出”科目，贷记“待处理财产损溢”科目。

说明：与财产盘盈的账务处理一样，运用“原理＋准则”的学习方法，可以避免死记硬背上述相关账务处理规定。我们可按与以上类似的思路进行分析，从而编制会计分录。

【例 9-4】 某企业在财产清查中，发现短缺设备一台，账面原价 80 000 元，已提折旧 50 000 元。

编制会计分录的分析思路：

（1）在报经批准前，根据“账存实存对比表”确定的固定资产盘亏数：

① 由于设备短缺，固定资产需要调账：一方面，“固定资产”科目要减少 80 000 元（原价），即：应贷记“固定资产”科目 80 000 元；另一方面，在“累计折旧”科目记录的该项固定资产的累计折旧的金额也应不再在账上继续反映（可通俗地理解为“皮之不存，毛将焉附”），所以，“累计折旧”科目要减少 50 000 元，以使账实相符，因而，应借记“累计折旧”科目 50 000 元；

② 根据“有借必有贷，借贷必相等”的记账规则，倒挤“待处理财产损溢”科目的记账方向和金额。因而，要借记“待处理财产损溢”科目 30 000 元。

所以，应编制如下会计分录：

借：待处理财产损溢——待处理非流动资产损溢　　30 000……② 倒挤
　　累计折旧　　50 000……① 调账
　贷：固定资产　　80 000……① 调账

（2）在报经批准后，根据批准的处理意见，转销非流产资产盘亏的如下会计分录：

借：营业外支出（记账方向倒挤、科目“对号入座”）　　30 000……② 倒挤
　贷：待处理财产损溢——待处理非流动资产损溢　　30 000……① 结平

注：此处的“对号入座”，指根据会计科目的用途，正确选择使用恰当的会计科目，下同。

【例 9-5】 某企业在财产清查中，盘亏材料 50 000 元，其中 35 000 元属于非常损失（会计基础层次暂不考虑增值税因素），15 000 元属于自然损耗。

（1）在报经批准前，根据“账存实存对比表”确定的材料盘亏数，编制如下会计分录：

借：待处理财产损溢——待处理流动资产损溢　　50 000……② 倒挤
　贷：原材料　　50 000……① 调账

（2）在报经批准后，根据批准的处理意见，转销材料盘亏的如下会计分录：

借：管理费用（记账方向倒挤、科目为准则规定）　　15 000……② 倒挤
　　营业外支出（记账方向倒挤、科目“对号入座”）　　35 000……② 倒挤
　贷：待处理财产损溢——待处理流动资产损溢　　50 000……① 结平

【例 9-6】 某企业在财产清查中，盘亏现金 900 元，其中 500 元应由出纳人员赔偿，另外 400 元无法查明原因。

（1）在报经批准前，根据“现金盘点报告表”确定的现金盘亏数，编制如下会计分录：

借：待处理财产损溢——待处理流动资产损溢　　900……② 倒挤
　贷：库存现金　　900……① 调账

（2）在报经批准后，根据批准的处理意见，转销现金盘亏的如下会计分录：

借：其他应收款（记账方向倒挤、科目为“对号入座”）　　500……② 倒挤
　　管理费用（记账方向倒挤、科目为准则规定）　　400……② 倒挤
　贷：待处理财产损溢——待处理流动资产损溢　　900……① 结平

注：本例中，无法查明原因的盘亏现金 400 元，按准则规定，报经批准后借记“管理费用”科目，这是因为无法查明原因的现金盘亏一般情况下反映了企业在管理上存在问题，因而准则规定增加当期管理费用；而[例 9-3]无法查明原因的现金盘盈则不能说是企业管理上的“成绩”，不能“提倡”，从企业管理的导向来说，只能作为企业发生的与日常活动无直接关系的一项利得

处理，即：记入"营业外收入"科目。

【例9-7】 某企业在财产清查中，发现账外设备一台（无法查明盘盈的原因），重置成本为30 000元（该企业适用的所得税税率为25%；按净利润的10%计提法定盈余公积）。

按新准则规定，该企业应作如下会计分录：

(1) 盘盈固定资产时：

借：固定资产　　30 000……① 见注
　贷：以前年度损益调整　　30 000……② 倒挤

注：借记"固定资产"科目，是根据"原理"，调账；金额的确定，根据"准则"规定，按重置成本计量。

新准则的这一规定，更加体现了"实质重于形式"的会计信息质量要求。这是因为，一般来说，固定资产盘盈通常是"历史原因"造成的（如果导致固定资产盘盈的时间是在当年，一般都能查明原因，可根据查明的具体原因进行相应的账务处理，比如当年购入的固定资产没有入账，补记账即可），因此，该盘盈的固定资产不能作为今年的利得从而增加今年的利润，而应作为前期差错进行处理，即应作为以前年度的利得从而增加以前年度的收益，所以应该调整以前年度的损益，在会计科目表中"对号入座"，应使用"以前年度损益调整"科目；因为该盘盈的固定资产应增加以前年度的收益，所以应贷记"以前年度损益调整"科目（或：根据"倒挤"的方法，应贷记"以前年度损益调整"科目）。

(2) 按照税法规定，增加的以前年度的收益应该纳税；按照有关规定，还应补提法定盈余公积。

① 确定应交纳的所得税时：

借：以前年度损益调整　　7 500……② 倒挤（可理解为：减少了以前年度收益）
　贷：应交税费——应交所得税　　7 500……① 调账（税法规定应纳税）

② 补提法定盈余公积、结转为留存收益时：

借：以前年度损益调整　　22 500……① 结平该损益类科目（"原理"）
　贷：盈余公积——法定盈余公积　　2 250……②
　　　利润分配——未分配利润　　20 250……③ 倒挤

注：② 留存收益22 500元的10%；

③ 倒挤数。理论上讲，该金额应为留存收益22 500元的90%，倒挤可避免因四舍五入可能导致的尾差。

本例中还涉及"会计要素的计量"。会计计量是为了将符合确认条件的会计要素登记入账并列报于财务报表而确定其金额的过程。企业在将符合确认条件的会计要素登记入账并列报于会计报表及其附注(又称财务报表)时,应当按照规定的会计计量属性进行计量,确定其金额。计量属性是指所予计量的某一要素的特性方面,如桌子的长度、铁矿的重量、楼房的高度等。从会计角度,计量属性反映的是会计要素金额的确定基础,主要包括历史成本、重置成本、可变现净值、现值和公允价值等。至[例 9-7]之前,我们基本上都采用的是历史成本计量。历史成本又称实际成本,就是取得或制造某项财产物资时所实际支付的现金或者其他等价物。在历史成本计量下,资产按照其购置时支付的现金或者现金等价物的金额,或者按照购置资产时所付出的对价的公允价值计量。负债按照其因承担现时义务而实际收到的款项或者资产的金额,或者承担现时义务的合同金额,或者按照日常活动中为偿还负债预期需要支付的现金或者现金等价物的金额计量。本例盘盈的账外设备采用的是重置成本计量。重置成本又称现行成本,是指按照当前市场条件,重新取得同样一项资产所需支付的现金或现金等价物的金额。在重置成本计量下,资产按照现在购买相同或者相似资产所需支付的现金或者现金等价物的金额计量。负债按照现在偿付该项债务所需支付的现金或者现金等价物的金额计量。在本课程的后续课程《中级会计实务》中,还将学习可变现净值、现值和公允价值等计量属性。《企业会计准则——基本准则》规定,企业在对会计要素进行计量时,一般应当采用历史成本,采用重置成本、可变现净值、现值、公允价值计量的,应当保证所确定的会计要素金额能够取得并可靠计量。

第十章　财务报告

第一节　财务报告概述

一、财务报告的概念

财务报告又称财务会计报告,是指企业对外提供的反映企业某一特定日期财务状况和某一会计期间经营成果、现金流量等会计信息的文件。财务报告包括财务报表和其他应当在财务报告中披露的相关信息和资料。它是企业根据日常的会计核算资料归集、加工和汇总后形成的,是企业会计核算的最终成果。

在日常的会计核算中,企业通过填制和审核会计凭证,登记会计账簿,把各项经济业务完整、连续、分类地登记在会计账簿中,虽然比会计凭证反映的信息更加条理化、系统化,但就某一会计期间的经济活动的整体而言,其所能提供的仍是分散的、部分的信息,不能通过其内在联系,集中揭示和反映该会计期间经营活动和财务收支的全貌。因此,每个会计期末,必须根据账簿上记录的资料,按照规定的报表格式、内容和编制方法，作进一步的归集、加工和汇总，编制成相应的财务报表，全面、综合地反映企业的财务状况、经营成果和现金流量情况，为有关各方提供全面的信息。

二、财务报告的目标

财务报告的目标，就是为财务会计报告使用者提供与企业财务状况、经营成果和现金流量等有关的会计信息，反映企业管理层受托责任履行情况，有助于财务报告使用者作出经济决策。

财务报告使用者通常包括投资者、债权人、政府及相关机构、企业管理人员、职工和社会公众等。不同的财务会计报告使用者对财务会计报告所提供信息的要求各有侧重。

股东（投资者）主要关注投资的内在风险和投资报酬。

债权人主要关注的是其所提供给企业的资金是否安全，自己的债权是否能够按期如数收回。

政府及相关机构最关注的是国家资源的分配和运用情况，需要了解与经济政策（如税收政策）的制定、国民收入的统计等有关方面的信息。

企业管理人员最关注的是企业财务状况的好坏、经营业绩的优劣以及现金的流动情况。

企业职工最关注的是企业为其所提供的就业机会及其稳定性、劳动报酬高低和职工福利好坏等方面的资料，而上述情况又与企业的资本结构及其盈利能力等情况密切相关。

社会公众主要关注企业的兴衰及其发展情况。

三、财务报告的构成

企业财务报告分为年度和中期财务报告。中期财务报告是指以中期为基础编制的财务报告，中期是指短于一个完整的会计年度的报告期间，如半年度、季度和月度。半年度、季度和月度财务会计报告统称为中期财务会计报告。

月报要求简明扼要，及时反映；年报要求揭示完整，反映全面；而季报和半年报在会计信息的详细程度方面，则介于两者之间。

财务报告包括会计报表及其附注和其他应当在财务会计报告中披露的相关信息和资料。一套完整的财务报告至少应包括“四表一注”，即资产负债表、利润表、现金流量表、所有者权益变动表以及附注。中期财务报告至少应当包括资产负债表、利润表、现金流量表和附注。另外，我国《小企业会计准则》规定，小企业的年度财务会计报告包括资产负债表、利润表和会计报表附注，小企业可以根据需要选择是否编制现金流量表。

会计报表是财务报告的主要组成部分，它们分别从不同的角度反映了企业的财务状况、经营成果和现金流量情况。其中，资产负债表是反映企业某特定日期财务状况的报表；利润表是反映企业在一定期间经营成果及其分配情况的报表；现金流量表是反映企业在一定期间内现金及现金等价物流入和流出情况的报表。这三张报表从动态和静态的角度来看，资产负债表反映的是企业一定时点上关于财务状况的静态信息，是一种静态报表；而利润表和现金流量表则反映的是企业在一定期间关于经营成果的动态信息，是一种动态报表。这三张报表反映了企业财务和经营状况的核心信息，构成了企业对外报送的三大基本会计报表。

各期间财务报告编制的时间要求：

(1) 月度财务报告。在每月终了时编制，应于月份终了后 6 日内报出。

(2) 季度财务报告。在每季度终了时编制，应于季度终了后的 15 日内报出。

(3) 半年度财务报告。在每半年度终了时编制，应于年度中期结束后 60 天内报出。

(4) 年度财务报告。在每年度终了时编制，应于年度终了后 4 个月内对外提供。

我国《财务会计报告条例》规定，年度结账日为公历年度每年的 12 月 31 日；半年度、季度、月度结账日分别为公历年度每半年、每季、每月的最后一天。

四、会计报表的编制要求

为了使财务会计报告能够最大限度地满足各有关方面的需要，实现编制财务会计报告的基本目的，充分发挥财务会计报告的作用。企业编制财务会计报告，应当根据真实的交易或事项以及完整、准确的账簿记录等资料，严格遵循国家会计制度规定的编制基础、编制依据、编制原则和编制方法。其编制的财务会计报告应当真实可靠、相关可比、全面完整、编报及时、便于理解，符合国家统一的会计制度和会计准则的有关规定。其基本要求如下：

(1) 真实可靠。会计报表各项目的数据必须建立在真实可靠的基础之上，使企业会计报表能够如实地反映企业的财务状况、经营成果和现金流动情况。因此，会计报表必须根据核实无误的账簿及相关资料编制，不得以任何方式弄虚作假。如果会计报表所提供的资料不真实或者可靠性很差，则不仅不能发挥会计报表的应有作用，而且还会由于错误的信息，导致会计报表使用者对企业的财务状况、经营成果和现金流动情况作出错误的评价与判断，致使报表使用者作出错误的决策。企业会计准则规定，会计核算应当以实际发生的交易或事项为依据，如实反映企业的财务状况、经营成果和现金流量。

(2) 相关可比。企业会计报表所提供的财务会计信息必须与报表使用者的决策需要相关，满足报表使用者的需要，并且会计报表各项目的数据应当口径一致、相互可比，便于报表使用者在不同企业之间及同一企业前后各期之间进行比较。只有提供相关且可比的信息，才能使报表使用者分析企业在整个社会特别是同行业中的地位，了解、判断企业过去、现在的情况，预测企业未来的发展趋势，进而为报表使用者的决策服务。

(3) 全面完整。企业会计报表应当全面地披露企业的财务状况、经营成果和现金流量情况，完整地反映企业财务活动的过程和结果，以满足各有关方面对财务会计信息资料的需要。为了保证会计报表的全面完整，企业在编制会计报表时，应当按照企业会计准则规定的格式和内容填报。特别是对某些重要事项，应当按照要求在会计报表附注中进行说明，不得漏编漏报。

(4) 编报及时。企业会计报表所提供的信息资料，具有很强的时效性。只有及时编制和报送会计报表，才能为使用者提供决策所需的信息资料。否则，即使会计报表的编制非常真实可靠、全面完整且具有可比性，但由于编报不及时，也可能失去其应有的价值，成为相关性较低甚至不相关的信息。随着市场经济和信息技术的迅速发展，会计报表的及时性要求将变得日益重要。

(5) 便于理解。可理解性是指会计报表提供的信息可以为使用者所理解。企业对外提供的会计报表是为广大会计报表使用者提供企业过去、现在和未来的有关资料，为企业目前或潜在的投资者和债权人提供决策所需的会计信息，因此，编制的会计报表应当清晰明了，便于理解和利用。如果提供的会计报表晦涩难懂，不可理解，使用者就不能据以作出准确的判断，所提供的会计报表的作用也会大大减少，当然，会计报表的这一要求是建立在会计报表使用者具有一定的会计报表阅读能力的基础上。

我国《企业财务会计报告条例》规定，企业对外提供的财务会计报告应当依次编定页数，加具封面，装订成册，加盖公章。封面上应当注明：企业名称、企业统一代码、组织形式、地址、报表所属年度或者月份、报出日期，并由企业负责人和主管会计工作的负责人、会计机构负责人(会计主管人员)签名并盖章；设置总会计师的企业，还应当由总会计师签名并盖章。

五、财务报告编制前的准备工作

(一) 全面财产清查

企业在编制年度财务会计报告前，应当按照下列规定，全面清查资产、核实债务：

(1) 结算款项，包括应收款项、应付款项、应交税费等是否存在，与债务、债权单位的相应债务、债权金额是否一致。

(2) 原材料、在产品、自制半成品、库存商品等各项存货的实存数量与账面数量是否一致,是否有报废损失和积压物资等。

(3) 各项投资是否存在,投资收益是否按照国家统一的会计制度规定进行确认和计量。

(4) 房屋建筑物、机器设备、运输工具等各项固定资产的实存数量与账面数量是否一致。

(5) 在建工程的实际发生额与账面记录是否一致。

(6) 需要清查、核实的其他内容。

企业通过前款规定的清查、核实,查明财产物资的实有数量与账面数量是否一致、各项结算款项的拖欠情况及其原因、材料物资的实际储备情况、各项投资是否达到预期目的、固定资产的使用情况及其完好程度等。企业清查、核实后,应当将清查、核实的结果及其处理办法向企业的董事会或者相应机构报告,并根据国家统一的会计制度的规定进行相应的会计处理。企业还应当在年度中间根据具体情况,对各项财产物资和结算款项进行重点抽查、轮流清查或者定期清查。

(二) 检查会计事项的处理结果

企业在编制财务报告前,除应当全面清查资产、核实债务外,还应当完成下列工作:

(1) 核对各会计账簿记录与会计凭证的内容、金额等是否一致,记账方向是否相符。

(2) 依照规定的结账日进行结账,结出有关会计账簿的余额和发生额,并核对各会计账簿之间的余额。

(3) 检查相关的会计核算是否按照国家统一的会计制度的规定进行。

(4) 对于国家统一的会计制度没有规定统一核算方法的交易或事项,检查其是否按照会计核算的一般原则进行确认和计量以及相关账务处理是否合理。

(5) 检查是否存在因会计差错、会计政策变更等原因需要调整前期或者本期相关项目。

企业编制年度和半年度财务报告时,对经查实后的资产、负债有变动的,应当按照资产、负债的确认和计量标准进行确认和计量,并按照国家统一的会计制度的规定进行相应的会计处理。

第二节 资产负债表

一、资产负债表的概念和意义

(一) 资产负债表的概念

资产负债表是指反映企业某一特定日期(如月末、季末、年末等)财务状况的会计报表。它是根据“资产＝负债＋所有者权益”这一会计等式，依照一定的分类标准和顺序，将企业在一定日期的全部资产、负债和所有者权益项目进行适当分类、汇总、排列后编制而成的。资产负债表是企业基本会计报表之一，是所有独立核算的企业单位都必须对外报送的会计报表。

资产负债表的内容主要反映以下三个方面：

(1) 资产。资产负债表中的资产反映由过去交易或事项形成并由企业在某一特定日期所拥有或控制的、预期会给企业带来经济利益的资源。资产一般按照流动资产、非流动资产分类并进一步分项列示。

流动资产是指可以在一年或者超过一年的一个营业周期内变现或耗用的资产。流动资产项目通常包括：货币资金、交易性金融资产、应收票据、应收账款、应收利息、应收股利、其他应收款、预付账款、存货、一年内到期的非流动资产等。

非流动资产是指流动资产以外的资产。非流动资产项目通常包括：可供出售金融资产、持有至到期投资、长期应收款、长期股权投资、投资性房地产、固定资产、在建工程、工程物资、固定资产清理、生产性生物资产、无形资产、开发支出、商誉、长期待摊费用、递延所得税资产及其他非流动资产等。

(2) 负债。资产负债表中的负债反映企业在某一特定日期企业所承担的、预期会导致经济利益流出企业的现时义务。负债一般分为流动负债和非流动负债。

流动负债是指将在一年(含一年)或者超过一年的一个营业周期内偿还的债务。流动负债项目包括：短期借款、交易性金融负债、应付票据、应付账款、预收账款、应付职工薪酬、应交税费、应付利息、应付股利、其他应付款、一年内到期的非流动负债以及其他流动负债等。

非流动负债是指偿还期在一年或者超过一年的一个营业周期以上的负债。非流动负债项目包括：长期借款、应付债券、长期应付款、专项应付款、预计负债、递延所得税负债和其他非流动负债等。

(3) 所有者权益。在股份有限公司，所有者权益也称为股东权益。资产负债表中的所有者权益反映企业在某一特定日期股东(投资者)拥有的净资产的总额，它一般按照实收资本(或股本)、资本公积、盈余公积和未分配利润分项列示。

(二) 资产负债表的意义

资产负债表可以反映企业资产、负债和所有者权益的全貌。通过编制资产负债表，可以反映企业资产的构成及其状况，分析企业在某一日期所拥有的经济资源及其分布情况；可以反映企业某一日期的负债总额及其结构，分析企业目前与未来需要支付的债务数额；可以反映企业所有者权益的情况，了解企业现有的投资者在企业资产总额中所占的份额。通过对资产负债表项目金额及其相关比率的分析，可以帮助报表使用者全面了解企业的资产状况、盈利能力，分析企业的债务偿还能力，从而为未来的经济决策提供信息。例如，通过资产负债表可以计算流动比率、速动比率，以了解企业的短期偿债能力；又如，通过资产负债表可以计算资产负债率，以了解企业偿付到期长期债务的能力。

二、资产负债表的格式

资产负债表由表头、表身和表尾等部分组成。表头部分应列明报表名称、编表单位名称、编制日期和金额计量单位；表身部分反映资产、负债和所有者权益的内容；表尾部分为补充说明。其中，表身部分是资产负债表的主体和核心。

资产负债表的格式主要有账户式和报告式两种。我国企业的资产负债表采用账户式结构。

账户式资产负债表分左右两方，左方为资产项目，按资产的流动性大小排列：流动性大的资产如“货币资金”“交易性金融资产”“应收票据”等排在前面，流动性小的资产如“可供出售金融资产”“持有至到期投资”“固定资产”“无形资产”等则排在后面；右方为负债和所有者权益项目，一般按求偿权先后顺序排列：“短期借款”“交易性金融负债”“应付票据”“应付职工薪酬”等需要在一年以内或者长于一年的一个营业周期内偿还的流动负债排在前面，“长期借款”“应付债券”等在一年以上或者长于一年的一个营业周期以上才需偿还的非流动负债排在中间，在企业清算之前不需要偿还的所有者权益项目排在后面。

账户式资产负债表中的资产各项目的合计等于负债和所有者权益各项目的合计，即资产负债表左方和右方平衡。因此，通过账户式资产负债表，可以反映资产、负债、所有者权益之间的内在关系，即“资产＝负债＋所有者权益”。资产负债表的基本格式如表 10－1 所示。

表 10－1

资产负债表

会企 01 表

编制单位：　　　　＿＿年＿＿月＿＿日　　　　单位：元

资　产	期末余额	年初余额	负债和所有者权益（或股东权益）	期末余额	年初余额
流动资产：			流动负债：		
货币资金			短期借款		
以公允价值计量且其变动计入当期损益的金融资产			以公允价值计量且其变动计入当期损益的金融负债		
应收票据			应付票据		
应收账款			应付账款		

（续表）

资　产	期末余额	年初余额	负债和所有者权益（或股东权益）	期末余额	年初余额
预付款项			预收款项		
应收利息			应付职工薪酬		
应收股利			应交税费		
其他应收款			应付利息		
存货			应付股利		
持有待售资产			其他应付款		
一年内到期的非流动资产			持有待售负债		
其他流动资产			一年内到期的非流动负债		
流动资产合计			其他流动负债		
非流动资产：			流动负债合计		
以摊余成本计量的金融资产			非流动负债：		
以公允价值计量且其变动计入其他综合收益的金融资产			长期借款		
长期应收款			应付债券		
长期股权投资			长期应付款		
投资性房地产			专项应付款		
固定资产			预计负债		
在建工程			递延收益		
工程物资			递延所得税负债		
固定资产清理			其他非流动负债		
生产性生物资产			非流动负债合计		
油气资产			负债合计		
无形资产			所有者权益（或股东权益）：		
开发支出			实收资本（或股本）		
商誉			资本公积		
长期待摊费用			减：库存股		
递延所得税资产			其他综合收益		
其他非流动资产			盈余公积		
非流动资产合计			未分配利润		
			所有者权益（或股东权益）合计		
资产总计			负债和所有者权益（或股东权益）总计		

三、资产负债表的编制方法

（一）资产负债表的资料来源

通常，资产负债表的各项目均需填列“年初余额”和“期末余额”两栏。其中：

资产负债表的“年初余额”栏内各项目数字，应根据上年末资产负债表的“期末余额”栏内所列数字填列。如果本年度资产负债表规定的各个项目的名称和内容与上年度不相一致，则应对上年年末资产负债表各项目的名称和数字按照本年度的规定进行调整，按调整后的名称和数字填入本表“年初余额”栏内。

资产负债表的“期末余额”栏则根据会计报表的编报时间，可为月末、季末或年末的数字。“期末余额”主要是通过对本会计期间的会计核算记录的数据加以归集、整理而成，其资料来源有以下几个方面：

(1) 根据总账科目的余额填列。资产负债表中的有些项目，可直接根据有关总账科目的期末余额填列，如“短期借款”项目，根据“短期借款”总账科目的期末余额直接填列等；有些项目，则需根据几个总账科目的期末余额计算填列，如“货币资金”项目，需根据“库存现金”“银行存款”“其他货币资金”三个总账科目的期末余额的合计数填列。

(2) 根据有关明细账科目的余额计算填列。资产负债表中的有些项目，不能根据总账科目的期末余额，或几个总账科目的期末余额计算填列，需要根据有关总账科目所属的相关明细科目的期末余额来计算填列。如“应付账款”项目，应当根据“应付账款”和“预付账款”两个科目分别所属的相关明细科目的期末贷方余额计算填列。

(3) 根据总账科目和明细科目的余额分析计算填列。资产负债表的许多项目，需要依据总账科目和明细科目两者的余额分析计算填列。如“长期借款”项目，需要根据“长期借款”总账科目余额扣除“长期借款”科目所属的明细科目中将于一年内到期的部分填列。

(4) 根据有关科目余额减去其备抵项目后的净额填列。如“固定资产”项目，应根据“固定资产”科目的期末余额减去“累计折旧”“固定资产减值准备”科目期末余额后的净额填列。

(5) 综合运用上述方法分析填列。如“存货”项目，需要根据“原材料”“库存商品”“委托加工物资”“周转材料”“材料采购”（指材料采用计划成本核算的情况，会计基础层次不涉及；材料采用实际成本核算时，则使用“在途物资”科目）、“发出商品”“材料成本差异”（指材料采用计划成本核算的情况，会计基础层次不涉及）等总账科目期末余额的分析汇总数，再减去“存货跌价准备”科目余额后的净额填列（会计基础层次不讨论“存货跌价准备”科目和材料、库存商品等存货采用计划成本核算或售价核算的内容）。

(二) 资产负债表各项目的填列方法

根据《企业会计准则》及其讲解，资产负债表中主要项目的填列方法如下。

1. 资产项目的填列方法

(1)“货币资金”项目，反映企业库存现金、银行结算户存款、外埠存款、银行汇票存款、银行本票存款、信用卡存款、信用证保证金存款等的合计数。本项目应根据“库存现金”，“银行存款”“其他货币资金”科目期末余额的合计数填列。

(2)“以公允价值计量且其变动计入当期损益的金融资产”项目，反映企业持有的以公允价值计量且其变动计入当期损益的为交易目的所持有的债券投资、股票投资、基金投资、权证投资等金融资产，本项目应当根据“交易性金融资产”科目和在初始确认时指定为以公允价值计量且其变动计入当期损益的金融资产科目的期末余额填列。

(3)“应收票据”项目，反映企业因销售商品、提供劳务等而收到的商业汇票，包括银行承兑汇票和商业承兑汇票。本项目应根据“应收票据”科目的期末余额，减去“坏账准备”科目中有关应收票据计提的坏账准备期末余额后的金额填列。

(4)“应收账款”项目，反映企业因销售商品、提供劳务等经营活动应收取的款项。本项目应根据“应收账款”和“预收账款”科目所属各明细科目的期末借方余额合计减去“坏账准备”科目中有关应收账款计提的坏账准备期末余额后的金额填列。如“应收账款”科目所属明细科目期末有贷方余额的，应在本表“预收款项”项目内填列。

(5)“预付款项”项目，反映企业按照合同规定预付的款项等。本项目应根据“预付账款”和“应付账款”科目所属各明细科目的期末借方余额合计数，减去“坏账准备”科目中有关预付款项计提的坏账准备期末余额后的金额填列。如“预付账款”科目所属各明细科目期末有贷方余额的，应在资产负债表“应付账款”项目内填列。

(6)“应收利息”项目，反映企业应收取的债券投资等的利息。本项目应根据“应收利息”科目的期末余额，减去“坏账准备”科目中有关应收利息计提的坏账准备期末余额后的金额填列。

(7)“应收股利”项目，反映企业应收取的现金股利和应收取其他单位分配的利润。本项目应根据“应收股利”科目的期末余额，减去“坏账准备”科目中有关应收股利计提的坏账准备期末余额后的金额填列。

(8)“其他应收款”项目，反映企业除应收票据、应收账款、预付账款、应收股利、应收利息等经营活动以外的其他各种应收、暂付的款项。本项目应根据“其他应收款”科目的期末余额，减去“坏账准备”科目有关其他应收款计提的坏账准备期末余额后的金额填列。

(9)“存货”项目，反映企业期末在库、在途和在加工中的各种存货的可变现净值。本项目应根据“在途物资”“原材料”“库存商品”“周转材料”“委托加工物资”“委托代销商品”“生产成本”等科目的期末余额合计，减去“受托代销商品款”“存货跌价准备”科目期末余额后的金额填列。材料采用计划成本核算，以及库存商品采用计划成本核算或售价核算的企业，还应按加或减材料成本差异、商品进销差价后的金额填列。

(10)“持有待售资产”行项目，反映资产负债表日划分为持有待售类别的非流动资产及划分为持有待售类别的处置组中的流动资产和非流动资产的期末账面价值。该项目应根据在资产类科目新设置的“持有待售资产”科目的期末余额，减去“持有待售资产减值准备”科目的期末余额后的金额填列。

(11)“一年内到期的非流动资产”项目，反映企业将于一年内到期的非流动资产项目的金额。本项目应根据有关科目的期末余额填列。

(12)“以摊余成本计量的金融资产”项目，反映企业持有的以摊余成本计量的金融资产。本项目应根据有关科目的期末余额分析填列。

(13)“以公允价值计量且其变动计入其他综合收益的金融资产”项目，反映企业持有的以公允价值计量且其变动计入其他综合收益的金融资产。本项目应根据有关科目的期末余额分析填列。

(14)“长期应收款”项目，反映企业融资租赁产生的应收款项和采取递延方式分期收款、实质上具有融资性质的销售商品和提供劳务等经营活动产生的应收款项，本项目应根据“长期应收款”科目的期末余额，减去相应的“未实现融资收益”科目和“坏账准备”科目所属相关明细科目期末余额后的金额进行列示。

(15)“长期股权投资”项目，反映投资方对被投资单位实施控制、重大影响的权益性投资，以及对其合营企业的权益性投资。本项目应根据“长期股权投资”科目的期末余额，减去“长期股权投资减值准备”科目期末余额后的净额填列。

(16)“投资性房地产”项目，反映为赚取租金或资本增值或两者兼有而持有的房地产，主要包括已出租的土地使用权、持有并准备增值后转让的土地使用权和已出租的建筑物。本项目应根据“投资性房地产”科目的期末余额，减去“投资性房地产累计折旧(摊销)”和“投资性房地产减值准备”科目期末余额后的净额填列。

(17)“固定资产”项目，反映企业各种固定资产原价减去累计折旧和累计减值准备后的净额。本项目应根据“固定资产”科目的期末余额，减去“累计折旧”和“固定资产减值准备”科目期末余额后的金额填列。

(18)“在建工程”项目，反映企业期末各项未完工程的实际支出，包括交付安装的设备价值、未完建筑安装工程已经耗用的材料、工资和费用支出、预付出包工程的价款等的可收回金额。本项目应根据“在建工程”科目的期末余额，减去“在建工程减值准备”科目期末余额后的金额填列。

(19)“工程物资”项目，反映企业尚未使用的各项工程物资的实际成本。本项目应根据“工程物资”科目的期末余额填列。但是，如果工程物资发生减值的，也要计提工程物资减值准备，这种情况下，本项目应根据“工程物资”科目的期末余额，减去“工程物资减值准备”科目期末余额后的金额填列。

(20) “固定资产清理”项目，反映企业因出售、毁损、报废等原因转入清理但尚未清理完毕的固定资产的净值，以及固定资产清理过程中所发生的清理费用和变价收入等各项金额的差额。本项目应根据“固定资产清理”科目的期末借方余额填列，如“固定资产清理”科目期末为贷方余额，以“—”号填列。

(21) “无形资产”项目，反映企业持有的无形资产，包括专利权、非专利技术、商标权、著作权、土地使用权等。本项目应根据“无形资产”科目的期末余额，减去“累计摊销”和“无形资产减值准备”科目期末余额后的金额填列。

(22) “开发支出”项目，反映企业开发无形资产过程中能够资本化形成无形资产成本的支出部分。本项目应当根据“研发支出”科目中所属的“资本化支出”明细科目期末余额填列。

(23) “长期待摊费用”项目，反映企业已经发生但应由本期和以后各期负担的分摊期限在一年以上的各项费用。长期待摊费用中在一年内(含一年)摊销的部分，在资产负债表“一年内到期的非流动资产”项目填列。本项目应根据“长期待摊费用”科目的期末余额减去将于一年内(含一年)摊销的数额后的金额填列。

(24) “递延所得税资产”项目，反映企业根据所得税准则确认的可抵扣暂时性差异产生的所得税资产。本项目应根据“递延所得税资产”项目的期末余额填列。

(25) “其他非流动资产”项目，反映企业除上述非流动资产以外的其他非流动资产。本项目应根据有关科目的期末余额填列。

2. 负债项目的填列方法

(1) “短期借款”项目，反映企业向银行或其他金融机构等借入的期限在一年以下(含一年)的各种借款。本项目应根据“短期借款”科目的期末余额填列。

(2) “以公允价值计量且其变动计入当期损益的金融负债”项目，反映企业持有的以公允价值计量且其变动计入当期损益的为交易目的所发行的金融负债。本项目应当根据“交易性金融负债”科目和在初始确认时指定为以公允价值计量且其变动计入当期损益的金融负债科目的期末余额填列。

(3) “应付票据”项目，反映企业购买材料、商品和接受劳务供应等而开出、承兑的商业汇票，包括银行承兑汇票和商业承兑汇票。本项目应根据“应付票据”科目的期末余额填列。

(4) “应付账款”项目，反映企业因购买材料、商品和接受劳务供应等经营活动应支付的款项。本项目应根据“应付账款”和“预付账款”科目所属各明细科目的期末贷方余额合计数填列；如“应付账款”科目所属明细科目期末有借方余额的，应在资产负债表“预付款项”项目内填列。

(5)“预收款项”项目,反映企业按照合同规定预收的款项。本项目应根据“预收账款”和“应收账款”科目所属各明细科目的期末贷方余额合计数填列。如“预收账款”科目所属各明细科目期末有借方余额,应在资产负债表“应收账款”项目内填列。

(6)“应付职工薪酬”项目,反映企业根据有关规定应付给职工的工资、职工福利、社会保险费、住房公积金、工会经费、职工教育经费、非货币性福利、辞退福利等各种薪酬。外商投资企业按规定从净利润中提取的职工奖励及福利基金,也在本项目列示。

(7)“应交税费”项目,反映企业按照税法规定计算应交纳的各种税费,包括增值税、消费税、所得税、资源税、土地增值税、城市维护建设税、房产税、土地使用税、车船税、教育费附加、矿产资源补偿费等。企业代扣代交的个人所得税等,也在本项目列示。企业所交纳的税金不需要预计应交数的,如印花税、耕地占用税等,不在本项目列示。本项目应根据“应交税费”科目的期末贷方余额填列;如“应交税费”科目期末为借方余额,应以“－”号填列。

(8)“应付利息”项目,反映企业按照规定应当支付的利息,包括分期付息到期还本的长期借款应支付的利息、企业发行的企业债券应支付的利息等。本项目应当根据“应付利息”科目的期末余额填列。

(9)“应付股利”项目,反映企业分配的现金股利或利润。企业分配的股票股利,不通过本项目列示。本项目应根据“应付股利”科目的期末余额填列。

(10)“其他应付款”项目,反映企业除应付票据、应付账款、应收款项、应付职工薪酬、应付股利、应付利息、应交税费等经营活动以外的其他各项应付、暂收的款项。本项目应根据“其他应付款”科目的期末余额填列。

(11)“持有待售负债”行项目,反映资产负债表日处置组中与划分为持有待售类别的资产直接相关的负债的期末账面价值。该项目应根据在负债类科目新设置的“持有待售负债”科目的期末余额填列。

(12)“一年内到期的非流动负债”项目,反映企业非流动负债中将于资产负债表日后一年内到期部分的金额,如将于一年内偿还的长期借款。本项目应根据有关科目的期末余额填列。

(13)“长期借款”项目,反映企业向银行或其他金融机构借入的期限在一年以上(不含一年)的各项借款。本项目应根据“长期借款”总账科目余额扣除“长期借款”科目所属的明细科目中将在一年内到期的长期借款部分分析计算填列。

(14)“应付债券”项目,反映企业为筹集长期资金而发行的债券本金和利息。本项目应根据“应付债券”科目的期末余额填列。

(15)“长期应付款”项目,反映企业除了长期借款、应付债券以外的其他各种长期应付款。主要有应付补偿贸易引进设备款、采取分期付款方式购入固定资产和无形资产发生的应付款、应付融资租入固定资产租赁费等。该项目应根据“长期应付款”科目的期末余额，减去“未确认融资费用”科目的期末余额，再减去所属相关明细科目中将于一年内到期的部分后的金额进行列示。

(16)“专项应付款”项目，反映企业接受国家作为企业所有者拨入的具有专门用途的款项所形成的不需要以资产或增加其他负债偿还的负债，是企业接受国家拨入的具有专门用途的拨款。本项目应根据“专项应付款”项目的期末余额填列。

(17)“预计负债”项目，反映企业根据或有事项等相关准则确认的各项预计负债，包括对外提供担保、未决诉讼、产品质量保证、重组义务以及固定资产和矿区权益弃置义务等产生的预计负债。本项目应根据“预计负债”项目的期末余额填列。

(18)“递延收益”项目，反映尚待确认的收入或收益。本项目核算包括企业根据政府补助准则确认的应在以后期间计入当期损益的政府补助金额、售后租回形成融资租赁的售价与资产账面价值差额等其他递延收入。本项目应根据“递延收益”项目的期末余额填列。

(19)“递延所得税负债”项目，反映企业根据所得税准则确认的应纳税暂时性差异产生的所得税负债。本项目应根据“递延所得税负债”项目的期末余额填列。

(20)“其他非流动负债”项目，反映企业除上述非流动负债以外的其他非流动负债。本项目应根据有关的期末余额填列。其他非流动负债应根据有关科目期末余额减去将于一年内(含一年)到期偿还数后的余额分析填列。非流动负债各项目中将于一年内(含一年)到期的非流动负债，应在“一年内到期的非流动负债”项目内反映。

3. 所有者权益项目的填列方法

(1)“实收资本(或股本)”项目，反映企业各投资者实际投入的资本(或股本)总额。本项目应根据“实收资本”(或“股本”)科目的期末余额填列。

(2)“资本公积”项目，反映企业资本公积的期末余额。本项目应根据“资本公积”科目的期末余额填列。

(3)“其他综合收益”项目，反映企业其他综合收益的期末余额。本项目应根据“其他综合收益”科目的期末余额填列。

(4)“盈余公积”项目，反映企业盈余公积的期末余额。本项目应根据“盈余公积”科目的期末余额填列。

(5)“未分配利润”项目，反映企业尚未分配的利润。本项目应根据“本年利润”科目和“利润分配”科目的余额计算填列。未弥补的亏损在本项目内以“-”号填列。

第三节 利 润 表

一、*利润表的概念和意义*

(一) 利润表的概念

利润表又称损益表，是反映企业在一定会计期间经营成果的报表。利润表根据会计核算的配比原则，把一定时期内的收入和相对应的成本费用配比，从而计算出企业一定时期的各项利润指标。

（二）利润表的意义

通过利润表可以从总体上了解企业收入、成本和费用及净利润（或亏损）的实现及构成情况；同时，通过利润表提供的不同时期的比较数字（本月数、本年累计数、上年数），可以分析企业的获利能力及利润的未来发展趋势，了解投资者投入资本的保值增值情况。由于利润既是企业经营业绩的综合体现，又是企业进行利润分配的主要依据，因此，利润表是会计报表中的一张基本报表。

二、*利润表的格式*

利润表由表头、表身和表尾等部分组成。表头部分应列明报表名称、编表单位名称、编制期间和金额计量单位；表身部分反映利润的构成内容；表尾部分为补充说明。其中，表身部分为利润表的主体和核心。

利润表的格式主要有多步式利润表和单步式利润表两种。按照我国《企业会计准则》的规定，我国企业的利润表采用多步式。企业可以分如下三个步骤编制利润表：

第一步，以营业收入为基础，减去营业成本、营业税金及附加、销售费用、管理费用、财务费用、资产减值损失，加上公允价值变动收益（减去公允价值变动损失）和投资收益（减去投资损失），计算出营业利润；

第二步，以营业利润为基础，加上营业外收入，减去营业外支出，计算出利润总额；

第三步，以利润总额为基础，减去所得税费用，计算出净利润（或净亏损）。

第四步，以净利润（或净亏损）为基础，计算出每股收益。

第五步，以净利润（或净亏损）和其他综合收益为基础，计算出综合收益总额。

也可以用公式表示为：

营业利润＝营业收入－营业成本－税金及附加－销售费用－管理费用－
　　　　财务费用－资产减值损失＋公允价值变动收益＋投资收益

利润总额＝营业利润＋营业外收入－营业外支出

净利润＝利润总额－所得税费用

综合收益总额＝净利润＋其他综合收益（税后净额）

因此，多步式利润表反映出了构成营业利润、利润总额、净利润的各项要素的情况，有助于使用者从不同利润类别中了解企业经营成果的不同来源。

利润表的基本格式如表 10－2 所示。

表 10-2

利　润　表

会企 02 表

编制单位：　　　　　　　　　　____年____月　　　　　　　　单位：元

项　目	本年金额	上年金额
一、营业收入		
减:营业成本		
税金及附加		
销售费用		
管理费用		
财务费用(收益以"—"号填列)		
资产减值损失		
加:公允价值变动净收益(损失以"—"号填列)		
投资净收益(损失以"—"号填列)		
其中:对联营企业和合营企业的投资收益		
资产处置收益(损失以"—"号填列)		
其他收益		
二、营业利润(亏损以"—"号填列)		
加:营业外收入		
减:营业外支出		
三、利润总额(亏损总额以"—"号填列)		
减:所有税费用		
四、净利润(净亏损以"—"号填列)		
(一) 持续经营净利润(净亏损以"—"号填列)		
(二) 终止经营净利润(净亏损以"—"号填列)		
五、其他综合收益的税后净额		
(一) 以后不能重分类进损益的其他综合收益		

（续表）

项　目	本年金额	上年金额
1. 重新计量设定收益计划净负债或净资产的变动		
2. 权益法下在被投资单位不能重分类进损益的其他综合收益中享有的份额		
……		
（二）以后将重分类进损益的其他综合收益		
1. 权益法下在被投资单位以后将重分类进损益的其他综合收益中享有的份额		
2. 可供出售金融资产公允价值变动损益		
3. 持有至到期投资重分类为可供出售金融资产损益		
4. 现金流量套期损益的有效部分		
5. 外币财务报表折算差额		
……		
六、综合收益总额		
七、每股收益：		
（一）基本每股收益		
（二）稀释每股收益		

三、利润表的编制方法

（一）利润表各项目的填列方法

利润表中各项目的数据来源主要根据各损益类科目的发生额分析填列。

1. 上年金额栏的列报方法

利润表“上年金额”栏内各项数字，应根据上年度利润表“本年金额”栏内所列数字填列。如果上年度利润表规定的各个项目的名称和内容同本年度不相一致，应对上年度利润表各项目的名称和数字按本年度的规定进行调整，填入利润表“上年金额”栏内。

2. 本年金额栏的列报方法

利润表“本年金额”栏内各项数字一般应根据损益类科目的发生额分析填列。具体包括：

(1)“营业收入”项目，反映企业经营主要业务和其他业务所确认的收入总额。本项目应根据“主营业务收入”和“其他业务收入”科目的发生额分析填列。

（2）“营业成本”项目，反映企业经营主要业务和其他业务所发生的成本总额。本项目应根据“主营业务成本”和“其他业务成本”科目的发生额分析填列。

（3）“税金及附加”项目，反映企业经营业务应负担的消费税、城市建设维护税、资源税、土地增值税和教育费附加等。本项目应根据“税金及附加”科目的发生额分析填列。

（4）“销售费用”项目，反映企业在销售商品过程中发生的包装费、广告费等费用和为销售本企业商品而专设的销售机构的职工薪酬、业务费等经营费用。本项目应根据“销售费用”科目的发生额分析填列。

（5）“管理费用”项目，反映企业为组织和管理生产经营发生的管理费用。本项目应根据“管理费用”科目的发生额分析填列。

（6）“财务费用”项目，反映企业筹集生产经营所需资金等而发生的筹资费用。本项目应根据“财务费用”科目的发生额分析填列。

（7）“资产减值损失”项目，反映企业各项资产发生的减值损失。本项目应根据“资产减值损失”科目的发生额分析填列。

（8）“公允价值变动收益”项目，反映企业应当计入当期损益的资产或负债公允价值变动收益。本项目应根据“公允价值变动损益”科目的发生额分析填列，如为净损失，本项目以“－”号填列。

（9）“投资收益”项目，反映企业以各种方式对外投资所取得的收益。本项目应根据“投资收益”科目的发生额分析填列，如为投资损失，本项目以“－”号填列。

（10）“资产处置收益”项目，反映企业出售划分为持有待售的非流动资产（金融工具、长期股权投资和投资性房地产除外）或处置组时确认的处置利得或损失，以及处置未划分为持有待售的固定资产、在建工程、生产性生物资产及无形资产而产生的处置利得或损失。债务重组中因处置非流动资产产生的利得或损失和非货币性资产交换产生的利得或损失也包括在本项目内。该项目应根据在损益类科目新设置的“资产处置损益”科目的发生额分析填列；如为处置损失，以“－”号填列。

（11）“其他收益”项目，反映计入其他收益的政府补助等。该项目应根据在损益类科目新设置的“其他收益”科目的发生额分析填列。

（12）“营业利润”项目，反映企业实现的营业利润。如为亏损，本项目以“－”号填列。

（13）“营业外收入”项目，反映企业发生的营业利润以外的收益，主要包括债务重组利得、与企业日常活动无关的政府补助、盘盈利得、捐赠利得等。该项目应根据“营业外收入”科目的发生额分析填列。

（14）“营业外支出”项目，反映企业发生的营业利润以外的支出，主要包括债务重组损失、公益性捐赠支出、非常损失、盘亏损失、非流动资产毁损报废损失等。该项目应根据“营业外支出”科目的发生额分析填列。

(15)“利润总额”项目，反映企业实现的利润。如为亏损，本项目以“-”号填列。

(16)“所得税费用”项目，反映企业应从当期利润总额中扣除的所得税费用。本项目应根据“所得税费用”科目的发生额分析填列。

(17)“净利润”项目，反映企业实现的净利润。如为亏损，本项目以“-”号填列。

(18)“(一)持续经营净利润”和“(二)终止经营净利润”行项目，分别反映净利润中与持续经营相关的净利润和与终止经营相关的净利润；如为净亏损，以“-”号填列。该两个项目应按照《企业会计准则第 42 号——持有待售的非流动资产、处置组和终止经营》的相关规定分别列报。

(19)“其他综合收益的税后净额”项目，反映企业根据企业会计准则规定未在损益中确认的各项利得和损失扣除所得税影响后的净额。

(20)“综合收益总额”项目，反映企业净利润与其他综合收益(税后净额)的合计金额。

(21)“每股收益”项目，包括基本每股收益和稀释每股收益两项指标，反映普通股或潜在普通股已公开交易的企业，以及正处在公开发行普通股或潜在普通股过程中的企业的每股收益信息。

(二) 月份利润表有关栏目的填列方法

编制月份利润表时，将填列日期部分改为“____年度____月份”，将“上年金额”栏改为“本月金额”，填列本月实际发生数。“本年金额”栏反映各项目自年初起至本月末止的累计实际发生数。根据上月利润表的“本年金额”栏的数字，加上本月利润表的“本月金额”栏的数字，可以得出各项目的本月利润表的“本年金额”，然后填入相应的项目内。

(三) 年度利润表有关栏目的填列方法

在编制年度利润表时，“上年金额”栏，填列上年全年累计实际发生数，从而与“本年金额”栏各项目进行比较。如果上年度利润表与本年度利润表项目的名称和内容不相一致，应对上年度报表项目的名称和数字按本年度的规定进行调整，填入利润表的“上年金额”栏内。

12 月份利润表的“本年金额”，就是年度利润表的“本年金额”，可以直接转抄。由于年终结账时，全年的收入和支出已全部转入“本年利润”科目，并且通过收支对比结出本年净利润的数额，因此，应将年报中的“净利润”的数字，与“本年利润”科目结转到“利润分配——未分配利润”科目的数字相核对，检查报表编制和账簿记录的正确性。

第四节 现金流量表

企业现金的流转情况在很大程度上影响着企业的生存和发展，因此，现金流量表越来越受到关注，企业的中期财务报告至少应当包括资产负债表、利润表、现金流量表和附注。

现金流量表是指反映企业在一定会计期间现金和现金等价物流入和流出的报表。从编制原则上看，现金流量表按照收付实现制原则编制，将权责发生制下的盈利信息调整为收付实现制下的现金流量信息，便于信息使用者了解企业净利润的质量。从内容上看，现金流量表被划分为经营活动、投资活动和筹资活动三个部分，每类活动又分为各具体项目，这些项目从不同角度反映企业业务活动的现金流入与流出，弥补了资产负债表和利润表提供信息的不足。通过现金流量表，报表使用者能够了解现金流量的影响因素，评价企业的支付能力、偿债能力和周转能力，预测企业未来现金流量，为其决策提供有力依据。

现金流量表的基本格式如表 10－3 所示。

表 10－3

现金流量表

会企 03 表

编制单位： ____年____月 单位：元

项　　目	行次	本期金额	上期金额
一、经营活动产生的现金流量：			
销售商品、提供劳务收到的现金			
收到的税费返还			
收到其他与经营活动有关的现金			
经营活动现金流入小计			
购买商品、接受劳务支付的现金			
支付给职工以及为职工支付的现金			
支付的各项税费			
支付其他与经营活动有关的现金			
经营活动现金流出小计			
经营活动产生的现金流量净额			

（续表）

项　　　目	行次	本期金额	上期金额
二、投资活动产生的现金流量：			
收回投资收到的现金			
取得投资收益收到的现金			
处置固定资产、无形资产和其他长期资产收回的现金净额			
处置子公司及其他营业单位收到的现金净额			
收到其他与投资活动有关的现金			
投资活动现金流入小计			
购建固定资产、无形资产和其他长期资产支付的现金			
投资支付的现金			
取得子公司及其他营业单位支付的现金净额			
支付其他与投资活动有关的现金			
投资活动现金流出小计			
投资活动产生的现金流量净额			
三、筹资活动产生的现金流量：			
吸收投资收到的现金			
取得借款收到的现金			
收到其他与筹资活动有关的现金			
筹资活动现金流入小计			
偿还债务支付的现金			
分配股利、利润或偿付利息支付的现金			
支付其他与筹资活动有关的现金			
筹资活动现金流出小计			
筹资活动产生的现金流量净额			
四、汇率变动对现金及现金等价物的影响			
五、现金及现金等价物净增加额			
加：期初现金及现金等价物余额			
六、期末现金及现金等价物余额			

第五节　所有者权益变动表

根据《企业会计准则第30号——财务报表列报》的规定，财务报表至少应当包括资产负债表、利润表、现金流量表、所有者（或股东）权益变动表和附注。也就是说，在新会计准则体系中，随着对所有者权益关注的提高以及报表附注格式地位的提高，以前一直以资产负债表附表形式出现的所有者权益变动表，成为必须与资产负债表、利润表和现金流量表并列披露的第四张财务报表。财务报表由延续多年的三大报表变成四大报表。

所有者权益变动表是反映构成所有者权益的各组成部分当期的增减变动情况的报表。其不仅包括所有者权益总量的增减变动，还包括所有者权益增减变动的重要结构性信息，特别是要反映直接计入所有者权益的利得和损失，让报表使用者准确理解所有者权益增减变动的根源。

所有者权益变动表的内容及结构、填列方法将在《中级会计实务》课程中学习。

第六节　会计报表附注

一、会计报表附注的概念

由于会计报表格式和填写要求的限制，会计报表所能提供的信息也有一定限制，因此，需要通过会计报表附注对会计报表的部分项目作更详细的补充说明。为便于会计报表使用者理解会计报表的内容，需要对会计报表的编制基础、编制依据、编制原则和方法及主要项目等作出解释。会计报表附注是企业财务会计报告的不可或缺的重要组成部分，是对资产负债表、利润表、现金流量表和所有者权益变动表等报表中列示项目的文字描述或明细资料，以及未能在这些报表中列示项目的说明等。

财务报表中的数字是经过分类与汇总后的结果，是对企业发生的经济业务的高度简化和浓缩的数字，如果没有对形成这些数字所使用的会计政策、理解这些数字所必需的披露，财务报表就不可能发挥作用。因此，附注相对于报表而言，同样具有重要性。

二、会计报表附注应披露的内容

会计报表附注披露的信息应是定量、定性信息的结合，并且按照一定的结构进行系统合理的排列和分类，有顺序地披露信息。企业应当按照具体会计准则要求在附注中至少披露下列内容，但是，非重要项目除外。

（一）企业的基本情况

（1）企业注册地、组织形式和总部地址。

(2) 企业的业务性质和主要经营活动。

(3) 母公司以及集团最终母公司的名称。

(4) 财务报告的批准报出者和财务报告批准报出日。

(二) 财务报表的编制基础

(1) 会计计量所运用的计量基础。

(2) 企业的可持续经营性。

(三) 遵循企业会计准则的声明

企业应当明确说明编制的财务报表符合企业会计准则体系的要求，真实、公允地反映了企业的财务状况、经营成果和现金流量。

(四) 重要会计政策和会计估计

企业应当披露重要的会计政策和会计估计，不具有重要性的会计政策和会计估计可以不披露。判断会计政策和会计估计是否重要，应当考虑与会计政策或会计估计相关项目的性质和金额。企业在披露会计政策和会计估计时，应当披露会计政策的确定依据，以及会计估计中所采用的关键假设和不确定因素的确定依据。

(五) 会计政策和会计估计变更以及差错更正的说明

(1) 会计政策变更的性质、内容和原因。

(2) 当期和各个列报前期财务报表中受影响的项目名称和调整金额。

(3) 会计政策变更无法进行追溯调整的事实和原因以及开始应用变更后的会计政策的时点、具体应用情况。

(4) 会计估计变更的内容和原因。

(5) 会计估计变更对当期和未来期间的影响金额。

(6) 会计估计变更的影响数不能确定的事实和原因。

(7) 前期差错的性质。

(8) 各个列报前期财务报表中受影响的项目名称和更正金额；前期差错对当期财务报表也有影响的，还应披露当期财务报表中受影响的项目名称和金额。

(9) 前期差错无法进行追溯重述的事实和原因以及对前期差错开始进行更正的时点、具体更正情况。

(六) 重要报表项目的说明

企业应当尽可能以列表形式披露重要报表项目的构成或当期增减变动情况。对重要报表项目的明细说明，应当按照资产负债表、利润表、现金流量表、所有者权益变动表的顺序以及报表项目列示的顺序进行披露，应当以文字和数字描述相结合的形式进行披露，并与报表项目相互参照。

资产减值准备明细表、分部报表、现金流量表补充资料应当在附注中单独披露，不作为报表附表。

(七) 其他需要说明的重大事项

这主要包括或有事项和承诺事项、资产负债表日后非调整事项、关联方关系及其交易等。

第十一章 会计档案

第一节 会计档案的概念和内容

一、会计档案的概念

会计档案是指会计凭证、会计账簿和财务报告等会计核算专业材料，它是记录和反映单位经济业务事项的重要史料和证据。

为了加强会计档案管理，统一会计档案管理制度，根据《中华人民共和国会计法》和《中华人民共和国档案法》的规定，财政部、国家档案局联合发布了《会计档案管理办法》，并于 2016 年 1 月 1 日起正式实施。

各单位(包括国家机关、社会团体、企业、事业单位、按规定应当建账的个体工商户和其他组织)必须加强对会计档案管理工作的领导，建立会计档案的立卷、归档、保管、查阅和销毁等管理制度，保证会计档案妥善保管、有序存放、方便查阅，严防毁损、散失和泄密。各级人民政府财政部门和档案行政管理部门共同负责会计档案工作的指导、监督和检查。

二、会计档案的内容

会计档案的具体内容包括：

(1) 会计凭证类：原始凭证，记账凭证，汇总凭证，其他会计凭证。

(2) 会计账簿类：总账，明细账，日记账，固定资产卡片，辅助账簿，其他会计账簿。

(3) 财务会计报告类：月度、季度、年度财务报告，包括会计报表、附表、附注及文字说明，其他财务报告。

(4) 其他会计资料类：银行存款余额调节表，银行对账单，其他应当保存的会计核算专业资料，会计档案移交清册，会计档案保管清册，会计档案销毁清册。

第二节 会计档案的归档

根据《会计档案管理办法》，各单位每年形成的会计档案，都应由会计机构按照归档的要求，负责整理立卷，装订成册，编制会计档案保管清册。

当年形成的会计档案，在会计年度终了，可暂由本单位财务会计部门保管一年。期满之后，原则上应由财务会计部门编造清册，移交本单位的档案部门保管；未设立档案部门的，应当在财务会计部门内部指定专人保管。

移交本单位档案机构保管的会计档案，原则上应当保持原卷册的封装，个别需要拆封重新整理的，档案机构应当会同会计机构和经办人共同拆封整理，以分清责任。

各单位对会计档案应当科学管理，做到妥善保管、存放有序、查找方便。同时，严格执行安全和保密制度，不得随意堆放，严防毁损、散失和泄密。

第三节 会计档案的保管期限

会计档案的重要程度不同，其保管期限也有所不同。

各种会计档案的保管期限，根据其特点，分为永久、定期两类。永久档案即长期保管，不可以销毁的档案；定期档案根据保管期限分为 10 年、30 年两类。会计档案的保管期限，从会计年度终了后的第一天算起。

《会计档案管理办法》规定了我国企业和其他组织、预算单位等会计档案的保管期限，该办法规定的会计档案保管期限为最低保管期限。

表 11-1 和表 11-2 为《会计档案管理办法》规定的各类会计档案的保管期限，各类会计档案的保管原则上应当按照该表所列期限执行。各单位会计档案的具体名称如有同该表中所列档案名称不相符的，可以比照类似档案的保管期限办理。

表 11-1 企业和其他组织会计档案保管期限表

序号	档案名称	保管期限	备注
一	会计凭证		
1	原始凭证	30 年	
2	记账凭证	30 年	
二	会计账簿		
3	总账	30 年	
4	明细账	30 年	
5	日记账	30 年	
6	固定资产卡片		固定资产报废清理后保管 5 年
7	其他辅助性账簿	30 年	
三	财务会计报告		

（续表）

序号	档案名称	保管期限	备注
8	月度、季度、半年度财务会计报告	10年	
9	年度财务会计报告	永久	
四	其他会计资料		
10	银行存款余额调节表	10年	
11	银行对账单	10年	
12	纳税申报表	10年	
13	会计档案移交清册	30年	
14	会计档案保管清册	永久	
15	会计档案销毁清册	永久	
16	会计档案鉴定意见书	永久	

表11-2 财政总预算、行政单位、事业单位和税收会计档案保管期限表

序号	档案名称	保管期限			备注
		财政总预算	行政单位事业单位	税收会计	
一	会计凭证				
1	国家金库编送的各种报表及缴库退库凭证	10年		10年	
2	各收入机关编送的报表	10年			
3	行政单位和事业单位的各种会计凭证		30年		包括：原始凭证、记账凭证和传票汇总表
4	财政总预算拨款凭证和其他会计凭证	30年			包括：拨款凭证和其他会计凭证
二	会计账簿				
5	日记账		30年	30年	
6	总账	30年	30年	30年	
7	税收日记账（总账）			30年	
8	明细分类、分户账或登记簿	30年	30年	30年	
9	行政单位和事业单位固定资产卡片				固定资产报废清理后保管5年

（续表）

序号	档案名称	保管期限			备注
		财政总预算	行政单位事业单位	税收会计	
三	财务会计报告				
10	政府综合财务报告	永久			下级财政、本级部门和单位报送的保管2年
11	部门财务报告		永久		所属单位报送的保管2年
12	财政总决算	永久			下级财政、本级部门和单位报送的保管2年
13	部门决算		永久		所属单位报送的保管2年
14	税收年报（决算）			永久	
15	国家金库年报（决算）	10年			
16	基本建设拨、贷款年报（决算）	10年			
17	行政单位和事业单位会计月、季度报表		10年		所属单位报送的保管2年
18	税收会计报表			10年	所属税务机关报送的保管2年
四	其他会计资料				
19	银行存款余额调节表	10年	10年		
20	银行对账单	10年	10年	10年	
21	会计档案移交清册	30年	30年	30年	
22	会计档案保管清册	永久	永久	永久	
23	会计档案销毁清册	永久	永久	永久	
24	会计档案鉴定意见书	永久	永久	永久	

注：税务机关的税务经费会计档案保管期限，按行政单位会计档案保管期限规定办理。

第四节　会计档案的查阅和复制

一、*会计档案的查阅和复制*

各单位应建立健全会计档案的查阅、复制登记制度。各单位保存的会计档案不得借出。如有特殊需要，经本单位负责人批准，可以提供查阅或者复制，并办理登记手续。查阅或者复制会计档案的人员，严禁在会计档案上涂画、拆封和抽换。借出的会计档案，会计档案管理人员要按期如数收回，并办理注销借阅手续。

二、会计档案的交接

单位因撤销、解散、破产或者其他原因而终止的，在终止和办理注销登记手续之前形成的会计档案，应当由终止单位的业务主管部门或财产所有者代管或移交有关档案馆代管。

单位分立后原单位存续的，其会计档案应当由分立后的存续方统一保管，其他方可查阅、复制与其业务相关的会计档案；单位分立后原单位解散的，其会计档案应当经各方协商后由其中一方代管或移交档案馆代管，各方可查阅、复制与其业务相关的会计档案。单位分立中未结清的会计事项所涉及的原始凭证，应当单独抽出由业务相关方保存，并按规定办理交接手续。

单位因业务移交其他单位办理所涉及的会计档案，应当由原单位保管，承接业务单位可查阅、复制与其业务相关的会计档案，对其中未结清的会计事项所涉及的原始凭证，应当单独抽出由业务承接单位保存，并按规定办理交接手续。

单位合并后原各单位解散或一方存续其他方解散的，原各单位的会计档案应当由合并后的单位统一保管；单位合并后原各单位仍存续的，其会计方案仍应由原各单位保管。建设单位在项目建设期间形成的会计档案，应当在办理竣工决算后移交给建设项目的接受单位，并按规定办理交接手续。

单位之间交接会计档案的，交接双方应当办理会计档案交接手续。移交会计档案的单位，应当编制会计档案移交清册，列明应当移交的会计档案名称、卷号、册数、起止年度和档案编号、应保管期限、已保管期限等内容。

交接会计档案时，交接双方应当按照会计档案移交清册所列内容逐项交接，并由交接双方的单位负责人负责监交。交接完毕后，交接双方经办人和监交人应当在会计档案移交清册上签名或者盖章。

我国境内所有单位的会计档案不得携带出境。驻外机构和境内单位在境外设立的企业（简称境外单位）的会计档案，应当按照《会计档案管理办法》和国家有关规定进行管理。

第五节　会计档案的销毁

会计档案保管期满需要销毁时，可以按照以下程序销毁：

（1）由本单位档案机构提出销毁意见，编制会计档案销毁清册。会计档案销毁清册是销毁会计档案的记录和报批文件，一般应包括：销毁会计档案的名称、卷号、册数、起止年度和档案编号、应保管期限、已保管期限、销毁时间等内容。

（2）单位负责人应当在会计档案销毁清册上签署意见。

（3）销毁会计档案时，应当由单位档案机构和会计机构共同派员监销。国家机关销毁会计档案时，应当由同级财政部门、审计部门派员参加监销。财政部门销毁会计档案时，应当由同级审计部门派员参加监销。

（4）监销人在销毁会计档案前，应当按照会计档案销毁清册所列内容清点核对所要销毁的会计档案；销毁后，应当在会计档案销毁清册上签名盖章，并将监销情况报告本单位负责人。

对于保管期满但未结清的债权债务原始凭证以及涉及其他未了事项的原始凭证，不得销毁，应单独抽出，另行立卷，由档案部门保管到未了事项完结时为止。单独抽出立卷的会计档案，应当在会计档案销毁清册和会计档案保管清册中列明。

正在项目建设期间的建设单位，其保管期满的会计档案不得销毁。

普通高等学校精品课程教材
“会计学”特色专业建设项目成果

会计基础理论与模拟实习

（下册）

第三版

主　编　严鹏飞　王晓秋
副主编　张际萍　王晓敏

立信会计出版社
LIXIN ACCOUNTING PUBLISHING HOUSE

前　言

本教材的写作背景

“学过了《会计基础》课程后，除了对‘会计分录’还有些印象外，其他内容都忘得差不多了，当初学习时就似懂非懂，云里雾里”；“会计分录难以记得住”。这是我院一些会计教师20多年来对众多高校会计专业及相关专业的学生调查反馈的一个几乎“异口同声”的反应。至于高校财会专业毕业生不会规范地填制和不清楚如何使用原始凭证和记账凭证、不知道怎样登记各类账簿；不知道怎么结账、怎么编制会计报表、怎样装订会计凭证；不知道中国人民银行关于《正确填写票据和结算凭证的基本规定》；不知道会计工作中数码字的书写要求……则是比较普遍的现象。此外，由于一些《会计基础》教材一开始就阐述了大量的专业术语和抽象的理论，使得学生感到枯燥难懂，从而学习过后收效不大，容易遗忘，甚至产生畏难或厌倦情绪。

随着世界经济一体化趋势的加强，为适应经济全球化、会计国际趋同和完善社会主义市场经济体制的新形势、新要求，2006年2月，财政部发布了一个基本会计准则和38项具体会计准则，并且，《企业会计准则解释》(含“修改”)已经和可能还将陆续出台，使会计课程教材的内容更多了，难度更大了，传统的教学模式更难适应教学需要。不少会计教师忧心忡忡：会计课程的教学内容越来越多，教材越来越厚，教学工作越来越困难；许多企业的会计人员也叫苦连天：后续教育、知识更新的任务越来越繁重，不堪重负。

凡此种种，使会计课程包括《会计基础》课程教学面临一个急待解决的课题：怎样根据会计学科的特点，深入探讨其教学规律，进行教材教法改革，使学生提高驾驭教材的能力，以摆脱囿于教材转、“死啃”书本、死记硬背而导致基础不扎实、动手能力差、缺乏发展潜力的非良性循环。

以上课题首先要求会计的入门课程《会计基础》在教学中应解决如下问题：一是如何使从高中进入大学阶段对会计一无所知的教学对象能够迅速进入会计角色，形成会计的思维，并且能够针对会计学科的特点掌握科学的学习方法，使学生成为既具有会计人员所必需的动手能力，又具有相应的专业理论功底、会计职业素养特别是潜在能力，不断增强善于运用会计原理思考、分析和解决问题的能力，并为培养创新能力而奠定坚实的基础；二是传统的单纯理论教学，或者先进行理论教学然后再进行模拟实习，不但理论教学的难度大、占用的课时多，而且教学效果差。如何使得理论教学和实践教学有机结合，互相促进，从而有效地利用较少的课时取得更好的学习效果。三是如何将教学重心从着重“教”转向着重“学”，将知识注入型转向知识获得型、学习能力习得型和实践能力养成型教学，努力使学生受益和提高教学质量，使学生尽快实现从高中到大学学习方法的转变。为了解决以上问题，2004 年 2 月，在四川师范大学文理学院副院长兼教务处处长赖先朴教授的直接指导下，我们对本课程进行了突破传统的教材教法模式、大胆创新的教学改革试点。

本教材的创新点

本着务实求真、讲求实效、大胆创新的指导思想，我们进行了如下教材教法模式的改革创新。

(一) 将《会计基础》课程的理论教学和实践教学(会计循环模拟实习)有机融合，“二位一体”地交叉进行

本教材按照三个模块组织教学。

第一模块：入门知识。这一模块的教学内容是为第二模块会计循环模拟实习奠定必要的入门基础。为了有效地使用教学时间，从实质上提高教学效果，本模块的入门知识以“够用”为度。第一模块的教学大致需要 12 学时，共 6 次课。

第二模块：实践教学(会计循环模拟实习)。本着循序渐进的原则，分两次进行会计循环模拟实习。第一次模拟实习旨在使学生对会计循环的主要步骤先取得一个初步的框架式的感性认识，其实施方式是采取在教师的直接指导下以类似“师傅带徒弟”的方式“手把手”地进行(不必担心“这是‘依葫芦画瓢’，会导致学生‘囫囵吞枣’地被动学习”，因为通过第一次模拟实习后的归纳总结和第二次模拟实习，情况就会发生变化，学生为主体、教师为主导的状态就会出现，费时少、收效好的效果就会显示出来)。第二次模拟实习，则是与实际会计工作基本零距离地进行会计基础层次的会计循环的实践训练(成本计算、现金流量表的编制等不作要求)。“会计循环模拟实习(二)”与“会计循环模拟实习(一)”不同之处主要是：① 与实际会计工作基本零距离。包括进行原始凭证的模拟实习、购销业务考虑增值税、各种类型的明细账都将进行模拟实习；② 经济业务事项更加全面(一是日常经济活动的经济业务事项更加全面；二是进行年终结账等)；③ 不再主要是采用“师傅带徒弟”的方式“由老师牵着走”，学生在模拟实习中的主动地位显著增强；④ 全面提高动手能力，更加强调规范性。学生可将模拟实习(二)的“成果”(全部实习资料)在毕业应聘时能“胸有成竹”地出示给招聘单位会计部门的“考官”，以让用人单位对学生的基本动手能力放心、满意。两次模拟实习过程中，均根据模拟实习的具体内容，将相关会计基础理论和方法适时融入教学之中。第二模块的教学大致需要 58

学时，共29次课。

第三模块：理论教学。本模块系统、全面地介绍会计基础理论和方法。我们通过2004级至2016级连续13个年级（本科和大专近100个班）的教学实践，充分证明了第三模块的绝大多数教学内容学生基本上“一看就懂”，收到了“教是为了不教”的效果，达到了本课程的预期教学目的。第三模块的教学大致需要10学时，共5次课。

（二）本着“授之以鱼，不如授之以渔”的授业理念，将我国会计课程教学长期普遍存在的“准则（制度）＋举例”的教学模式改革为充分运用“原理＋准则”的教学模式

由于我国从大学本科到大专、中专、职高等各层次的会计课程教学长期以来大多是沿用“准则（制度）＋举例”的传统教学模式。这种教学模式是先引用《企业会计准则——应用指南》附录“会计科目和主要账务处理”的相关内容（在《企业会计准则》出台之前则是引用《企业会计制度》的相关内容），“逐一不漏”地一一介绍有关各类经济业务事项编制会计分录的所有“条条款款”，然后举例说明。因其着重于介绍准则规定的所有“条条款款”，这是一种学生以记忆为中心、“依葫芦画瓢”、死记硬背的教学模式，学生学习时难度大，教学效果差，有悖于“以学生为主体，充分发挥教师主导作用的原则”和“传授知识与培养能力相结合的原则”，是一种“授之以鱼”的知识注入型授业理念，因而，尽管教师呕心沥血、力求提高教学效果，但仍然难以跳出“依葫芦画瓢”、死记硬背的“怪圈”。这种教学模式，不利于使学生夯实基础、增强学生的“造血功能”，不利于促进学生学习能力的提高、积蓄潜力、增长发展后劲。我院会计教师根据多年的教学体会，本着“授之以鱼，不如授之以渔”的授业理念，积极采用了“原理＋准则”的教学模式，为使学生深入理解、正确运用《企业会计准则》起好步、开好头，克服“准则＋举例”的传统教学模式的弊端，收到了较好的效果。“原理＋准则”的教学模式是指：无论是初级会计、中级会计还是高级会计，不论其涉及的企业的经济业务事项如何复杂，其账务处理总是从《会计基础》课程学习的基本原理出发，并结合相关具体会计准则的“某些特别规定”进行教学的模式。“原理＋准则”中的“准则”，特指相关具体会计准则；所谓“某些特别规定”，是指有关经济业务事项的账务处理，根据基本原理，有时会由于有几种不同的观点，存在几种不同的账务处理方法，在这种情况下，应按相关具体会计准则的规范进行账务处理。举一个简例说明如下。

【简例】 20×9年8月10日，深广公司赊销一批材料给红星公司，不含税价格为100 000元，增值税税率为17%，合计赊销金额为117 000元。当年12月10日，因红星公司财务发生困难无法按合同规定偿还债务，经双方协议，深广公司同意减免红星公司20 000元债务，余款红星公司用银行存款立即偿清（深广公司未对该

债权计提坏账准备)。红星公司于当日通过银行转账支付了该笔剩余款项,深广公司随即收到了通过银行转账偿还的款项。分别作红星公司和深广公司的相关账务处理。

(1) 红星公司的相关账务处理。

按照"原理+准则"的教学模式,作如下的分析和账务处理:

① 只要学习了会计要素、会计科目、借贷记账法与会计分录等"入门知识",就能作出如下分析和相关账务处理:红星公司所作的会计分录中应借记"应付账款"科目117 000元,贷记"银行存款"科目97 000元,这是显而易见、"理所当然"的,而且,不管具体会计准则如何变化,总是"雷打不动"的;② 至于差额(深广公司让步的)20 000元的账务处理,则有两种不同的观点:一是将红星公司获得的该项利得20 000元直接计入所有者权益(贷记"资本公积"科目);二是将红星公司获得的该项利得20 000元直接计入当期利润(贷记"营业外收入"科目)。这两种观点都有各自的道理。究竟应该怎样处理,就要看相关具体会计准则是怎样规定的。实际上,前一种意见符合相关"旧具体会计准则"的规定;后一种意见符合相关"新具体会计准则"的规定(具体会计分录略)。

(2) 运用以上的分析方法,也就不难进行深广公司的相关账务处理了(略)。

2004年以来,我院历届大学一年级的新生,在"大一"的第一学期学习了《会计基础》课程的入门知识后,一般都能基本正确地作出以上的分析和账务处理。

以上简例,超出了《会计基础》和《初级会计实务》课程的要求,属于《中级会计实务》课程的教学内容。可见,"原理+准则"的教学模式呈现了"跨越式"的教学效果。

我院会计教师在会计课程采用"原理+准则"的教学模式的具体实施过程中,针对不同的教学内容,分别或综合运用案例教学法、对比教学法、提纲挈领教学法等教学方法,力求"驾驭教材":教师讲课应避免仅仅是被动地"解释教材",而应引导学生善于根据具体的教学内容运用恰当的学习方法,抓好基本知识点,尤其是关键知识点,理清思路,使学生学习新知识能"由厚变薄",运用所学知识能"由薄变厚";教师讲课宜尽可能"洋话土说",促进学生"化难为易"地理解、掌握教学内容;着眼于提高学生的学习能力、灵活运用会计原理和会计准则进行账务处理的能力,坚决摒弃死记硬背、依葫芦画瓢的学习方法。从而实现教师的作用由知识的传授者转变为学生理解和运用知识的辅导者和促进者,促进学生学习能力的发展。

此项改革的必要性和良好效果,在学习后续课程(如中级财务会计、高级财务会计等课程)时将显得尤为明显。本课程则致力使学生从一开始就养成会计处理应采用"原理+准则"的思维方式和学习习惯。

进行以上教学改革10多年来,同学们普遍反映:会计课程并不像入学前人们传说的"会计枯燥难学"。只要刻苦勤奋,严谨求实,学习本课程并不难;绝大多数同学对会计课程产生了浓厚的兴趣，甚至每年都吸引了一些其他系的学生来旁听会计课程，其中不乏通过了会计从业资格考试的外系学生。采用改革后的教学模式，本课程的理论教学和模拟实习的总授课时间仅用不超过80学时，但能够保证教学需要，将70%左右的课时用于实践教学，将30%左右的课时用于理论教学，所用课时少，收效明显好，改变了传统教学方法下《会计基础》课程教学普遍存在的不良效果，使本课程的学习"由难变易"，由抽象、枯燥变得具体、实用，从而激发了学生的学习兴趣，实现了理论教学和实践教学的"双赢"。比如：有的学生在大学一年级第一学期学习了《会计基础》课程后，在寒假期间到工业企业财务部门见习，基本上能进行除了成本核算、现金流量表的编制以外一般的会计实务操作。许多毕业生纷纷反映：《会计基础》虽是学习会计的入门课程，但面对实际会计工作中千变万化的经济业务事项和不断变化的企业会计准则，由于以上教学方法夯实了基础，活跃了思维，比较透彻地理解、掌握了会计的基本原理，明晰了思路，在实际工作中深感受益匪浅。

说明

(1) 由于课时有限，考虑到与后续课程《会计电算化》之间的联系，本教材的会计循环模拟实习只进行手工会计核算，《会计电算化》课程可结合本教材"会计循环模拟实习(二)"的资料继续进行会计电算化的实际操作。

(2) 由于本教材是将理论教学和会计循环模拟实习有机融合，理论教学的主体内容框架是以财政部颁布的《企业会计准则》、财经版会计从业资格考试辅导教材《会计基础》(及《习题集》)和财政部印发的《会计基础工作规范》等相关内容为基础组织编写的。

鸣谢

本教材在写作过程中，除得到了成都文理学院(原四川师范大学文理学院)赖先朴教授多方有效的指导和大力支持外，还得到了成都文理学院(原四川师范大学文理学院)教务处全体同志的热情协助。在本课程教学改革过程中，兄弟院校朱学麟老师为编写模拟实习资料给予了大力支持，付出了辛勤的劳动；李冰、罗德剑、庄小欧老师为本教材的写作献计献策，提出了许多宝贵的建议。在此，对以上诸同志谨表衷心的感谢！

期盼

由于作者水平有限，又是创新性尝试，不当之处，还有待于在教学实践中不断改进和完善；疏漏乃至不妥之处，期盼各位同行赐教，并望各位同学积极给我们提出宝贵的意见和建议，以便修改。

作　　者

2018年6月

目　　录

习题集

一、单项选择题(第一模块学习中可做1～44题;其余习题可在第三模块的学习中做)

1. 会计是以(　　)为主要计量单位,反映和监督一个单位经济活动的一种经济管理工作。

A. 实物　　B. 商品　　C. 货币　　D. 劳动

2. 下列各项中,不属于企业资金运动表现的是(　　)。

A. 资金投入　　B. 资金运用　　C. 资金转移　　D. 资金退出

3. 下列各项中,不属于会计核算三项工作的是(　　)。

A. 记账　　B. 算账　　C. 报账　　D. 查账

4. 会计的基本职能一般包括(　　)。

A. 会计控制与会计决策　　B. 会计预测与会计控制

C. 会计核算与会计监督　　D. 会计计划与会计决策

5. 下列各项中,不属于会计基本假设的是(　　)。

A. 持续经营　　B. 会计分期　　C. 货币计量　　D. 权责发生制

6. 持续经营从(　　)上对会计核算进行了有效界定。

A. 空间　　B. 时间　　C. 空间和时间　　D. 内容

7. 下列各项中,能够引起企业所有者权益增加的是(　　)。

A. 增发新股　　B. 以资本公积转增资本

C. 提取盈余公积　　D. 用盈余公积补亏

8. 会计对象是企业事业单位的(　　)。

A. 经济活动　　B. 经济资源　　C. 资金运动　　D. 劳动耗费

9. (　　)是对会计对象进行的基本分类,是会计核算对象的具体化。

A. 会计要素　　B. 会计科目　　C. 会计账户　　D. 会计对象

10. 下列各项中,属于反映企业经营成果的会计要素是(　　)。

A. 资产　　B. 所有者权益　　C. 费用　　D. 负债

11. 企业在日常活动中形成的、会导致所有者权益增加的、与所有者投入资本无关的经济利益的总流入称为(　　)。

A. 利润　B. 资产　C. 利得　D. 收入

12. 下列资产中，属于企业流动资产的是(　　)。

A. 专利权　B. 厂房　C. 机器设备　D. 存货

13. 最基本的会计等式是(　　)。

A. 资产＋负债＝所有者权益　B. 资产＝负债＋所有者权益

C. 收入－费用＝利润　D. 收入－成本＝利润

14. 某企业向银行借款 100 万元用于偿还前欠外单位货款，该项经济业务将引起企业(　　)。

A. 资产增加 100 万元　B. 负债增加 100 万元

C. 资产与负债同时增加 100 万元　D. 负债总额不变

15. 下列各项中，不属于工业企业资金的循环与周转阶段的是(　　)。

A. 供应过程　B. 生产过程　C. 销售过程　D. 分配过程

16. (　　)界定了会计信息的时间段落，为分期结算账目和编制财务会计报告等奠定了理论与实务基础。

A. 会计主体　B. 会计分期　C. 会计核算　D. 持续经营

17. 确定会计核算的空间范围的是(　　)。

A. 会计分期　B. 会计监督　C. 会计主体　D. 持续经营

18. 企业会计确认、计量和报告应当以(　　)为前提。

A. 会计主体　B. 持续经营　C. 会计分期　D. 货币计量

19. 经济业务事项的类型不包括(　　)。

A. 引起资产与权益同时增加的业务

B. 引起资产内部有增有减、总额不变的业务

C. 签订产品销售合同

D. 引起权益内部有增有减、总额不变的业务

20. 下列各项中，不属于企业会计核算方法的有(　　)。

A. 配备会计人员　B. 填制会计凭证

C. 登记账簿　D. 编制会计报表

21. 下列原则中，属于会计科目设置原则的有(　　)。

A. 可靠性原则　B. 实用性原则

C. 权责发生制原则　D. 谨慎性原则

22. 某大型企业资产总额为 5 000 万元，负债为 1 000 万元，以银行存款 500 万元偿还借款，并以银行存款 500 万元购买固定资产后，该企业资产总额为(　　)万元。

A. 4 000　B. 3 000　C. 4 500　D. 2 000

23. 下列各项中,不属于流动负债的是(　　)。

A. 应付债券　B. 应付股利　C. 应付票据　D. 应付账款

24. 企业以银行存款偿还债务,表现为(　　)。

A. 一项资产增加,另一项资产减少　B. 一项负债增加,另一项负债减少

C. 一项资产减少,一项负债增加　D. 一项资产减少,一项负债减少

25. 企业向银行借款购买固定资产,表现为(　　)。

A. 一项资产增加,另一项资产减少　B. 一项资产增加,一项负债增加

C. 一项资产减少,一项负债增加　D. 一项资产减少,一项负债减少

26. 负债是指企业由于过去的交易或事项形成的(　　)。

A. 现时义务　B. 将来义务　C. 过去义务　D. 实收资本

27. 下列会计科目中,不属于资产类的是(　　)科目。

A. "预付账款"　B. "长期待摊费用"

C. "应收账款"　D. "实收资本"

28. 某企业接受追加投资 180 万元,款已到并存入银行,该项业务使得企业(　　)。

A. 资产增加 180 万元,同时负债增加 180 万元

B. 资产增加 180 万元,同时所有者权益增加 180 万元

C. 所有者权益增加 180 万元,同时负债增加 180 万元

D. 所有者权益增加 180 万元,同时负债减少 180 万元

29. 某企业 9 月份的资产总额为 500 000 元,负债总额为 200 000 元。9 月份发生如下业务:9 月份取得收入共计 240 000 元,发生费用共计 150 000 元,则 9 月份该企业的所有者权益总额为(　　)元。

A. 310 000　B. 390 000　C. 500 000　D. 450 000

30. 会计核算的内容是指特定主体的(　　)。

A. 经济资源　B. 经济活动　C. 资金运动　D. 劳动成果

31. 会计科目是指对(　　)的具体内容进行分类核算的项目。

A. 会计主体　B. 会计要素　C. 会计科目　D. 会计信息

32. 下列会计科目中,属于损益类的是(　　)科目。

A. "财务费用"　B. "实收资本"

C. "长期待摊费用"　D. "制造费用"

33. 我国的法定记账方法是(　　)。

A. 增减记账法　B. 收付记账法

C. 借贷记账法　D. 单式记账法

34. 复式记账法,是对每一笔经济业务事项都要在(　　)相互联系的账户中

进行登记。

A. 两个　　B. 三个

C. 一个　　D. 两个或两个以上

35. (　　)是以“借”和“贷”为记账符号的一种复式记账方法。

A. 借贷记账法　　B. 复式记账法

C. 单式记账法　　D. 增减记账法

36. 借贷记账法的理论依据是(　　)。

A. 复式记账法　　B. 资产＝负债＋所有者权益

C. 有借必有贷，借贷必相等　　D. 借贷平衡

37. 借贷记账法的记账规则是(　　)。

A. 复式记账法　　B. 资产＝负债＋所有者权益

C. 有借必有贷，借贷必相等　　D. 借贷平衡

38. 在借贷记账法中，编制会计分录可以编制(　　)的会计分录。

A. 一借一贷　　B. 一借多贷　　C. 多借一贷　　D. 以上均可

39. 当前世界各国通用的复式记账法是(　　)。

A. 借贷记账法　　B. 收付记账法

C. 增减记账法　　D. 起终记账法

40. 借贷记账法中，记账符号的“借”表示(　　)。

A. 资产增加，权益减少　　B. 资产减少，权益增加

C. 资产增加，权益增加　　D. 资产减少，权益减少

41. 借贷记账法中，记账符号的“贷”表示(　　)。

A. 资产减少，权益减少　　B. 资产增加，权益增加

C. 资产减少，权益增加　　D. 资产增加，权益减少

42. 采用借贷记账法，哪方记增加，哪方记减少，是根据(　　)决定的。

A. 每个账户的基本性质

B. 企业习惯的记法

C. 贷方记增加，借方记减少的规则

D. 借方记增加，贷方记减少的规则

43. 某企业收到客户交来的包装物押金(支票存入银行)500 元，账务处理为(　　)。

A. 借：银行存款　　500

　　贷：包装物　　500

B. 借：银行存款　　500

　　贷：应付账款　　500

C. 借：库有现金 500
　　贷：其他业务收入 500

D. 借：银行存款 500
　　贷：其他应付款 500

44. 某项经济业务的会计分录为：

借：资本公积 5 000
　贷：实收资本 5 000

该分录表示(　　)。

A. 一个资产项目减少 5 000 元，一个所有者权益项目增加 5 000 元

B. 一个所有者权益项目增加 5 000 元，另一个所有者权益项目减少 5 000 元

C. 一个资产项目增加 5 000 元，一个所有者权益项目增加 5 000 元

D. 一个所有者权益项目增加 5 000 元，另一个所有者权益项目也增加 5 000 元

45. 某单位会计科第 8 号经济业务的一笔会计分录需填制两页记账凭证，则这两页记账凭证的编号分别为(　　)。

A. 8　9　B. $9\frac{1}{2}$　$9\frac{2}{2}$　C. $8\frac{1}{2}$　$8\frac{2}{2}$　D. $8\frac{1}{2}$　$9\frac{2}{2}$

46. 某会计培训班学员小赵、小钱、小孙、小李在一起讨论账户借贷双方登记的内容，其正确的说法是(　　)。

A. 小赵说：借方反映资产、负债、所有者权益、收入、费用增加，贷方则反之

B. 小钱说：借方反映资产、收入增加，负债、所有者权益、费用减少，贷方则反之

C. 小孙说：借方反映资产、费用减少，贷方反映负债、所有者权益、收入增加

D. 小李说：借方反映资产、费用增加，负债、所有者权益、收入减少，贷方则反之

47. 下列各项中，不属于有价证券的是(　　)。

A. 国库券　B. 股票　C. 信用卡存款　D. 企业债券

48. 资产按照现在购买相同或者相似资产所需支付的现金或者现金等价物的金额计量的会计计量属性是(　　)。

A. 历史成本　B. 重置成本　C. 公允价值　D. 现值

49. 考虑货币时间价值因素的计量属性是(　　)。

A. 历史成本　B. 可变现净值　C. 公允价值　D. 现值

50. 企业在对会计要素进行计量时，一般应当采用(　　)。

A. 历史成本　B. 可变现净值

C. 重置成本　D. 现值

51. 以下各项中，不属于企业财务成果的计算与处理是(　　)。

A. 计算分配利润　　B. 提取盈余公积

C. 计算应向国家缴纳的所得税　　D. 计算应向国家缴纳的增值税

52. 账户是根据(　　)设置的,具有一定格式和结构,用于分类反映会计要素增减变动情况及其结果的载体。

A. 会计要素　　B. 会计科目　　C. 会计主体　　D. 会计信息

53. 会计科目和账户之间的区别在于(　　)。

A. 记录资产和权益的增减变动情况不同

B. 记录资产和负债的结果不同

C. 反映的经济内容不同

D. 账户有格式和结构,而会计科目无格式和结构

54. 总分类账户是指根据(　　)设置的,用于对会计要素具体内容进行总括分类核算的账户。

A. 总分类科目　　B. 会计主体

C. 会计科目　　D. 明细分类科目

55. 明细分类账户是根据(　　)设置的,用来对会计要素具体内容进行明细分类核算的账户。

A. 总分类科目　　B. 会计科目

C. 会计主体　　D. 明细分类科目

56. 资产类账户的借方一般登记(　　)。

A. 增加发生额　　B. 减少发生额

C. 增加或减少发生额　　D. 以上都不对

57. 负债类账户的贷方记录(　　)。

A. 增加发生额　　B. 减少发生额

C. 增加或减少发生额　　D. 以上都不对

58. 所有者权益类账户的借方记录(　　)。

A. 增加发生额　　B. 减少发生额

C. 增加或减少发生额　　D. 以上都不对

59. 费用、成本类账户的借方记录(　　)。

A. 增加发生额　　B. 减少发生额

C. 增加或减少发生额　　D. 以上都不对

60. 负债类账户的期末余额一般在(　　)。

A. 借方　　B. 贷方

C. 借方或贷方　　D. 一般无期末余额

61. 资产类账户的期末余额一般在(　　)。

A. 借方　　B. 贷方

C. 借方或贷方　　D. 一般无期末余额

62. “应收账款”账户的期末余额等于(　　)。

A. 期初余额＋本期借方发生额－本期贷方发生额

B. 期初余额－本期借方发生额－本期贷方发生额

C. 期初余额＋本期借方发生额＋本期贷方发生额

D. 期初余额－本期借方发生额＋本期贷方发生额

63. “应付账款”账户的期末余额等于(　　)。

A. 期初余额＋本期借方发生额－本期贷方发生额

B. 期初余额－本期借方发生额－本期贷方发生额

C. 期初余额＋本期借方发生额＋本期贷方发生额

D. 期初余额－本期借方发生额＋本期贷方发生额

64. 发生额试算平衡公式是(　　)。

A. 全部账户本期借方发生额合计＝全部账户本期贷方发生额

B. 账户本期借方发生额合计＝账户本期贷方发生额合计

C. 本期借方发生额合计＝本期贷方发生额合计

D. 借方发生额合计＝贷方发生额合计

65. 某企业月初有短期借款40万元，本月向银行借入短期借款45万元，以银行存款偿还短期借款20万元，则月末“短期借款”账户的余额为(　　)。

A. 借方65万元　　B. 贷方65万元

C. 借方15万元　　D. 贷方15万元

66. “实收资本”账户的期末余额为(　　)。

A. 期初余额＋本期借方发生额－本期贷方发生额

B. 期初余额－本期借方发生额－本期贷方发生额

C. 期初余额＋本期借方发生额＋本期贷方发生额

D. 期初余额－本期借方发生额＋本期贷方发生额

67. 某企业本月发生管理费用开支计58万元，月末结平“管理费用”账户时，则“管理费用”账户(　　)。

A. 月末借方余额58万元　　B. 贷方发生额58万元

C. 月末贷方余额58万元　　D. 以上都不对

68. 某企业资产总额为100万元，当发生下列三笔经济业务后：① 向银行借款20万元存入银行；② 用银行存款偿还付款5万元；③ 收回应收账款4万元存入银行，其资产总额为(　　)万元。

A. 115　　B. 119　　C. 111　　D. 71

69. 某账户的记录如下：

××账户

		期初余额	30 000
②	80 000	①	70 000
		③	（ ）
		期末余额	50 000

则该账户括号栏中应为（ ）元。

A. 150 000　B. 30 000　C. 20 000　D. 5 000

70. 某企业月末编制的试算平衡表中，全部账户的本月借方发生额合计为900 000元，除“应付账款”以外其他账户的本月贷方发生额合计为895 000元，则应付账款账户（ ）。

A. 本月借方发生额为5 000元

B. 本月贷方发生额为5 000元

C. 月末借方余额为5 000元

D. 月末贷方余额为红字5 000元

71. 某账户的有关记录如下：

××账户

期初余额	8 000		
①	3 000	②	1 500
③	2 500	④	（ ）
期末余额	5 000		

则该账户括号栏中的数额为（ ）元。

A. 5 500　B. 6 000　C. 7 000　D. 3 500

72. 某账户的有关记录如下：

××账户

期初余额	（ ）		
①	20 000	②	35 000
③	30 000		
期末余额	35 000		

则该账户期初余额括号栏中的数额为（ ）元。

A. 35 000　B. 70 000　C. 20 000　D. 30 000

73. 某企业期末余额试算平衡表的资料如下：

账户名称	期末借方余额	期末贷方余额
H账户	15 000	
I账户	75 000	
J账户		
K账户		20 000
L账户		35 000

则J账户（　　）。

A. 有借方余额90 000元　　B. 有贷方余额55 000元

C. 有借方余额35 000元　　D. 有贷方余额35 000元

74. “应付账款——甲公司”明细账的借方余额表示（　　）。

A. 资产　　B. 负债　　C. 所有者权益　　D. 利润

75. 下列项目中，与“制造费用”属于同一类科目的是（　　）。

A. “固定资产”　　B. “其他业务成本”

C. “生产成本”　　D. “主营业务成本”

76. 有关会计科目与账户的关系，下列说法中，不正确的是（　　）。

A. 没有账户，就无法发挥会计科目的作用

B. 两者口径一致，性质相同

C. 账户是设置会计科目的依据

D. 会计科目不存在结构，而账户则具有一定的格式和结构

77. 关于会计科目，下列说法中，不正确的是（　　）。

A. 会计科目的设置应该符合国家统一会计准则的规定

B. 会计科目是设置账户的依据

C. 企业不可以自行设置会计科目

D. 账户是会计科目的具体运用

78. 账户的左方和右方，哪一方登记增加，哪一方登记减少，取决于（　　）。

A. 所记经济业务的重要程度　　B. 开设账户时间的长短

C. 所记金额的大小　　D. 所记录的经济业务和账户的性质

79. 总分类会计科目一般按（　　）进行设置。

A. 企业管理的需要　　B. 国家统一会计制度的规定

C. 会计核算的需要　　D. 经济业务的种类不同

80. 下列账户中，年末一般无余额的是（　　）账户。

A. “库存商品”　　B. “生产成本”　　C. “本年利润”　　D. “利润分配”

81. “管理费用”账户期末结账后的余额（　　）。

A. 在借方　B. 在贷方　C. 无余额　D. 都有可能

82. 明细分类账户对总分类账户具有(　　)作用。

A. 统驭控制　B. 补充说明　C. 指导　D. 辅助

83. 总分类账和明细分类账平行登记,是指(　　)。

A. 两者的记账内容相同　B. 两者的记账方向相同

C. 两者的记账金额相同　D. 以上同时成立

84. 会计分录必须具备(　　)。

A. 摘要、凭证号、金额　B. 科目名称、记账符号、金额

C. 借方、贷方、金额　D. 总分类科目、明细分类科目、金额

85. 总分类账户是用来提供(　　)的账户。

A. 详细核算资料　B. 资产

C. 总括核算资料　D. 负债

86. 三栏式账簿应设置有(　　)三个基本栏目的账簿。

A. 日期、摘要、余额　B. 日期、借方、贷方

C. 摘要、借方、贷方　D. 借方、贷方、余额

87. 在我国,单位一般只针对(　　)采用卡片账形式。

A. 库存商品明细账　B. 银行存款日记账

C. 应交增值税明细账　D. 固定资产明细账

88. 账户余额的计算公式是(　　)。

A. 期末余额=上期期初余额+本期增加发生额-本期减少发生额

B. 期末余额=期初余额+本期增加发生额-本期减少发生额

C. 期末余额=上期期初余额+本期减少发生额-本期增加发生额

D. 期末余额=期初余额+本期减少发生额-本期增加发生额

89. 在借贷记账法下,所有者权益账户的期末余额等于(　　)。

A. 期初贷方余额+本期贷方发生额-本期借方发生额

B. 期初借方余额+本期贷方发生额-本期借方发生额

C. 期初借方余额+本期借方发生额-本期贷方发生额

D. 期初贷方余额+本期借方发生额-本期贷方发生额

90. 单式记账法对经济业务登记是(　　)。

A. 只在一个账户中进行登记

B. 在两个账户中进行登记

C. 在两个或两个以上账户中进行登记

D. 只对有关应收款、应付款、库存现金、银行存款的收付业务进行登记

91. 借贷记账法的试算平衡,以下说法中,不正确的是(　　)。

A. 必须将所有账户的余额都记入到试算平衡表中
B. 如果试算平衡表借贷不相等，就说明账户记录一定有错误
C. 如果试算平衡表经过计算都是平衡的，也不能说明账户记录就一定正确
D. 如果试算平衡表经过计算都是平衡的，就能说明账户记录一定正确

92. 借贷账户之间的关系叫做账户的对应关系，这两个相互关联的账户称为(　　)。
A. 对应账户　B. 关联账户　C. 应借账户　D. 应贷账户

93. 负债类账户的期末余额(　　)。
A. 在借方　B. 一般在贷方
C. 可在借方，也可在贷方　D. 一般无余额

94. 会计科目在会计核算中的重要意义是(　　)。
A. 是复式记账的基础　B. 保证会计核算资料的真实性
C. 提高资金的使用效率　D. 防止违法行为

95. 账户发生额试算平衡法的确定是根据(　　)。
A. 借贷记账法的记账规则
B. 经济业务的内容
C. 经济业务的类型
D. "资产＝负债＋所有者权益"的恒等关系

96. 账户余额试算平衡法的确定是根据(　　)。
A. 借贷记账法的记账规则　B. 经济业务的内容
C. "资产等于权益"的平衡关系原理　D. 经济业务的类型

97. 在实际工作中，试算平衡采用的方式是编制(　　)。
A. 余额试算平衡表　B. 发生额平衡表
C. 资产负债表　D. 试算平衡表

98. 收入类账户年末应(　　)。
A. 没有余额　B. 可能有借方余额
C. 可能有贷方余额　D. 借贷方均有余额

99. "生产成本"账户的期末借方余额表示(　　)。
A. 完工产品成本　B. 期末在产品成本
C. 本月生产费用合计　D. 库存商品成本

100. 企业生产的产品完工，应将其生产成本转入(　　)科目。
A. "主营业务成本"　B. "本年利润"
C. "库存商品"　D. "原材料"

101. 企业销售产成品，应将已销产成品的生产成本转入(　　)科目。

A.“主营业务成本”　　B.“本年利润”
C.“库存商品”　　D.“生产成本”

102. 工业企业让售多余材料，应将让售的多余材料的成本转入（　　）科目。
A.“主营业务成本”　　B.“本年利润”
C.“其他业务成本”　　D.“生产成本”

103.“累计折旧”账户称为“固定资产”账户的（　　）。
A. 联系账户　　B. 平衡账户　　C. 附加账户　　D. 备抵账户

104. 会计日常核算工作的起点是（　　）。
A. 填制会计凭证　　B. 财产清查
C. 设置会计科目和账户　　D. 登记会计账簿

105. 用来作为编制记账凭证的依据的是（　　）。
A. 原始凭证　　B. 一次凭证　　C. 外来凭证　　D. 累计凭证

106. 用来作为登记总账的依据的是（　　）。
A. 汇总凭证　　B. 通用凭证　　C. 记账凭证　　D. 专用凭证

107. 会计凭证分为原始凭证和记账凭证的依据是（　　）。
A. 填制方式　　B. 填制方法
C. 填制程序和用途　　D. 取得的来源

108. 为保证会计账簿记录的正确性，会计人员编制记账凭证时必须依据的是（　　）。
A. 金额计算正确的原始凭证
B. 填写齐全的原始凭证
C. 审核无误的原始凭证
D. 盖有填制单位财务公章的原始凭证

109. 在会计实务中，原始凭证按照填制手续及内容不同，可以分为（　　）。
A. 通用凭证和专用凭证　　B. 收款凭证、付款凭证和转账凭证
C. 外来原始凭证和自制原始凭证　　D. 一次凭证、累计凭证和汇总凭证

110. 在使用收款凭证、付款凭证、转账凭证的单位，在发生与货币资金无关的业务时，填制的凭证是（　　）。
A. 收款凭证　　B. 付款凭证　　C. 转账凭证　　D. 通用凭证

111. 下列会计凭证中，属于原始凭证的是（　　）。
A. 收款凭证　　B. 付款凭证　　C. 转账凭证　　D. 折旧计算表

112. 在一定时期内多次记录发生的同类型经济业务的原始凭证称为（　　）。
A. 一次凭证　　B. 累计原始凭证
C. 转账凭证　　D. 汇总原始凭证

113. 下列凭证中，属于外来原始凭证的是(　　)。

A. 领料单　　B. 发料汇总表　　C. 住宿发票　　D. 产品交库单

114. 8 月 1 日对 7 月份的损益类账户的发生额进行结转，填制转账凭证日期应该是(　　)。

A. 8 月 1 日　　B. 7 月 1～31 日　　C. 7 月 31 日　　D. 7 月 1 日

115. “限额领料单”属于(　　)。

A. 一次性凭证　　B. 外来凭证

C. 汇总原始凭证　　D. 累计凭证

116. 用现金支付购物款，应填制(　　)。

A. 银行存款付款凭证　　B. 转账凭证

C. 库存现金付款凭证　　D. 库存现金收款凭证

117. 按填制的程序和用途不同，会计凭证分为(　　)。

A. 收款凭证、付款凭证和转账凭证　　B. 一次凭证和累计凭证

C. 原始凭证和记账凭证　　D. 外来凭证和自制凭证

118. 单据是指(　　)。

A. 记账凭证　　B. 发票　　C. 记账凭单　　D. 原始凭证

119. 下列各项中，属于自制原始凭证的是(　　)。

A. 产品入库单　　B. 银行结算凭证

C. 购货收据　　D. 车船票

120. 下列会计凭证中，只需反映价值量的有(　　)。

A. 材料入库单　　B. 实存账存对比表

C. 工资分配汇总表　　D. 限额领料单

121. 下列原始凭证中，属于外来原始凭证的是(　　)。

A. 收料单　　B. 产品入库单

C. 领料单　　D. 购货收据

122. 对于将现金送存银行业务，会计人员应填制的记账凭证是(　　)。

A. 银行收款凭证　　B. 现金付款凭证

C. 银行收款凭证和现金付款凭证　　D. 转账凭证

123. 下列各项中，不属于记账凭证审核内容的是(　　)。

A. 凭证是否符合有关的计划和预算

B. 会计科目使用是否正确

C. 凭证的内容与所附凭证的内容是否一致

D. 凭证的金额与所附凭证的金额是否一致

124. 下列各项中，符合会计要素收入定义的是(　　)。

A. 出售材料收入
B. 出售无形资产净收益
C. 出售固定资产净收益
D. 向购货方收取的增值税销项税额
125. 下列各项中，不属于原始凭证审核内容的是(　　)。
A. 原始凭证是否有填制单位的公章和填制人员签章
B. 原始凭证是否符合规定的审核程序
C. 原始凭证是否符合有关计划和预算
D. 会计科目使用是否正确
126. 下列记账凭证中，可以不附原始凭证的是(　　)。
A. 所有收款凭证　　B. 所有付款凭证
C. 所有转账凭证　　D. 用于结账的记账凭证
127. 付款记账凭证，左上角的贷方科目，应填列(　　)科目。
A. "银行存款"　　B. "库存现金"
C. "银行存款(或库存现金)"　　D. "非货币资金"
128. 会计凭证是(　　)的依据。
A. 编制报表　　B. 记账凭证　　C. 登记账簿　　D. 原始凭证
129. 车间领用原材料，应根据领料单填制的是(　　)。
A. 收款凭证　　B. 付款凭证　　C. 转账凭证　　D. 结算凭证
130. 从银行提取现金发放工资，应填制(　　)。
A. 收款凭证　　B. 付款凭证　　C. 转账凭证　　D. 单式凭证
131. 下列经济业务中，应填制转账凭证的是(　　)。
A. 职工借支差旅费 5 000 元　　B. 以现金 900 元购买办公用品
C. 销售甲产品收入现金 800 元　　D. 购入设备一台，款项 58 500 元暂欠
132. 接受外单位投资的设备一台，应填制(　　)。
A. 收款凭证　　B. 付款凭证　　C. 转账凭证　　D. 汇总凭证
133. 记账凭证应根据审核无误的(　　)编制。
A. 复式凭证　　B. 付款凭证　　C. 转账凭证　　D. 原始凭证
134. 下列各项中，不能作为记账依据的是(　　)。
A. 发货票　　B. 收货单　　C. 入库单　　D. 经济合同
135. 下列各项中，适合采用多栏式明细账格式核算的是(　　)科目。
A. "原材料"　　B. "制造费用"　　C. "应付账款"　　D. "库存商品"
136. 下列各项中，做法错误的是(　　)。
A. 现金日记账采用三栏式账簿

B. 产成品明细账采用数量金额式账簿

C. 生产成本明细账一般采用三栏式账簿

D. 制造费用明细账采用多栏式账簿

137. 卡片式账簿一般适用于(　　)明细分类账。

A. “库存现金”　B. “银行存款”　C. “固定资产”　D. “应付利息”

138. 下列各项中,不符合账簿平时管理的具体要求的是(　　)。

A. 各种账簿应分工明确,指定专人管理

B. 会计账簿能够在财务室内随意翻阅查看

C. 会计账簿除需要与外单位核对外,一般不能携带外出

D. 账簿不能随意交与其他人员管理

139. 在登记账簿时,如果经济业务发生日期为20×0年11月12日,编制记账凭证日期为11月16日,登记账簿日期为11月17日,则账簿中的“日期”栏登记的时间为(　　)。

A. 11月12日　B. 11月16日

C. 11月17日　D. 11月16日或11月17日均可

140. “应收账款”“应付账款”账户的明细分类核算,其明细账的账页格式一般是(　　)。

A. 三栏式　B. 多栏式　C. 特定表格式　D. 数量金额式

141. 在我国,总分类账要选用(　　)。

A. 活页式账簿　B. 订本式账簿

C. 卡片式账簿　D. 自己认为合适的账簿

142. 下列各项中,适合采用多栏式明细账格式核算的是(　　)。

A. 固定资产　B. 应收账款　C. 管理费用　D. 原材料

143. 下列明细分类账中,应该采用数量金额式明细分类账的是(　　)。

A. 原材料明细分类账　B. 应收账款明细分类账

C. 制造费用明细分类账　D. 管理费用明细分类账

144. 专门记载某一类经济业务的序时账簿,称为(　　)。

A. 普通日记账　B. 特种日记账

C. 转账日记账　D. 分录簿

145. 能够提供企业某一类经济业务增减变化总括会计信息的账簿是(　　)。

A. 明细分类账　B. 总分类账　C. 备查簿　D. 日记账

146. 能够提供企业某一类经济业务增减变化较为详细的会计信息的账簿是(　　)。

A. 明细分类账　B. 总分类账　C. 备查簿　D. 记账凭证

147. 能够序时反映企业某一类经济业务会计信息的账簿是（　　）。

A. 明细分类账　　B. 总分类账　　C. 备查簿　　D. 日记账

148. 一般情况下，不需根据记账凭证登记的账簿是（　　）。

A. 明细分类账　　B. 总分类账　　C. 备查簿　　D. 日记账

149. 日记账的最大特点是（　　）。

A. 按现金和银行存款设置账户

B. 可以提供现金和银行存款的每日发生额

C. 可以提供现金和银行存款每日的动态和静态资料

D. 随时逐笔顺序登记并逐日结出余额

150. 下列明细分类账中，可以采用数量金额式明细分类账的是（　　）。

A. 库存商品明细分类账　　B. 应付账款明细分类账

C. 管理费用明细分类账　　D. 预付账款明细分类账

151. 增值税一般纳税企业"应交税费——应交增值税"账户的明细分类核算，其明细账的账页格式应采用（　　）。

A. 三栏式　　B. 多栏式　　C. 特定表格式　　D. 数量金额式

※152. 增值税小规模纳税企业"应交税费——应交增值税"账户的明细分类核算，其明细账的账页格式应采用（　　）。

A. 三栏式　　B. 多栏式　　C. 特定表格式　　D. 数量金额式

（本题会计基础层次不作要求，此处只是为了提示与上题答案不同）

153. 下列对账工作中，属于账实核对的是（　　）。

A. 企业银行存款日记账与银行对账单核对

B. 总分类账与所属明细分类账核对

C. 会计部门的财产物资明细账与财产物资保管部门的有关明细账相核对

D. 总分类账与日记账核对

154. 采用补充登记法，是因为（　　）导致账簿错误。

A. 记账凭证上会计科目错误

B. 记账凭证上记账方向错误

C. 记账凭证上会计科目或记账方向正确，所记金额大于应记金额

D. 记账凭证上会计科目和记账方向正确，所记金额小于应记金额

155. 更正错账时，划线更正法的适用范围是（　　）。

A. 记账凭证上会计科目或记账方向错误，导致账簿记录错误

B. 记账凭证正确，在记账时发生错误，导致账簿记录错误

C. 记账凭证上会计科目或记账方向正确，所记金额大于应记金额，导致账簿记录错误

D. 记账凭证上会计科目或记账方向正确，所记金额小于应记金额，导致账簿记录错误

156. 在月末结账前发现所填制的记账凭证将科目方向记反，并已过账，按照有关规定，更正时应采用的错账更正方法最好是(　　)。

A. 划线更正法　　B. 平行登记法
C. 补充登记法　　D. 红字更正法

157. 在月末结账前发现所填制的记账凭证无误，根据记账凭证登记账簿时，将 1 568 元误记为 1 586 元，按照有关规定，更正时应采用的错账更正方法是(　　)。

A. 划线更正法　　B. 红字更正法
C. 补充登记法　　D. 平行登记法

158. 记账以后，发现记账凭证应借应贷的账户名称和借贷方向正确，但所填写的金额小于应记金额，应采用的更正方法是(　　)。

A. 红字更正法　　B. 补充登记法
C. 划线更正法　　D. 余额调节法

159. 结账时，应当画通栏双红线的是(　　)。

A. 12 月末结出全年累计发生额后　　B. 各月末结出本年累计发生额后
C. 结出本季累计发生额后　　D. 结出当月发生额后

160. 8 月末结出全年累计发生额后，应在“本年累计”行下画(　　)。

A. 通栏单红线　　B. 通栏双红线
C. 半栏单红线　　D. 半栏双红线

161. 汇总记账凭证账务处理程序的优点是(　　)。

A. 详细反映经济业务的发生情况　　B. 可以做到试算平衡
C. 便于了解账户之间的对应关系　　D. 处理手续简便

162. 汇总记账凭证账务处理程序适用于(　　)的单位。

A. 规模较小，业务量较少　　B. 规模较大，业务量较多
C. 规模较大，业务量较少　　D. 规模较小，业务量较多

163. 各种账务处理程序的主要区别在于(　　)。

A. 登记总账的依据和方法不同　　B. 登记明细账的依据和方法不同
C. 会计凭证的种类不同　　D. 登记明细账的依据和方法不同

164. 科目汇总表账务处理程序的缺点是(　　)。

A. 不利于会计核算分工　　B. 不能进行试算平衡
C. 反映不出账户的对应关系　　D. 会计科目数量受限制

165. 适用于经济业务量较少，且规模较小的单位的账务处理程序是(　　)账

务处理程序。

A. 记账凭证　　B. 汇总记账凭证

C. 科目汇总表　　D. 日记总账

166. 科目汇总表账务处理程序和汇总记账凭证账务处理程序的主要相同点是(　　)。

A. 都要进行记账凭证的汇总　　B. 登记总账的依据相同

C. 会计凭证的种类相同　　D. 都不能减轻登记总账的工作量

167. 现金清查中,无法查明原因的长款,应记入(　　)账户核算。

A. "其他应付款"　　B. "其他应收款"

C. "管理费用"　　D. "营业外收入"

168. 库存商品因管理不善盘亏,经批准核销时,应贷记(　　)账户。

A. "管理费用"　　B. "营业外支出"

C. "库存商品"　　D. "待处理财产损溢"

169. 下列属于实物资产清查范围的是(　　)。

A. 现金　　B. 存货　　C. 有价证券　　D. 应收账款

170. 现金清查中无法查明原因的短款,经批准后记入(　　)账户。

A. "管理费用"　　B. "财务费用"

C. "其他应收款"　　D. "营业外支出"

171. 财产清查是通过实地盘点、查证核对来查明(　　)是否相符的一种方法。

A. 账证　　B. 账表　　C. 账实　　D. 账账

172. 以下项目中,不是财产清查的基本程序的有(　　)。

A. 清查前的准备工作　　B. 账项核对和实地盘点

C. 清查结果处理　　D. 复查报告

173. 在财产清查中填制的"账存实存对比表"是(　　)。

A. 调整账面记录的原始凭证　　B. 调整账面记录的记账凭证

C. 登记总分类账的直接依据　　D. 登记日记账的直接依据

174. 对银行存款所采用的清查方法一般是(　　)。

A. 实地盘点法　　B. 对账单　　C. 估算法　　D. 技术推算法

175. 对于发生自然灾害或贪污盗窃受损的财产物资进行财产清查,通常采用(　　)。

A. 定期清查　　B. 不定期清查　　C. 集中清查　　D. 分散清查

176. 由于非常损失导致存货的盘亏,经批准后应作为(　　)处理。

A. 营业外支出　　B. 财务费用　　C. 管理费用　　D. 坏账损失

177. 对于大堆、笨重的材料物资盘存及确定，一般采用(　　)。

A. 实地盘点法　　B. 抽查检验法

C. 技术推算盘点法　　D. 询证核对法

178. 由于非正常损失导致的固定资产盘亏，应作为(　　)处理。

A. 营业外支出　　B. 财务费用　　C. 管理费用　　D. 坏账损失

179.《小企业会计制度》规定，小企业年度财务会计报告可根据需要选择是否编制(　　)。

A. 资产负债表　　B. 利润表

C. 现金流量表　　D. 会计报表附注

180. 会计报表是根据(　　)定期进行归集、加工和汇总而编制的。

A. 原始凭证　　B. 记账凭证

C. 会计凭证　　D. 会计账簿记录

181. 月度财务会计报告，在每月终了时编制，应于月份终了后的(　　)日内报出。

A. 3　　B. 5　　C. 6　　D. 10

182. 最关注投资的内在风险和投资报酬的会计报表使用者是(　　)。

A. 投资者　　B. 债权人

C. 企业管理人员　　D. 政府

183. 年度财务会计报告在每年度终了时编制，应于年度终了后(　　)内对外提供。

A. 15 日　　B. 30 日　　C. 2 个月　　D. 4 个月

184.(　　)可以反映企业经营活动和财务收支的全貌。

A. 会计账簿　　B. 总分类账

C. 财务会计报告　　D. 明细分类账

185.(　　)是反映企业经营成果的会计报表。

A. 资产负债表　　B. 利润表

C. 现金流量表　　D. 会计报表附注

186. 会计报表各项目的数据必须建立在(　　)的基础之上。

A. 真实可靠　　B. 相关可比　　C. 便于理解　　D. 编制及时

187. 编制资产负债表所依据的会计等式是(　　)。

A. 收入－费用＝利润

B. 资产＝负债＋所有者权益

C. 借方发生额＝贷方发生额

D. 期初余额＋本期借方发生额－本期贷方发生额＝期末余额

188. 以下报表中，反映企业财务状况的是(　　)。

A. 资产负债表　　B. 利润表
C. 现金流量表　　D. 利润分配表

189. 资产负债表中，资产的排列顺序是(　　)。

A. 项目重要性　　B. 项目流动性
C. 项目收益性　　D. 项目时间性

190. 资产负债表的下列项目中，直接根据一个总分类账账户就能填列的项目是(　　)。

A. 货币资金　　B. 应收账款　　C. 短期借款　　D. 预收账款

191. 资产负债表的下列项目中，能直接根据相应总账账户期末余额计算填列的项目是(　　)。

A. 预付账款　　B. 无形资产
C. 长期股权投资　　D. 货币资金

192. 下列资产项目中，属于非流动资产项目的是(　　)。

A. 应收票据　　B. 长期应收款
C. 货币资金　　D. 存货

193. 资产负债表中所有者权益的排列顺序是(　　)。

A. 未分配利润—盈余公积—资本公积—实收资本
B. 实收资本—资本公积—盈余公积—未分配利润
C. 实收资本—盈余公积—资本公积—未分配利润
D. 资本公积—盈余公积—未分配利润—实收资本

194. 下列项目中，属于长期负债项目的是(　　)。

A. 应付票据　　B. 应付债券
C. 应付股利　　D. 应付职工薪酬

195. 可以反映企业的短期偿债能力和长期偿债能力的报表是(　　)。

A. 利润表　　B. 利润分配表
C. 资产负债表　　D. 现金流量表

196. 资产负债表的主体和核心部分是(　　)。

A. 表头　　B. 表身　　C. 表尾　　D. 附表

197. 资产负债表的下列项目中，必须根据同名称总账科目和所属明细账科目两者的余额分析计算填列的是(　　)。

A. 短期借款　　B. 长期借款
C. 应付票据　　D. 应付职工薪酬

198. 下列资料中，不属于会计凭证类会计档案的是(　　)。

A. 原始凭证　　B. 汇总凭证　　C. 辅助账簿　　D. 记账凭证

199. 各单位每年形成的会计档案，都应由本单位（　　）负责整理立卷，装订成册，编制会计档案保管清册。

A. 财务会计部门　　B. 档案部门

C. 人事部门　　D. 指定专人

200. 下列会计档案中，保管期限为25年的是（　　）。

A. 银行存款总账　　B. 银行存款日记账

C. 汇总凭证　　D. 辅助账簿

201. 企业银行对账单的保管期限为（　　）年。

A. 3　　B. 5　　C. 10　　D. 30

202. 原始凭证和记账凭证的保管期限为（　　）年。

A. 5　　B. 10　　C. 15　　D. 30

203. 下列会计档案中，不需要永久保存的是（　　）。

A. 财政总预算　　B. 税收日记账和总账

C. 会计档案保管清册　　D. 会计档案销毁清册

204. 企业的固定资产卡片的保管期限为（　　）。

A. 固定资产清理报废时　　B. 固定资产清理报废后1年

C. 固定资产清理报废后2年　　D. 固定资产清理报废后5年

205. 国家机关销毁会计档案时，应由（　　）派员参加监销。

A. 同级财政部门　　B. 同级财政部门和审计部门

C. 同级审计部门　　D. 上级财政部门和审计部门

二、多项选择题（第一模块学习中可做1～26题；其余习题可在第三模块的学习中做）

1. 会计核算是指会计以货币为主要计量单位，通过（　　）等环节，对特定主体的经济活动进行记账、算账、报账，为各有关方面提供会计信息的功能。

A. 报告　　B. 计量　　C. 记录　　D. 确认

2. 下列各项中，属于会计职能的是（　　）。

A. 评价经营业绩　　B. 会计核算

C. 预测经济前景　　D. 参与经济决策

3. 工业企业的资金运动包括（　　）。

A. 资金的循环与周转　　B. 资金的投入

C. 资金的耗用　　D. 资金的退出

4. 下列各项中，属于资金退出的是（　　）。

A. 向所有者分配利润　　B. 偿还各项债务

C. 上交各项税金　　D. 购买材料

5. 根据《企业会计制度》的规定，会计期间可分为（　）。

A. 月度　B. 年度　C. 半年度　D. 季度

6. 下列组织可以作为一个会计主体进行会计核算的有（　）。

A. 独资企业　B. 企业的销售部门

C. 分公司　D. 子公司

7. 下列说法中，正确的有（　）。

A. 会计人员只能核算和监督所在主体的经济业务，不能核算和监督其他主体的经济业务

B. 会计主体可以是企业中的一个特定部分，也可以是几个企业组成的企业集团

C. 会计主体一定是法律主体

D. 会计主体假设界定了从事会计工作和提供会计信息的空间范围

8. 下列各项中，属于反映企业财务状况静态要素的有（　）。

A. 资产　B. 负债　C. 利润　D. 所有者权益

9. 资产与权益的恒等关系是（　）。

A. 复式记账法的理论依据

B. 总账与明细账平行登记的理论依据

C. 试算平衡的理论依据

D. 编制资产负债表的依据

10. 下列各项中，一定属于流动资产的是（　）。

A. 预付账款　B. 存货　C. 股权投资　D. 债权投资

11. 企业所有者权益包括（　）。

A. 资本公积　B. 股本　C. 未分配利润　D. 盈余公积

12. 资产应具备的基本特征有（　）。

A. 资产由企业过去的交易或事项形成

B. 必须是投资者投入的

C. 资产由企业拥有或控制的

D. 资产预期能为企业带来经济利益

13. 下列各项中，反映企业财务状况的会计要素是（　）。

A. 所有者权益　B. 资产　C. 财务费用　D. 负债

14. 企业在取得收入时可能会影响到的会计要素是（　）。

A. 资产　B. 负债　C. 所有者权益　D. 费用

15. 下列项目中，属于资产范围的有（　）。

A. 融资租入的设备 B. 经营租入的设备
C. 委托加工商品 D. 无形资产

16. 下列各项中,属于长期负债的是(　　)。

A. 应付债券 B. 长期应付款 C. 应付股利 D. 应付账款

17. 下列各项中,反映企业经营成果的会计要素是(　　)。

A. 利润 B. 费用 C. 收入 D. 所有者权益

18. 会计科目按其所归属的会计要素不同,可分为(　　)等。

A. 所有者权益类 B. 负债类 C. 损益类 D. 成本类

19. 会计科目按其所提供信息的详细程度及其统驭关系不同,分为(　　)科目。

A. 明细分类 B. 总分类 C. 损益类 D. 成本类

20. 会计科目的设置原则包括(　　)。

A. 实用性 B. 相关性 C. 合法性 D. 一致性

21. 会计科目在会计核算中的重要意义是(　　)。

A. 复式记账的基础
B. 编制记账凭证的基础
C. 成本计算和财产清查的前提条件
D. 为编制会计报表提供了方便

22. 运用借贷记账法编制会计分录时,可以编制(　　)。

A. 一借一贷的分录 B. 多借多贷的分录
C. 多借一贷的分录 D. 一借多贷的分录

23. 复合会计分录是(　　)。

A. 由两个简单会计分录组成的
B. 由两个或两个以上会计分录组成的
C. 由两个对应科目组成
D. 涉及两个以上科目的会计分录

24. 单式记账法的缺点有(　　)。

A. 记账手续比较简单
B. 记账手续比较复杂
C. 不能检查账户记录的正确性
D. 不能全面反映经济业务的来龙去脉

25. 下列项目中,属于所有者权益直接来源的有(　　)。

A. 所有者投入的资本
B. 不应计入当期损益的利得或者损失

C. 留存收益

D. 收入

26. 下列说法中,正确的有(　　)。

A. 在境外设立的中国企业向国内报送的财务报告,应当折算为人民币

B. 业务收支以外币为主的单位可以选择某种外币为记账本位币

C. 会计核算过程中采用货币为主要计量单位

D. 我国企业的会计核算只能以人民币为记账本位币

27. 复式记账的意义有(　　)。

A. 可以完整地反映资金运动的来龙去脉

B. 可以使记账手续更为简单

C. 可以全面、系统地记录和反映经济业务

D. 可以保持资金平衡关系

28. 复式记账法的要点有(　　)。

A. 当经济业务发生时,既登记总账,又登记明细账

B. 当经济业务发生时,同时在两个账户中登记

C. 当经济业务发生时,同时在两个或两个以上账户中相互联系地登记

D. 当经济业务发生时,必须以相等的金额进行登记

29. 下列各项中,属于企业会计核算具体内容的有(　　)。

A. 款项和有价证券的收付

B. 财产物资的收发、增减和使用

C. 债权债务的发生和结算

D. 财务成果的计算和处理

30. 款项是作为支付手段的货币资金,主要包括(　　)等。

A. 银行存款　　B. 银行汇票存款

C. 外埠存款　　D. 备用金

31. 财务成果的计算和处理一般包括(　　)。

A. 利润的计算　　B. 所得税的计算

C. 所得税的结转　　D. 利润的分配

32. 目前,我国事业单位会计可采用的会计确认的基础有(　　)。

A. 持续经营　　B. 权责发生制

C. 货币计量　　D. 收付实现制

33. 可变现净值是指在正常生产经营过程中,以预计售价减去(　　)后的净值。

A. 进一步加工成本　　B. 销售所必需的预计税金

C. 销售所必需的费用　　　　　　　　D. 最终处置收入

34. 下列各项中,属于会计计量属性的有(　　)。

A. 历史成本　B. 可变现净值　C. 公允价值　D. 现值

35. 通常反映的是资产或者负债的现时成本或者现时价值的计量属性有(　　)。

A. 重置成本　B. 可变现净值　C. 公允价值　D. 现值

36. 下列说法中,正确的是(　　)。

A. 会计科目不仅表明了本身的核算内容,也决定了其自身的结构

B. 会计科目的名称也就是账户名称

C. 会计科目和账户所反映的经济内容是相同的

D. 账户是分类核算经济业务的工具

37. 产品生产成本包括(　　)。

A. 直接人工　B. 直接材料　C. 制造费用　D. 管理费用

38. 期间费用包括(　　)。

A. 销售费用　B. 财务费用　C. 管理费用　D. 制造费用

39. 债权是企业收取款项的权利,一般包括各种(　　)等。

A. 预付款项　B. 预收款项　C. 应交款项　D. 应收款项

40. 总账与所属明细账的关系是(　　)。

A. 记账方向相同　　　　　　　　B. 本期发生额一致

C. 核算内容不同　　　　　　　　D. 总账是所属明细账的统驭账户

41. 总账与明细账平行登记的要点包括(　　)。

A. 记入两个或两个以上账户

B. 记入总账同时记入所属的明细账

C. 记账方向相同

D. 登记金额相等

42. 会计账簿按账页格式分类,可以分为(　　)。

A. 两栏式　B. 三栏式　C. 多栏式　D. 数量金额式

43. 账户按照会计科目的内容进行分类,分为(　　)等。

A. 资产类账产　　　　　　　　B. 负债类账产

C. 所有者权益类账户　　　　　D. 损益类账户

44. 借方登记本期减少发生额的账户有(　　)。

A. 资产类账户　　　　　　　　B. 负债类账户

C. 收入类账户　　　　　　　　D. 费用类账户

45. 有关资产类账户说法中,正确的有(　　)。

A. 借方登记增加　　　　　　B. 贷方登记减少
C. 借方登记减少　　　　　　D. 期末余额一般在借方

46. 账户记录可能存在不能由试算平衡表来发现的错误有(　　)。
A. 一笔经济业务的记录全部被漏记或重记
B. 一笔经济业务的借贷双方,在编制会计分录时,金额上发生同样的错误
C. 在编制会计分录时,一笔经济业务应借应贷的账户相互颠倒
D. 会计分录的借贷双方或一方,在过入总分类账时误记了账户

47. 下列关于账户期末余额计算公式中,正确的有(　　)。
A. 资产类账户的期末余额=期初余额+本期借方发生额-本期贷方发生额
B. 成本类账户的期末余额=期初余额+本期借方发生额-本期贷方发生额
C. 账户的期末余额=期初余额+本期增加额-本期减少额
D. 负债类账户的期末余额=期初余额+本期借方发生额-本期贷方发生额

48. 对于收入类账户来讲,(　　)。
A. 增加额记入账户的借方　　　　B. 增加额记入账户的贷方
C. 期末没有余额　　　　　　　　D. 期末有借方余额

49. 对于费用类账户来讲,(　　)。
A. 费用的增加额记入账户的借方　　B. 如有期末余额,必定为贷方余额
C. 期末没有余额　　　　　　　　　D. 费用的增加额记入账户的贷方

50. 下列单据中,属于原始凭证的包括(　　)。
A. 销货发票　　B. 销售合同　　C. 材料入库单　　D. 领料单

51. 下列会计凭证中,不属于外来原始凭证的包括(　　)。
A. 销货发票　　B. 进货发票　　C. 记账凭证　　D. 材料入库单

52. 关于会计凭证,下列各项表述中,正确的包括(　　)。
A. 会计凭证可以分为原始凭证和记账凭证
B. 原始凭证是编制记账凭证的依据
C. 记账凭证是登记账簿的直接依据
D. 尚未取得原始凭证的经济业务可以先编制记账凭证据以记账

53. 下列凭证中,不属于自制原始凭证的包括(　　)。
A. 银行收款通知　　　　　　B. 付款凭证
C. 从购买方获得的销售发票　　D. 销售商品所开具的销售发票

54. 工资支付单不属于(　　)。
A. 记账凭证　　　　　　B. 自制原始凭证
C. 外来原始凭证　　　　D. 累计原始凭证

55. 现金与银行存款之间的划转应编制(　　)。

A. 现金收款凭证　　B. 银行存款付款凭证
C. 现金付款凭证　　D. 银行存款收款凭证

56. 下列原始凭证中，属于一次凭证的包括(　)。
A. 发票　　B. 发料汇总表
C. 限额领料单　　D. 本企业开出的收款收据

57. 原始凭证按填制手续及内容不同，可分为(　)。
A. 一次凭证　B. 累计凭证　C. 记账凭证　D. 限额领料单

58. 记账凭证的审核内容包括(　)。
A. 是否有原始凭证为依据　　B. 应借应贷科目和金额是否正确
C. 项目的填列是否齐全　　D. 书写是否正确

59. 下列各项中，属于记账凭证的包括(　　)。
A. 收款凭证　　B. 付款凭证
C. 转账凭证　　D. 通用记账凭证

60. 各种原始凭证必须具备的基本内容包括(　　)。
A. 凭证名称、填制日期和编号　　B. 接受原始凭证的单位名称
C. 经济业务内容　　D. 填制单位签章

61. 原始凭证按取得来源不同可以分为(　　)。
A. 自制原始凭证　　B. 累计原始凭证
C. 汇总原始凭证　　D. 外来原始凭证

62. 填制和审核会计凭证的意义有(　　)。
A. 记录经济业务，提供记账依据　　B. 监督经济活动，控制经济运行
C. 明确经济责任，强化内部控制　　D. 增加企业盈利，提高企业竞争力

63. 原始凭证的审核内容包括(　　)。
A. 原始凭证的合法性　　B. 原始凭证的真实性
C. 原始凭证的完整性　　D. 原始凭证的正确性

64. 可以作为记账凭证编制依据的有(　　)。
A. 一次凭证　　B. 累计凭证
C. 原始凭证汇总表　　D. 收款凭证

65. 外购材料取得的发货票属于(　　)。
A. 外来原始凭证　　B. 累计凭证
C. 一次凭证　　D. 自制原始凭证

66. 记账凭证按内容来分，可以分为(　　)。
A. 收款凭证　B. 付款凭证　C. 转账凭证　D. 复式凭证

67. 记账凭证按填列方式来分，可以分为(　　)。

A. 专用凭证　　B. 单式凭证　　C. 通用凭证　　D. 复式凭证

68. 关于记账凭证和原始凭证，下列说法中，正确的是(　　)。

A. 记账凭证将原始凭证中的一般数据转化为会计语言

B. 原始凭证根据实际发生或已完成的经济业务事项填制

C. 原始凭证是进行会计核算的原始资料和重要依据

D. 原始凭证记录的是经济信息，记账凭证记录的是会计信息

69. 填制记账凭证，下列做法中，正确的是(　　)。

A. 将不同内容和类别的原始凭证汇总填制

B. 根据每一张原始凭证填制

C. 根据若干张同类原始凭证汇总填制

D. 根据原始凭证汇总表填制

70. 限额领料单同时属于(　　)。

A. 自制原始凭证　　B. 累计原始凭证

C. 汇总原始凭证　　D. 记账凭证

71. 下列科目中，不能填列在收款凭证左上角“借方科目”栏的有(　　)。

A.“银行存款”　　B.“材料采购”

C.“主营业务收入”　　D.“应收账款”

72. 下列凭证中，不属于累计原始凭证的有(　　)。

A. 销货发票　　B. 材料验收单

C. 银行付款通知　　D. 限额领料单

73. 影响企业会计凭证传递的因素有(　　)。

A. 企业生产组织的特点　　B. 企业经济业务事项的内容

C. 企业管理的要求　　D. 规定保管期限

74. 企业会计凭证保管的内容包括(　　)。

A. 整理会计凭证　　B. 装订会计凭证

C. 归档存查会计凭证　　D. 将会计凭证移交检察机关

75. 会计账簿按其用途的不同，可以分为(　　)。

A. 分类账簿　　B. 活页式账簿

C. 备查账簿　　D. 数量金额式账簿

76. 会计账簿按账页格式的不同，可以分为(　　)。

A. 活页式账簿　　B. 多栏式账簿

C. 备查账簿　　D. 数量金额式账簿

77. 会计账簿按其外形特征的不同，可以分为(　　)。

A. 备查账簿　　B. 订本式账簿

C. 活页式账簿　　D. 数量金额式账簿

78. 分类账户与明细分类账户平行登记要求做到(　　)。

A. 会计凭证相同　　B. 借贷方向相同

C. 会计期间相同　　D. 金额相同

79. 在会计账簿扉页上填列的内容包括(　　)等。

A. 账簿名称　　B. 单位名称　　C. 账户名称　　D. 起止页次

80. 必须采用订本式账簿的是(　　)。

A. 现金日记账　　B. 固定资产明细账

C. 银行存款日记账　　D. 总账

81. 编制"银行存款余额调节表"时,应调整企业银行存款日记账余额的业务是(　　)。

A. 企业已收,银行未收　　B. 企业已付,银行未付

C. 银行已收,企业未收　　D. 银行已付,企业未付

82. 下列做法中,错误的是(　　)。

A. 现金日记账采用数量金额式账簿

B. 产成品明细账采用数量金额式账簿

C. 生产成本明细账采用三栏式账簿

D. 制造费用明细账采用多栏式账簿

83. 实际工作中,采用三栏式账页格式的账户有(　　)。

A. 总分类账　　B. 债权债务明细分类账

C. 存货明细分类账　　D. 库存现金日记账

84. 会计账簿的登记规则包括(　　)。

A. 记账必须有依据

B. 按页次顺序连续记账

C. 账簿记载的内容应与记账凭证一致,不得随便增减

D. 结清余额

85. 下列各项中,属于备查账簿的有(　　)。

A. 租入固定资产登记簿　　B. 代销商品登记簿

C. 受托加工材料登记簿　　D. 材料采购明细账

86. 银行存款日记账是根据(　　)逐日逐笔登记的。

A. 现金收款凭证　　B. 相关的现金付款凭证

C. 银行存款收款凭证　　D. 银行存款付款凭证

87. 现金日记账是根据(　　)逐日逐笔登记的。

A. 现金收款凭证　　B. 现金付款凭证

C. 银行存款收款凭证　　　　　D. 转账凭证

88. 总分类账一般采用(　　)。

A. 订本式　　B. 活页式　　C. 三栏式　　D. 多栏式

89. 下列账簿中,不能采用卡片式账簿的有(　　)。

A. 现金日记账　　　　　B. 固定资产

C. 总分类账　　　　　D. 原材料明细分类账

90. 下列账户的明细账账页格式通常采用三栏式的有(　　)。

A. 原材料　　B. 预付账款　　C. 应收账款　　D. 应付账款

91. 下列账户的明细账账页格式一般应采用多栏式的有(　　)。

A. 管理费用　　B. 原材料　　C. 财务费用　　D. 包装物

92. 下列账户的明细账页格式应采用数量金额式的是(　　)。

A. 包装物　　B. 原材料　　C. 库存现金　　D. 库存商品

93. 下列账户所属明细账中,不宜采用数量金额式的有(　　)。

A. 库存商品　　B. 原材料　　C. 财务费用　　D. 应收账款

94. 会计账簿中,可以用红色墨水记账的有(　　)。

A. 按照红字冲账的记账凭证,冲销错误记录

B. 在不设借贷等栏的多栏式账页中,登记减少数

C. 在三栏式账户的余额栏前,如未印明余额方向的(如借或贷),在余额栏内登记负数余额

D. 会计制度中规定可以用红字登记的其他会计记录

95. 可用于更正因记账凭证错误而导致账簿登记错误的错账更正方法有(　　)。

A. 划线更正法　　　　　B. 红字更正法

C. 补充登记法　　　　　D. 顺查法

96. 收回货款 1 500 元存入银行,记账凭证中误将金额填为 15 000 元,并已入账。以下错账更正方法中,不正确的是(　　)。

A. 用划线更正法更正

B. 用蓝字借记“银行存款”账户 1 500 元,贷记“应收账款”账户 1 500 元

C. 用红字借记“应收账款”账户 15 000 元,贷记“银行存款”账户 15 000 元

D. 用红字借记“银行存款”账户 13 500 元,贷记“应收账款”账户 13 500 元

97. 对账的内容包括(　　)。

A. 证证核对　　B. 账证核对　　C. 账账核对　　D. 账款核对

98. 下列各项中,属于账实核对的工作内容的是(　　)。

A. 现金日记账的账面余额与实际库存数核对

B. 银行存款日记账账面余额与银行对账单核对
C. 各种债权、债务明细账账面余额与有关单位(或个人)核对
D. 各种财产物资实有数与相应明细账核对

99. 结账时,正确的做法是(　　)。
A. 结出当月发生额的,在"本月合计",下面通栏画单红线
B. 结出本年累计发生额的,在"本年累计"下面通栏画单红线
C. 12 月末,结出全年累计发生额的,在下面通栏画单红线
D. 12 月末,结出全年累计发生额的,在下面通栏画双红线

100. 结账时,应当画通栏双红线的是(　　)。
A. 12 月末结出全年累计发生额后　　B. 各月末结出本年累计发生额后
C. 结出本季累计发生额后　　D. 总账账户年终结账时

101. 必须逐日结出余额的账簿是(　　)。
A. 现金总账　　B. 银行存款总账
C. 现金日记账　　D. 银行存款日记账

102. 汇总记账凭证账务处理程序的优点是(　　)。
A. 利于会计核算的日常分工　　B. 便于了解账户之间的对应关系
C. 减轻了登记总分类账的工作量　　D. 便于试算平衡

103. 汇总记账凭证账务处理程序的缺点有(　　)。
A. 不能减轻登记总账的工作量　　B. 不能够反映账户间的对应关系
C. 汇总记账凭证的编制工作量较大　　D. 不利于日常核算工作的合理分工

104. 科目汇总表账务处理程序的主要特点是(　　)。
A. 直接根据记账凭证登记总账　　B. 直接根据记账凭证登记明细账
C. 定期编制科目汇总表　　D. 直接根据科目汇总表登记总账

105. 下列表述中,适合于科目汇总表账务处理程序的是(　　)。
A. 大大减少了登记总账的工作量
B. 总账上不能反映经济业务的来龙去脉、不便于查账
C. 层次清楚、简单明了、手续简便、容易掌握
D. 适用于规模较小、业务量较少、记账凭证不多的单位

106. 记账凭证账务处理程序的优点是(　　)。
A. 简单明了、手续简便
B. 便于了解账户之间的对应关系
C. 减轻了登记总分类账的工作量
D. 适用于规模较小、业务量较少、记账凭证不多的单位

107. 记账凭证账务处理程序与汇总记账凭证账务处理程序的区别有(　　)。

A. 明细账簿的记账依据不同　B. 原始凭证的种类不同
C. 总账的记账依据不同　D. 记账凭证的种类不同
108. 下列各项中，属于企业会计核算方法的有（　）。
A. 复式记账　B. 填制会计凭证
C. 登记账簿　D. 编制会计报表
109. 采用科目汇总表账务处理程序时，月末应将（　）与总分类账进行核对。
A. 银行存款日记账　B. 现金日记账
C. 明细分类账　D. 汇总记账凭证
110. 进行局部财产清查时，正确的做法是（　）。
A. 现金每月清点一次
B. 银行存款每月至少同银行核对一次
C. 贵重物品每月盘点一次
D. 债权债务每年至少核对一至两次
111. 下列各项中，属于实物资产清查范围的是（　）。
A. 银行存款　B. 存货
C. 低值易耗品　D. 应收账款
112. 下列财产清查事项中，属于不定期清查的有（　）。
A. 发生意外灾害　B. 清产核资前
C. 临时性检查　D. 货币资金的检查
113. 至少每月应清点一次的财产是（　）。
A. 现金　B. 银行存款　C. 应收账款　D. 贵重物品
114. 应记入“待处理财产损溢”账户借方核算的是（　）。
A. 盘亏财产物资数额　B. 盘盈财产物资的转销数额
C. 盘盈财产物资数额　D. 盘亏财产物资的转销数额
115. 下列各项中，需要进行全面财产清查情况的是（　）。
A. 年终决算之前　B. 企业股份制改制前
C. 进行全面资产评估时　D. 单位主要领导调离时
116. 现金清查的内容主要包括（　）。
A. 是否有未达账项　B. 是否有白条顶库
C. 是否超限额留存现金　D. 是否坐支现金
117. 结转盘亏的固定资产时，不能列入“营业外支出”核算的是（　）。
A. 固定资产的变价收入
B. 过失人赔偿部分

C. 已经提取的折旧

D. 固定资产原价扣除累计折旧、变价收入和赔偿后的差额

118. 财产清查要解决的问题是（　　）。

A. 确定单位财产物资的实存数和债权、债务的实际余额

B. 查明财产物资的实存数与账面数的差异及其产生的原因

C. 调整账目，达到账实相符

D. 不断发现和解决会计核算和经营管理方面的问题

119. 下列项目中，采用实地盘点方法的有（　　）。

A. 现金　　B. 固定资产　　C. 应收账款　　D. 银行存款

120. 盘亏的存货在处理时，应分别情况记入（　　）等账户。

A. "营业外收入"　　B. "财务费用"

C. "管理费用"　　D. "其他应收款"

121. 财产清查的正确分类方法有（　　）。

A. 全面和局部清查　　B. 全面和定期清查

C. 定期和不定期清查　　D. 定期和局部清查

122. 造成账实不符的原因包括（　　）。

A. 储存中发生自然损耗　　B. 财产物资收发计量错误

C. 财产物资的毁损、被盗　　D. 账簿的漏记、重记

123. 实物资产的清查方法有（　　）。

A. 查询核对法　　B. 技术推算法

C. 实地盘点法　　D. 对账单法

124. 财产清查按其清查范围可以分为（　　）。

A. 全面清查　　B. 不定期清查

C. 定期清查　　D. 局部清查

125. 企业财务会计报告的使用者通常包括（　　）。

A. 投资者　　B. 债权人

C. 企业管理人员　　D. 政府及相关机构

126. 根据《企业会计准则第 32 号——中期财务报告》，中期财务报告的内容至少应当包括（　　）。

A. 资产负债表　　B. 利润表

C. 现金流量表　　D. 会计报表附注

127. 会计报表包括（　　）。

A. 资产负债表　　B. 利润表

C. 现金流量表　　D. 所有者权益变动表

128. 中期财务会计报告包括（　　）。

A. 月度财务会计报告　　B. 半年度财务会计报告

C. 季度财务会计报告　　D. 年度财务会计报告

129. 财务会计报告可以提供企业（　　）的信息。

A. 财务状况　B. 经营成果　C. 劳动状况　D. 现金流量

130. 在下列会计报表中，属于月报的有（　　）。

A. 资产负债表　　B. 利润表

C. 所有者权益变动表　　D. 财务情况说明书

131. 企业编制财务会计报告前的准备工作包括（　　）。

A. 全面财产清查　　B. 账表核对

C. 账实核对　　D. 检查会计事项的处理结果

132. 企业会计报表应根据账簿记录资料（　　）。

A. 直接填列　　B. 经过分析、整理计算后填列

C. 经董事会讨论后填列　　D. 经审计后填列

133. 企业编制财务会计报告，应当严格遵循国家统一的会计制度规定的（　　）。

A. 编制基础　B. 编制依据　C. 编制原则　D. 编制方法

134. 企业对外提供的财务会计报告的封面上应当注明（　　）。

A. 企业名称　　B. 报表所属年度或者月份

C. 企业统一代码　　D. 企业负责人签名

135. 企业在编制年度财务会计报告前，全面清查资产、核实债务的工作包括（　　）。

A. 与债务、债权单位的相应债务、债权金额是否一致

B. 存货的实存数量与账面数量是否一致

C. 固定资产的实存数量与账面数量是否一致

D. 各项投资是否存在

136. 下列资产项目中，属于流动资产项目的有（　　）。

A. 预付账款　　B. 其他应收款

C. 无形资产　　D. 在建工程

137. 负债一般分为（　　）。

A. 流动负债　B. 短期负债　C. 长期负债　D. 永久负债

138. 下列项目中，属于流动负债项目的有（　　）。

A. 预付账款　B. 预收账款　C. 应交税费　D. 存货

139. 下列项目中，属于长期负债的有（　　）。

A. 应付债券　　B. 应付股利
C. 专项应付款　　D. 长期应付款

140. 资产负债表编制的资料来源有(　　)。
A. 总账　　B. 明细账
C. 固定资产卡片　　D. 上年度资产负债表

141. 资产负债表的下列项目中，需要根据总账科目余额减去其备抵科目的余额后的净额填列的有(　　)。
A. 应收票据　　B. 长期股权投资
C. 存货　　D. 固定资产

142. 资产负债表的下列项目中，需要根据其明细科目余额计算填列的有(　　)。
A. 应收账款　　B. 应收票据　　C. 应付账款　　D. 货币资金

143. 利润表的格式有(　　)。
A. 账户式　　B. 报告式　　C. 单步式　　D. 多步式

144. 多步式利润表可以反映企业的(　　)等利润要素。
A. 主营业务利润　　B. 营业利润
C. 利润总额　　D. 净利润

145. 季度财务会计报告至少应当包括(　　)。
A. 资产负债表　　B. 利润表
C. 现金流量表　　D. 会计报表附注

146. 财务会计报告的编制要求包括(　　)等。
A. 真实可靠　　B. 相关可比　　C. 全面完整　　D. 编报及时

147. 下列资料中，属于会计账簿类会计档案的有(　　)。
A. 日记账　　B. 明细账
C. 银行对账单　　D. 固定资产卡片

148. 除当年形成的会计档案，其他会计档案的保管应在(　　)保管。
A. 档案局
B. 本单位财务会计部门内部指定专人
C. 本单位的档案部门
D. 其他单位的档案部门

149. 对本单位档案机构保管的会计档案，需要拆封重新整理的，应由(　　)同时参与，以分清责任。
A. 原财务会计部门　　B. 经办人
C. 本单位档案机构　　D. 本单位人事部门

150. 各种会计档案的保管期限，根据其特点，分为(　　)两类。

A. 长期　　B. 短期

C. 永久　　D. 定期

151. 会计档案中的定期档案根据保管期限有(　　)年等。

A. 5　　B. 10　　C. 15　　D. 30

152. 企业和其他组织的下列会计档案中，需要永久保存的有(　　)。

A. 会计档案保管清册　　B. 会计档案销毁清册

C. 会计移交清册　　D. 年度财务报告

153. 保管期限为10年的会计档案有(　　)。

A. 月度财务报告　　B. 季度财务报告

C. 行政单位月度报表　　D. 财政总预算会计旬报

154. 保管期限为30年的会计档案包括(　　)。

A. 现金日记账

B. 税收日记账和总账

C. 银行存款日记账

D. 税收票证分类出纳账

155. 财政总预算中，保管期限为10年的会计档案有(　　)。

A. 财政总预算拨款凭证　　B. 国家金库编送的各种报表

C. 各收入机关编送的报表　　D. 行政单位和事业单位决算

156. 企业的会计档案中，保管期限为30年的有(　　)。

A. 原始凭证　　B. 总账　　C. 明细账　　D. 辅助账簿

157. 会计档案销毁清册中，应包括所销毁会计档案的有(　　)。

A. 起止年度和档案编号　　B. 已保管期限

C. 销毁时间　　D. 应保管期限

三、判断题(第一模块学习中可做1～26题；其余习题可在第三模块的学习中做)

1. 凡是特定对象能够以货币表现的经济活动，都是会计核算与监督的内容。(　　)

2. 会计核算的基本前提之所以称为会计假设，是由于其缺乏客观性及人们无法对其进行证明。(　　)

3. 企业集团不是一个独立的法人，但也可以作为一个会计主体。(　　)

4. 持续经营是指企业能持续不断地经营下去，因而它仅仅是一项会计假设，缺乏客观存在的基础。(　　)

5. 按照我国的会计准则，负债不仅指现时已经存在的债务责任，还包括某些

将来可能发生的、偶然事项形成的债务责任。（　）

6. 我国企业会计采用的计量单位只有一种，即货币计量。（　）

7. 只要企业拥有某项财产物资的所有权就能将其确认为资产。（　）

8. 资产、负债和所有者权益的平衡关系是企业资金运动处于相对静止状态下出现的，如果考虑收入、费用等动态要素，则资产与权益总额的平衡关系必然被破坏。（　）

9. 由于有了持续经营这个会计核算的基本前提，才产生了当期与其他期间的区别，从而出现了权责发生制与收付实现制的区别。（　）

10. 企业的利得和损失包括直接计入所有者权益的利得和损失以及直接计入当期利润的利得和损失。（　）

11. 利润是收入与成本配比相抵后的差额，是经营成果的最终要素。（　）

12. 企业对其所使用的机器设备、厂房等固定资产，只有在持续经营的前提下才可以在机器设备、厂房等固定资产的使用年限内，按照其价值和使用情况，确定采用某一折旧方法计提折旧。（　）

13. 资产是指由于过去、现在、将来的交易或事项形成并由企业拥有的经济资源，该资源预期会给企业带来经济利益。（　）

14. 会计上的资本既包括投入资本也包括借入资金。（　）

15. 会计要素是会计报表构成的基本单位。（　）

16. 会计主体与法律主体不完全对等，法律主体可作为会计主体，但会计主体不一定是法律主体。（　）

17. 收入－费用＝利润这一会计等式，是复式记账法的理论基础，也是编制资产负债表的依据。（　）

18. 收付实现制是以收到或支付的现金作为确认收入和费用等的依据。（　）

19. 目前，我国的行政单位会计大部分业务采用权责发生制。（　）

20. 借贷记账法是世界上通用的记账方法，也是我国的法定记账方法。（　）

21. 资产类账户（其备抵账户除外）登记借方金额，表示该账户金额的增加，登记贷方金额，表示该账户金额的减少。（　）

22. 负债类账户登记借方金额，表示该账户金额的增加，登记贷方金额，表示该账户金额的减少。（　）

23. 借贷记账法的记账规则是“有借必有贷，借贷必相等”。（　）

24. 借贷记账法的理论基础是“资产＝负债＋所有者权益”。（　）

25. 一个复合会计分录可以分解为几个简单会计分录。（　）

26. 对于明细科目较多的会计科目，可在总分类科目下设置二级或多级明细

科目。（ ）

27. 一笔经济业务事项的会计分录，都是以一个科目的借方与其贷方相对应组成的，这种会计分录叫做简单会计分录。（ ）

28. 采用复式记账法时，任何经济业务都必须在两个账户（会计科目）中登记。（ ）

29. 对于一项经济业务事项，如果在一个账户中登记了借方，必须同时在另一个或几个对应账户中登记贷方。（ ）

30. 企业只能编制一借一贷、一借多贷、多借一贷的会计分录，而不能编制多借多贷的会计分录。（ ）

31. 会计核算以人民币为记账本位币。业务收支以外币为主的企业，也可以选择某种外币作为记账本位币，但编报的财务会计报告应当折合为人民币反映。（ ）

32. 企业预期经济业务事项将发生的债务，应作为负债处理。（ ）

33. 款项是作为支付手段的货币资金；有价证券是指表示一定财产拥有权或支配权的证券。款项和有价证券不是流动性最强的资产。（ ）

34. 费用和成本是同一个概念。（ ）

35. 财务成果主要是指企业在一定时期内通过从事生产经营活动而在财务上所取得的结果，具体表现为企业的盈利。（ ）

36. 企业发生的各项经济业务事项可以在企业自设的会计账簿上进行登记与核算。（ ）

37. 会计记录的文字应当使用中文。在中华人民共和国境内的外商投资企业也只能使用中文进行会计记录。（ ）

38. 在可变现净值计量下，资产按照其正常对外销售所能收到的现金或者现金等价物的金额扣减该资产至完工时估计将要发生的成本、估计的销售费用以及相关税费后的金额计量。（ ）

39. 在现值计量下，资产按照预计从其持续使用和最终处置中所产生的未来净现金流入量的金额计量。（ ）

40. 公允价值是指在公平交易中，熟悉情况的交易双方自愿进行资产交换或者债务清偿的金额。（ ）

41. 企业采用重置成本、可变现净值、现值和公允价值计量的，应当保证所确定的会计要素金额能够取得并可靠计量。（ ）

42. 目前企业的总分类账户都是根据国家有关会计制度规定的会计科目设置的。（ ）

43. 明细分类科目就是二级科目。（ ）

44. 总分类账户最常用的格式为三栏式。（ ）

45. 收款凭证可分为现金收款凭证和银行存款收款凭证。（ ）

46. 银行存款日记账账面余额与银行对账单的余额核对是账账核对。（ ）

47. 会计科目与账户都是对会计对象具体内容的科学分类，两者口径一致，性质相同，具有相同的格式和结构。（ ）

48. 单式记账法是一种比较简单和不完整的记账方法，所以企业和其他单位一般不采用这种记账方法。（ ）

49. 用来记录所有者权益的账户，其结构与负债类账户的结构相同。即所有者权益的增加额记入账户的贷方，减少额记入账户的借方，期末一般无余额。（ ）

50. 收入账户和费用账户通常称为临时性账户。（ ）

51. 资产类账户的期末余额一般在借方。（ ）

52. 从每一个账户来看，期初余额只能在账户一方，即借方或贷方。（ ）

53. 记账规则是记账的依据，也是核对账目的依据。（ ）

54. 试算平衡表只是通过借贷金额是否平衡来检查账户记录是否正确。如果借贷不平衡，则可以肯定账户记录或计算有错误。（ ）

55. 如果试算平衡表借贷平衡，则可以肯定记账无错误。（ ）

56. 一笔经济业务的借贷双方，在编制会计分录时，金额上发生同样的错误，则不影响借贷双方的平衡，所以不能通过试算平衡表来发现。（ ）

57. 累计凭证一般为自制原始凭证。（ ）

58. 各种原始凭证，都应由会计人员填制。（ ）

59. 外来的原始凭证一般都是一次凭证；在自制的原始凭证中，大部分都属于一次凭证。（ ）

60. 正确地填制和审核会计凭证，是会计核算的基本方法之一，是进行会计核算工作的起点和基本环节，也是对经济业务进行日常监督的重要环节。（ ）

61. 会计凭证的传递，是指从会计凭证的取得或填制时起至归档保管过程中，在单位财务部门和人员之间的传送程序。（ ）

62. 期末结账的记账凭证和更正错账的记账凭证可以不附原始凭证。（ ）

63. 生产任务书属于原始凭证。（ ）

64. 所有的会计凭证，都能作为登记账簿的依据。（ ）

65. 出纳员可以直接依据有关收款和付款业务的原始凭证来收、付款。（ ）

66. 单式记账凭证是根据一次凭证编制的。（ ）

67. 一般企业转账凭证是根据有关转账业务的原始凭证编制的。（ ）

68. 把多项经济业务合并登记在一起的记账凭证，称为复式记账凭证。（ ）

69. 记账凭证是登记账簿的间接依据，原始凭证是登记账簿的直接依据。（ ）

70. 会计凭证按其填制程序和用途的不同,可以分为原始凭证和记账凭证。（　）

71. 收款凭证贷方内容可能为“库存现金”或“银行存款”。（　）

72. 银行对账单是会计凭证,属于外来原始凭证。（　）

73. 企业取得原始凭证后不经审核就可直接编制记账凭证。（　）

74. 记账凭证是介于原始凭证与账簿之间的中间环节,是登记明细分类账户和总分类账户的依据。（　）

75. 企业每项经济业务的发生都必须从外部取得原始凭证。（　）

76. 原始凭证对于发生和完成的经济业务具有证明效力。（　）

77. 自制原始凭证是指由本单位内部经办业务的部门和人员,在执行或完成某项经济业务时填制的、仅供本单位内部使用的原始凭证。（　）

78. 记账凭证按其填制方式不同分为一次凭证和累计凭证。（　）

79. 对于涉及现金和银行存款之间的收、付款业务,一般编制转账凭证。（　）

80. 单位自制的原始凭证必须有经办单位领导人或者其他指定的人员签名盖章;对外开出的原始凭证必须加盖本单位公章;从外部取得的原始凭证,必须盖有填制单位的公章;从个人取得的原始凭证,必须有填制人员的签名盖章。（　）

81. 原始凭证所有大写金额到元或角为止的,后面要写“整”或“正”字。（　）

82. 会计凭证的保管是指会计凭证记账后的整理、装订、归档和存查工作。（　）

83. 记账凭证的填制日期与原始凭证的填制日期必须相同。（　）

84. 会计账簿的主要作用就是把会计凭证所记载的大量而又分散的核算资料,通过一定的程序,加以归类整理,进行登记,以便为经常管理和编制报表提供分类、系统的资料。（　）

85. 为便于管理,“应收账款”“应付账款”的明细账必须采用多栏式明细分类账格式。（　）

86. 会计账簿是整个会计核算的中心环节,因此会计对外提供信息的主要方式就是会计账簿。（　）

87. 目前企业的总分类账户一般根据国家财政部门制定的会计制度法规中规定的会计科目,设置本企业适用的总分类账户。（　）

88. 为了满足管理的需要,企业账户设置越细越好。（　）

89. 三栏式账簿是指具有日期、摘要、金额三个栏目格式的账簿。（　）

90. 明细账一般都使用活页式账簿,以便于根据实际需要,随时添加空白账页。（　）

91. 启用订本式账簿,除在账簿扉页填列“账簿启用和经管人员一览表”外,还

应从第一页到最后一页顺序编写页数，不得跳页、缺号。（ ）

92. 各账户在一张账页记满时，应在该账页最后一行结出余额，并在“摘要”栏注明“转次页”字样。（ ）

93. 登记账簿时，发生的空行、空页一定要补充书写，不得注销。（ ）

94. 企业的序时账簿必须采用订本式账簿。（ ）

95. 银行存款日记账是由出纳人员根据审核后的收款凭证、付款凭证逐日逐笔序时登记的账簿。（ ）

96. 在会计核算中，既要求进行金额核算，又要求进行实物数量核算的各种财产物资，应使用数量金额式明细分类账。（ ）

97. 使用活页式账页，应按账户顺序编号，并定期装订成册。已装订成册的活页账，应按实际使用的账页顺序编写页数。（ ）

98. 备查账簿的登记应以审核无误的会计凭证作为依据。（ ）

99. 企业将现金存入银行或从银行提取现金，为了避免重复记账，一般只编制收款凭证，不编付款凭证。（ ）

100. 出纳人员在办理收款或付款业务后，应在凭证上加盖“收讫”或“付讫”的戳记，以避免重收或重付。（ ）

101. 出纳员应在现金日记账每笔业务登记完毕，即结出余额，并与库存现金进行核对。（ ）

102. 在明细账的核算中，只需要进行金额核算的，必须使用三栏式明细账。（ ）

103. 账簿中书写的文字和数字上面要留有适当空距，一般应占格距的1/2，以便于发现错误时进行修改。（ ）

104. 按照经济业务发生或完成时间的先后顺序逐日逐笔进行登记的账簿叫序时账簿。（ ）

105. 无论分类账簿还是序时账簿，一般都需要以记账凭证作为记账依据。（ ）

106. 按现行制度规定，现金日记账、银行存款日记账和总分类账必须采用订本式账簿。（ ）

107. 只要实现了期初余额、本期发生额和期末余额三栏的平衡关系，就说明账户记录正确。（ ）

108. 在会计凭证传递的时间内，凡经办记账凭证的会计人员都有责任保管好原始凭证和记账凭证，严防在传递过程中散失。（ ）

109. 会计账簿作为重要的经济业务档案，因保存期长，必须使用蓝色或黑色的笔书写。（ ）

110. 对账也包括账表核对。（ ）

111. 账账核对就是指企业银行存款日记账与银行对账单的核对。（ ）

112. 会计部门各种财产物资明细分类账期末余额与财产物资使用、保管部门的有关财产物资明细分类账期末余额进行核对，属于账账核对的内容。（ ）

113. 已经登记入账的记账凭证，在当年内发现记账凭证会计科目错误时，可以用红字填写凭证冲销，同时再用蓝字重新填制一张正确的记账凭证。（ ）

114. 固定资产明细账不必每年更换，可以连续使用。（ ）

115. 办理月结，应在各账户最后一笔记录下面画一条通栏单红线，在红线下计算出本月发生额及月末余额，并在摘要栏注明“本月合计”或“本月发生额及余额”字样，然后在下面再画一条蓝线。（ ）

116. 年度结账后，对于发生额很少的总账，不必更换新账。（ ）

117. 红字更正法是指用红字冲销原有错误的账户记录或凭证记录，以更正或调整账簿记录的一种方法。（ ）

118. 年终新旧账有关账户之间结转余额，应编制记账凭证，使本年有余额的账户的余额变为零，并在旧账“摘要”栏注明“结转下年”字样，同时在新账有关账户第一行“摘要”栏注明“上年结转”字样即可。（ ）

119. 记账凭证正确，登账时出现的文字错误，不能使用划线更正法进行更正。（ ）

120. 补充登记法适用于记账后，发现记账凭证应借、应贷的账户对应关系正确，但所记金额小于应记金额的情况。（ ）

121. 补充登记法就是把原来未登记完的经济业务事项登记完毕的方法。（ ）

122. 在各种不同账务处理程序下，会计报表的编制依据都是相同的。（ ）

123. 在采用汇总记账凭证账务处理程序下，企业应定期编制科目汇总表。（ ）

124. 科目汇总表账务处理程序，是以科目汇总表作为登记总账和明细账的依据。（ ）

125. 在各种不同的账务处理程序下，登记总分类账的依据和程序都是相同的。（ ）

126. 采用科目汇总表账务处理程序，记账凭证必须使用收、付、转三种格式。（ ）

127. 企业提高会计核算质量，充分发挥会计工作效能的一个重要前提，就是选用适当的账务处理程序。（ ）

128. 汇总记账凭证账务处理程序的特点是：定期根据记账凭证分类编制汇总

收款凭证、汇总付款凭证和汇总转账凭证，再根据汇总记账凭证登记总分类账的一种账务处理程序。（ ）

129. 记账凭证账务处理程序的特点是直接根据每张记账凭证逐笔登记总分类账。（ ）

130. 汇总记账凭证账务处理程序中，其账簿的设置与记账凭证账务处理程序是基本相同的。（ ）

131. 在记账凭证账务处理程序下，需要设置现金日记账，根据需要可选择采用三栏式、多栏式和数量金额式。（ ）

132. 记账凭证账务处理程序是直接根据记账凭证登记总账，所以总分类账的登记工作非常简单，工作量相对比较小。（ ）

133. 在科目汇总表账务处理程序方式下，其记账凭证、账簿的设置与记账凭证账务处理程序是不相同的。（ ）

134. 科目汇总表账务处理程序与记账凭证账务处理程序一样，都是根据各种记账凭证登记总分类账。（ ）

135. 定期清查可以是全面清查，也可以是局部清查。（ ）

136. 按《企业会计准则——应用指南》规定，盘盈的固定资产，应按照重置价值减去估计折旧的差额计入营业外收入。（ ）

137. 不定期清查，一般是局部清查。（ ）

138. 现金清查中发现长款，如果无法查明原因，经批准应当冲减当期管理费用。（ ）

139. 财产清查如果账实不符，说明记账肯定出现了差错。（ ）

140. 盘点实物时，发现其账面数大于实存数，即为盘盈。（ ）

141. 财产清查是指对企业存货、固定资产等实物资产的清查。（ ）

142. 在进行财产清查前，会计部门和会计人员应将有关账目登记齐全，结出余额，做到账簿记录完整，计算准确，账证相符，账账相符，为账实核对提供正确的账簿资料。（ ）

143. 财产清查不仅包括对实物资产的盘点，也包括对银行存款、往来款项的核对。（ ）

144. 银行存款余额调节表是用于核对银行存款余额的，因此可以作为记账的依据。（ ）

145. 根据财产物资盘点结果填制的“实存账存对比表”，可以作为调整账面记录的原始凭证。（ ）

146. 实地盘点法与技术推算法相比，花费的时间少，工作量也要小得多。（ ）

147. 往来款项的清查，主要采用对账单的方式，逐笔核实账目。（ ）

148. 财务会计报告是企业会计核算的最终成果。（　　）

149. 季度财务会计报告应于季度终了后的20日内报出。（　　）

150. 季度财务会计报告应包括的内容与月度财务会计报告基本相同。（　　）

151. 由于财务会计报告是对外提供，所以其所提供的信息对企业的管理者和职工没用。（　　）

152. 企业可以根据需要、不定期编制财务会计报告。（　　）

153. 小企业年度财务会计报告可以不编制会计报表附注。（　　）

154. 半年度财务会计报告应于半年度终了后的60天内报出。（　　）

155. 为了及时提供会计信息、保证会计信息的质量，会计报表中的项目与会计科目名称是完全一致的，以便按会计科目的本期发生额或余额填列。（　　）

156. 企业会计报表各项目的数据在同一企业不同时期应当口径一致、相互可比，在不同的企业之间则不一定要相互可比。（　　）

157. 企业对重要的事项，应当按照要求在会计报表附注中进行说明。（　　）

158. 对会计报表便于理解的要求是建立在会计报表使用者具有一定的会计报表阅读能力的基础上的。（　　）

159. 企业在编制年度财务报告前，应清查财产、核实债务，然后将清查、核实的结果及其处理办法向企业上级机关报告。（　　）

160. 企业在编制年度财务报告前，应检查是否存在因会计差错、会计政策变更等原因需要调整前期或者本期相关项目。（　　）

161. 在一年内到期的长期负债应属于流动负债项目。（　　）

162. 资产负债表的“年初余额”栏内各项数字，一般应根据上年末资产负债表的“期末余额”栏内所列数字填列。（　　）

163. 财务报告类会计档案包括月度、季度、年度财务报表及其附表、附注，不包括文字说明。（　　）

164. 本单位档案机构为方便保管会计档案，可以根据需要对其拆封重新整理。（　　）

165. 《会计档案管理办法》规定的会计档案保管期限为最低保管期限。（　　）

166. 会计账簿类会计档案的保管期限均为15年。（　　）

167. 各单位保存的会计档案不得借出。如有特殊需要，经本单位负责人批准，可以提供查阅或复制，并办理登记手续。（　　）

168. 正在项目建设期间的建设单位，其保管期满的会计档案不得销毁。（　　）

169. 对于保管期满但未结清的债权债务的原始凭证不得销毁，应单独抽出，另行立卷，由档案部门保管到未了事项完结时为止。（　　）

170. 财政部门销毁会计档案时，应当由同级财政部门派员参加监销。（　　）

四、计算及会计处理题

1. 根据下列经济业务事项，编制会计分录（说明：① 本题暂不考虑增值税；② 假定材料等存货按实际成本计价，发出存货的计价按先进先出法，逐笔结转发出存货成本）。

(1) 向银行借入2年期借款300 000元，存入企业银行存款户。

(2) 开出转账支票一张，偿还前欠向本市顺达公司购料款58 500元。

(3) 从银行借入半年期借款10 000元，直接偿还前欠向本市红日公司赊购材料款。

(4) 开出转账支票一张，支付购入甲材料款30 000元，材料已如数验收入库。

(5) 从某企业赊购乙材料45 000元，收到发票账单，材料尚未运到。

(6) 承上题，企业赊购的材料已如数验收入库。

(7) 销售给大华公司A产品一批，全部货款80 000元收到存入银行。该批产品生产成本60 000元。

(8) 销售给资阳市甲公司A产品10台，每台售价8 000元。收到资阳市甲公司交来的面值为80 000元、期限6个月的银行承兑汇票一张。A产品每台生产成本6 000元。

(9) 收到建平工厂归还的前欠货款60 000元存入银行。

(10) 从银行提取现金1 000元备用。

(11) 支付银行存款585 000元购入不需安装的设备一台，另以现金300元支付装卸搬运费，设备当日交生产车间使用。

(12) 以银行存款缴纳上月未交税费37 400元（"应交税费"科目此处暂不要求写出明细科目）。

(13) 基本生产车间生产A产品领用甲材料200千克，每千克成本30元；生产B产品领用乙材料300千克，每千克成本15元。

(14) 完工A产品一批验收入库，其生产成本150 000元。

(15) 以现金800元购买厂部行政管理人员办公用品（办公用品购回后，直接发给有关人员使用）。

(16) 收到深海公司投资500 000元，存入银行。

(17) 前欠K公司购料款3 510元，因K公司已撤销，该笔购料款确定为无法支付的款项。

(18) 用银行存款200 000元支付抗震救灾款。

(19) 以银行存款支付广告费100 000元。

※(20) 按合同规定，预收E企业货款80 000元。

※初学者需要注意：预收E企业货款时，商品尚未销售出去，即：销售尚未实

现，不能确认收入。

(21) 以银行存款归还到期的银行短期借款 100 000 元。

(22) 销售给东华公司 B 产品一批，售价 40 000 元；以现金代垫运杂费 200 元。该批产品的生产成本为 30 000 元；当日收到 50%的货款及代垫运杂费 200 元存入银行，余下 50%的货款东华公司暂欠。

2. A 公司 20××年 12 月 31 日总账全部账户的有关资料如下表。请经过计算后将小括号内的金额填上。

总账账户有关资料　　单位：元

账户名称	月初余额		本期发生额		月末余额	
	借　方	贷　方	借　方	贷　方	借　方	贷　方
银行存款	100 000		60 000	(　　)	80 000	
应收账款	90 000		(　　)	50 000	70 000	
原材料	200 000		80 000	(　　)	249 000	
固定资产	(　　)		20 000	—	520 000	
应付账款		140 000	25 000	(　　)		115 000
实收资本		(　　)	—	(　　)		(　　)
合　计	(　　)	(　　)	(　　)	(　　)	(　　)	(　　)

3. 碧雪公司为增值税一般纳税人，购销货物的增值税税率均为 16%；20××年 12 月份发生的部分经济业务事项如下，请作相关会计处理。

(1) 1 日，按合同规定，为购买外市丁工厂 4 000 千克 W 材料向该厂预付 300 000 元货款，已通过汇兑方式汇出。

(2) 5 日，从本市某公司购入 B 材料 500 吨，收到销货方开具的增值税专用发票上记载的货款为 500 000 元，增值税额 85 000 元，另外，对方代垫包装费 1 000 元，全部款项暂已用转账支票付讫，材料已验收入库(提示：销货方代垫的包装费，应计入材料的采购成本)。

(3) 10 日，从本市甲公司购入 A 材料 1 000 千克，收到销货方开具的增值税专用发票上记载的货款为 200 000 元，增值税额 34 000 元，材料尚未到达，全部款项暂欠。

(4) 15 日，上述购入的甲材料如数验收入库。

(5) 18 日，收到天源公司投资转入的厂房一幢，天源公司该厂房账面原价 2 000 000 元，累计折旧 800 000 元；经法定的资产评估部门评估，双方确定的价值为 1 800 000 元。

(6) 20 日，从银行提取现金 400 000 元，以备发放工资。

(7) 20 日，用现金发放工资 400 000 元。

(8) 21 日，以银行存款支付公司行政管理部门购办公用品费 500 元，邮电费 1 000 元，本月银行贷款利息 1 000 元。

(9) 28 日，向丁工厂购买的 4 000 千克 W 材料已全部到达并验收入库，收到丁工厂按合同规定的价格开具的增值税专用发票(货款为 400 000 元，增值税额 68 000 元)，应补付的款项当日通过汇兑方式全部汇出(本题可以作一笔会计分录，也可以作两笔会计分录，两种方法都应该掌握。但实际工作中不能重复)。

(10) 31 日，公司本月应付职工工资总额 400 000 元，工资费用分配汇总表中列示的 A 产品(一车间)生产工人工资为 130 000 元，B 产品(二车间)生产工人工资为 120 000 元，一车间管理人员工资为 30 000 元，二车间管理人员工资为 20 000 元，公司行政管理人员工资为 60 000 元，销售人员工资为 40 000 元。

(11) 公司内设医务室，公司每月承担的职工福利费义务金额为当月职工工资总额的 5%，职工福利的受益对象为全体职工。

(12) 31 日，根据本月领料单编制“发出材料汇总表”如下表(假定各种材料的月初结存单位成本和该材料本月购入的单位成本相同)。

发出材料汇总表

20××年 12 月 31 日　　　　单位：元

会计科目	领料部门	领用材料				
		A 材料	B 材料	W 材料	……	合计
生产成本	一车间		400 800			400 800
	二车间	180 000		200 000		380 000
	小计	180 000	400 800	200 000		780 800
制造费用	一车间			8 000		8 000
	二车间			6 000		6 000
	小计			14 000		14 000
管理费用	行政部门			5 000		5 000
合计		180 000	400 800	219 000		799 800

会计主管　　　　复核　　　　制表

(13) 31 日，完工 A 产品和 B 产品一批验收入库，其生产成本分别为 800 000 元和 500 000 元。

(14) 31 日，销售 A 产品一批，其生产成本为 700 000 元，售价为 1 000 000 元(不含税，下同)，款项全部收到存入银行；向昌盛公司赊销 B 产品一批，其生产成本为 400 000 元，售价为 600 000 元。

4. 琼海公司 20××年 12 月 31 日损益类账户(也称虚账户,即收入类和费用类账户)余额如下:

主营业务收入	2 780 000
其他业务收入	380 000
营业外收入	200 000
主营业务成本	2 050 000
其他业务成本	300 000
税金及附加	53 000
销售费用	80 000
管理费用	400 000
财务费用	25 000

该公司按当月实际应税收入额预缴企业所得税(该公司适用税率为 25%),假设分月预缴数与年终汇算清缴数一致,并假设 12 月应税收入额与会计利润额相等。作相关会计分录。

5. 资料:某企业 20××年 11 月 30 日银行存款日记账账面余额为 386 000 元,银行对账单上的余额为 368 200 元。经与银行对账,发现有下列几笔未达账项:

(1) 销售产品一批,收到货款 60 000 元,支票已送存银行,企业已经入账,银行尚未记账。

(2) 用银行存款支付广告费 10 000 元,转账支票已开出,银行尚未记账。

(3) 本月水电费 2 800 元,银行已划出,企业尚未记账。

(4) A 公司偿付前欠货款 35 000 元,银行已收入企业账户,企业尚未记账。

要求:编制企业银行存款余额调节表。

银行存款余额调节表

年　月　日　　　　单位:元

项　目	金　额	项　目	金　额
银行存款日记账余额		银行对账单余额	
调节后余额		调节后余额	

6. 资料:某企业 20××年 12 月末在财产清查中发现下列账实不符的情况:

(1) 企业库存材料 A 盘亏 1 500 元,属于一般经营损失,经审批冲减管理费用。

(2) 企业库存材料 B 盘亏 2 000 元。其中 200 元属于定额内损耗；保管人员失职造成损失 300 元；自然灾害造成损失 1 500 元，其中保险公司应赔偿 1 000 元，其余转作营业外支出。

(3) 发现账外设备一台，同类固定资产市场价格为 40 000 元，经批准转作营业外收入。假定该企业适用的所得税税率为 25%，按净利润的 10% 计提法定盈余公积。

(4) 发现短缺设备一台，账面原值为 40 000 元，已提折旧 18 000 元，经批准转作营业外支出。

要求：根据上述资料编制会计分录(本题不考虑增值税因素)。

原始凭证

几点说明：

1. 为了让学生直观地了解原始凭证的种类、用途、基本内容，并能基本仿真地掌握各种原始凭证的填制和使用方法，以下是本教材会计循环模拟实习（二）所使用的原始凭证，对自制原始凭证要求学生在模拟实习中根据相关经济业务事项自己规范地填制；对外来原始凭证可直接取用。

2. 原始凭证中所涉及的单位名称、开户银行、账号、税务登记号等全部为假设。

3. 因同学们是初次进行实践训练，故每张原始凭证均标明了所属经济业务事项的序号，请认真查对选用。但应注意理解清楚：有关记账凭证后面应该和为什么要附哪些原始凭证。这一点，各位同学务必自觉、认真地予以重视。

4. 成都宏达机械厂（主体企业）

开户银行：农行成都市青羊支行

结算户账号：71445566　　短期贷款户账号：81337890

税务登记号：510101327011834　　长期贷款户账号：82446832

5. 为方便印刷，以下原始凭证中涉及的支票，其“背书转让”的部分从略。根据中国人民银行印发的《支付结算办法》第一百二十七条：“持票人可以委托开户银行收款或直接向付款人提示付款……持票人委托开户银行收款的支票，银行应通过票据交换系统收妥后入账……”委托开户银行收款或直接向付款人提示付款分别使用不同的银行进账单，参见以下的原始凭证（1－2）和（28－3）。

(1-1)

借款支取凭证第一联(回　单)

借款合同号：204576　　20×1年12月1日　　单位编号：8836

贷款户账号	81337890		借款单位名称	成都宏达机械厂					用途					流动资金
存款户账号	71445566		贷款种类	短期贷款										银行盖章：
借款金额	人民币(大写)	叁拾万元整		百	十	万	千	百	十	元	角	分		
				¥	3	0	0	0	0	0	0	0		
到期日期	20×2年12月1日		利率(月息)6.25厘											
备注														2011年12月1日

单位主管……　　会计……　　复核……　　记账……

(代)5-658(9.5×1.76)25×4.199 3.8.7万本(电信)
如系转入存折，此联可作借款单位留底
(银行不盖章)(绿)

(1-2)

中国农业银行进账单(收账通知)　3

20×1年12月1日　　第6号

出票人	全称	……	收款人	全称	成都市宏达机械厂									
	账号	……		账号	71445566									
	开户银行	……		开户银行	农行成都市青羊支行									
人民币(大写)	叁拾万元整				千	百	十	万	千	百	十	元	角	分
						¥	3	0	0	0	0	0	0	0
票据种类	借款合同	票据张数	……											
票据号码	204576													
单位主管　会计　复核　记账					收款人开户行盖章									

此联是收款人开户银行交给收款人的收账通知

注：借款合同也应作为原始凭证附在记账凭证后，本模拟实习从略。

(2)

中国农业银行
转账支票存根

$\frac{C}{0}\frac{B}{2}$ 13902629

附加信息

出票日期　　年　月　日

收款人：	
金　额：	
用　途：	

单位主管　　会计

中国农业银行　　**转账支票**　　四川 $\frac{C}{0}\frac{B}{2}$ 13902629

本支票付款期限十天

出票日期（大写）　　年　月　日　　付款行名称：

收款人：　　出票人账号：

人民币（大写）	亿	千	百	十	万	千	百	十	元	角	分

用途＿＿＿＿

上列款项请从
我账户内支付
出票人签章

复核　　记账

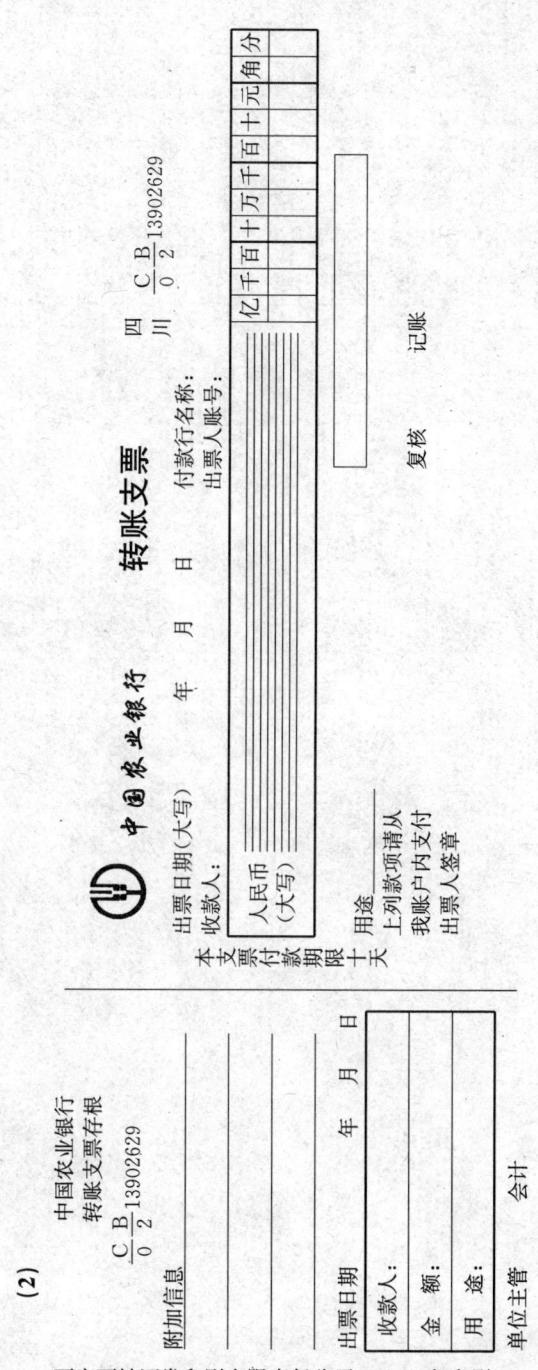

西安西钞证券印刷有限责任公司·2005年印刷

(3－1)

领　料　单

领料单位：　　　　　　　　年　　月　　日　　　　　　　＿＿仓库　领料单＿＿号

用途				产品批量			订单号	
材料类别	材料编号	材料名称	规格	计量单位	数　量		单价	金额
					请领	实发		
备注：								

二、财会存

核算：　　　　主管：　　　　发料：　　　　领料：

(3－2)

领　料　单

领料单位：　　　　　　　　年　　月　　日　　　　　　　＿＿仓库　领料单＿＿号

用途				产品批量			订单号	
材料类别	材料编号	材料名称	规格	计量单位	数　量		单价	金额
					请领	实发		
备注：								

二、财会存

核算：　　　　主管：　　　　发料：　　　　领料：

(3-3)

领 料 单

领料单位： 年 月 日 ____仓库 领料单____号

用途				产品批量			订单号	
材料类别	材料编号	材料名称	规格	计量单位	数量		单价	金额
					请领	实发		
备注：								

核算： 主管： 发料： 领料：

二、财会存

(3-4)

领 料 单

领料单位： 年 月 日 ____仓库 领料单____号

用途				产品批量			订单号	
材料类别	材料编号	材料名称	规格	计量单位	数量		单价	金额
					请领	实发		
备注：								

核算： 主管： 发料： 领料：

二、财会存

(4)

坏账损失报批表

年　月　日

科　目	户　名	发生时间	余　额	报请核销理由
财会审核意见				
厂长审批意见				

填报人：

(5)

固定资产调拨单

调出单位：成都市宏都公司　　　　批准单位
调入单位：成都市宏达机械厂　　20×1 年 12 月 3 日　　文　号：

编号及名称	型号	单位	数量	原值（元）	预计净残值	累计折旧	预计使用年限	已使用年限	调拨价格（元）	
									单位价格	合计金额
帕萨特小汽车		辆	1	234 000.00	800.00	30 000.00			200 000.00	200 000.00
合　计				贰拾万元整						
调拨原因	对外投资			调出单位签证	同意按调拨价投资。（章）			调入单位签证	同意按调拨价接受投资。（章）	
付款方式				运输方式				调出日期	20×1 年 12 月 3 日	
备注										

调出单位主管：……　　经办人：……　　调入单位主管：……　　接收人：……

(6-1)

第　号

托收号码：6214

模拟实习专用　托收承付结算凭证（承付/支款通知）

邮　　5

委托日期 20×1 年 11 月 18 日

承付期限
到期 20×1 年 12 月 6 日

此联是付款人开户银行通知付款人按期承付货款 由承付（支款）通知（绿）

付款人	全称	成都宏达机械厂	收款人	全称	内江市锻压机器厂
	账号或地址	71445566		账号	23185234
	开户银行	农行成都市青羊支行		开户银行	工行内江市壕子口分处理

托收金额	人民币：（大写）	贰拾叁万贰仟叁佰叁拾肆元整	千	百	十	万	千	百	十	元	角	分
				¥	2	3	2	3	3	4	0	0

附件		商品发运情况	合同名称号码
附寄单证张数或册数	2	已发运	785432

备注：

验货付款

付款人注意：

1. 根据结算办法规定，上列托收款项，在承付期限内未拒付时，即视同全部承付。如果金额支付即以此联代支款通知；如遇延付或部分支付时，再由银行另送延付或部分支付的支款通知。
2. 如需提前承付或多承付时，应另写书面通知送银行办理。
3. 如系全部或部分拒付，应在承付另填拒绝承付理由书送银行办理。

单位主管……　会计……　复核……　记账……　付款人开户行盖章　12 月 6 日

(6-2)

四川增值税专用发票

№ 02663561

（教学模拟实习用）　　发票联　　开票日期：20×1 年 11 月 18 日

购货单位	名称：成都市宏达机械厂 纳税人识别号：510101327011834 地址、电话： 开户行及账号：农行成都市青羊支行 71445566			密码区			
货物或劳务名称	规格型号	单位	数量	单价	金额	税率	税额
锻压机		台	1	200 000.00	200 000.00	16%	32 000.00
合计					¥200 000.00		¥32 000.00
价税合计（大写）	人民币贰拾叁万贰仟元整				（小写）¥232 000.00		
销货单位	名称：内江锻压机器厂 纳税人识别号：248735473241234 地址、电话： 开户行及账号：工行内江市壕子口分理处 23185234			备注			

第三联：发票联　购货方记账凭证

收款人：……　复核：……　开票人：……　销货单位（章）

(6－3)

货物运输业增值税专用发票

№ 87654321

（教学模拟实习用）　　发票联　　开票日期：20×1年11月8日

承运人及纳税人识别号				密码区		第三联：发票联　购货方记账凭证
实际受票方及纳税人识别号						
收货人及纳税人识别号	名称：成都市宏达机械厂 纳税人识别号：712345678905 地址　、电话： 开户行及账号：农行成都市青羊支行 71445566			发货人及纳税人识别号		
起运地、经由、到达地						
费用项目及金额	运输费			运输货物信息		
合计金额	300.90	税率	11%	税额	33.10	
价税合计	叁佰叁拾肆元整			（小写）334.00		
车种车号		车船吨位		备注		
主管税务机关及代码						

收款人：……　　复核：……　　开票人：……　　销货单位（章）

(7－1)

四川增值税普通发票

№ 02663561

（教学模拟实习用）　　发票联　　开票日期：20×1年12月7日

购货单位	名　　称：成都市宏达机械厂 纳税人识别号：712345678905 地 址 、电 话： 开户行及账号：农行成都市青羊支行 71445566				密码区			第三联：发票联　购货方记账凭证
货物或劳务名称	规格型号	单位	数量	单价	金额	税率	税额	
设备给修			1		1 120.69	16%	179.31	
合　　计					￥1 120.69		￥179.31	
价税合计（大写）	壹仟叁佰元整				（小写）￥1 300.00			
销货单位	名　　称：巧巧修理厂 纳税人识别号：256778973496 地 址 、电 话： 开户行及账号：工行内江市壕子口分理处 29178341				备注			

收款人：……　　复核：……　　开票人：……　　销货单位（章）

(7-2)

中国农业银行
转账支票存根

$\frac{C}{0}\frac{B}{2}$ 13902630

附加信息

出票日期　　年　月　日

收款人：
金　额：
用　途：

单位主管　　会计

本支票付款期限十天

中国农业银行　　**转账支票**　　四川 $\frac{C}{0}\frac{B}{2}$ 13902630

出票日期（大写）　　年　月　日　　付款行名称：
收款人：　　出票人账号：

人民币（大写）	亿	千	百	十	万	千	百	十	元	角	分

用途
上列款项请从
我账户内支付
出票人签章

复核　　记账

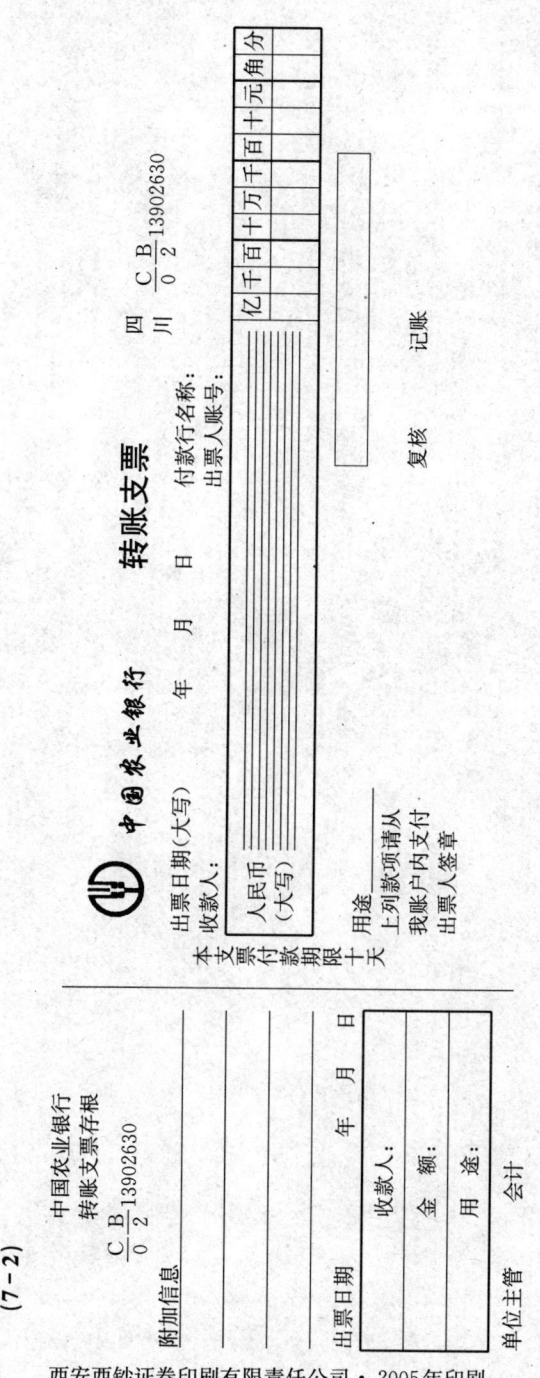

西安西钞证券印刷有限责任公司 · 2005年印刷

(8-1)

中华人民共和国
税收通用缴款书

川国税
缴(20×1) 第 00993211 号 国

隶属关系：区属企业

注册类型：有限责任公司　　填发日期：20×1 年 12 月 9 日　　征收机关：成都青羊区国税二分局

缴款单位(人)	代码	510101327011834	预算科目	编码	101010103
	全称	成都宏达机械厂		名称	非股份制企业增值税
	开户银行	农行成都市青羊支行		级次	中央 75%,省 8.75% 地市 6.5%,区 9.75%
	账号	71445566	收款国库		成都市青羊区支金库
税款所属时期		20×1 年 11 月 1 日至 11 月 30 日	税款限缴日期		20×1 年 12 月 15 日

品目名称	课税数量	计税金额或销售收入	税率或单位税额	已缴或扣除额	实缴金额
工业制造业(16%)		225 600.00	16%	18 096.00	18 000.00
人民币合计	(大写)壹万捌仟元整				￥18 000.00

缴款单位(人)(盖章) 经办人(章)	税务机关(盖章) 填票人(章)	上列款项已收妥并划转收款单位账户 国库(银行)盖章　20×1 年 12 月 9 日	备注： 一般申报 正税 青羊区国税局计划征收科

无银行收讫章无效

第一联(收据)国库(银行)收款盖章后退缴款单位(人)作完税凭证

逾期不缴按税法规定加收滞纳金

(8-2)

中华人民共和国
税收通用缴款书

(20×1壹)川地涂缴 地
NO：0641328

隶属关系：区属企业

注册类型：有限责任公司　　填发日期：20×1年12月9日　　征收机关：成都市青羊区地方税务局

缴款单位(人)	代码	510101327011834	预算科目	编码	101090300
	全称	成都宏达机械厂		名称	非股份制企业城市维护建设税
	开户银行	农行成都市青羊支行		级次	市级40%，区级60%
	账号	71445566	收款国库		成都市青羊区支金库
税款所属时期		20×1年11月1日至11月30日	税款限缴日期		20×1年12月15日

品目名称	课税数量	计税金额或销售收入	税率或单位税额	已缴或扣除额	实缴金额
城市维护建设税		18 000.00	7%		1 260.00
人民币金额合计	(大写)壹仟贰佰陆拾元整				￥1 260.00

缴款单位(人) (盖章) 经办人(章)	税务机关 (盖章) 填票人(章)	上列款项已收妥并划转收款单位账户 国库(银行)盖章　20×1年12月9日	备注： 企业申报 青羊地税二所 黄瓦街

无银行收讫章无效

第一联(收据)国库(银行)收款盖章后退缴款单位(人)作完税凭证

逾期不缴按税法规定加收滞纳金

(8-3)

中华人民共和国
税收通用缴款书

(20×1壹)川地涂缴 地
NO：0641329

隶属关系：区级企业

注册类型：有限责任公司　　填发日期：20×1年12月9日　　征收机关：成都市青羊区地方税务局

缴款单位(人)	代码	510101327011834	预算科目	编码	103020301
	全称	成都宏达机械厂		名称	教育费附加收入
	开户银行	农行成都市青羊支行		级次	市级40%，区级60%
	账号	71445566	收款国库		成都市青羊区支库
税款所属时期		20×1年11月1日至11月30日	税款限缴日期		20×1年12月15日

品目名称	课税数量	计税金额或销售收入	税率或单位税额	已缴或扣除额	实缴金额
教育费附加		18 000.00	3%		540.00
人民币金额合计	(大写)伍佰肆拾元整				￥540.00

缴款单位(人)(盖章) 经办人(章)	税务机关(盖章) 填票人(章)	上列款项已收妥并划转收款单位账户 国库(银行)盖章　20×1年12月9日	备注： 企业申报 青羊地税二所 黄瓦街

无银行收讫章无效

第一联(收据)国库(经收处)收款盖章后退缴款单位(人)作完税凭证

逾期不缴按税法规定加收滞纳金

注：如果经税务机关批准的纳税人经由网上进行纳税申报，则原始凭证不是“税收缴款书”，而是如下所示的“银行电子缴税付款凭证”(参考格式)。目前，地税的纳税申报许多企业均采用网上申报。

(8-4)

银行电子缴税付款凭证

转账日期：20×1年12月9日　　　　凭证字号：A05101234568

付款人名称	成都宏达机械厂	付款人纳税识别号	510101327011834		
付款人开银行	712345678905	付款人账号	71445566		
征收机关名称	成都市青羊区地税局	缴款书交易流水号	W20100115048181000	税票号码	0641328 0641329
收缴国库（银行）名称	国家金库成都市青羊区支库	小写（合计）金额	￥1 800.00	大写（合计）金额	壹仟捌佰元整
税（费）种名称	所属日期	计税（费）金额	征收率	已缴金额	实缴金额
城市维护建设税	20×11101—20×11130	18 000.00	7%	—	￥1 260.00
教育费附加	20×11101—20×11130	18 000.00	3%	—	￥540.00
合计人民币	（大写）壹仟捌佰元整				￥1 800.00

复核	01	记账	30	备注		第　次打印

此凭证仅作付款回单（无银行收章无效）。

(9-1)

四川增值税普通发票

№ 02678575

（教学模拟实习用）　　　　发票联　　　　开票日期：20×1年12月10日

购货单位	名　　称：成都市宏达机械厂 纳税人识别号：712345678905 地 址 、电 话： 开户行及账号：农行成都市青羊支行 71445566				密码区			
货物或劳务名称	规格型号	单位	数量	单　价	金　额	税率	税额	
设备安装			1		1 351.35	11%	148.65	
合　计					￥1 315.35		￥148.65	
价税合计（大写）	壹仟伍佰元整				（小写）￥1 500.00			
销货单位	名　　称：诚信安装公司 纳税人识别号：356734523496 地 址 、电 话： 开户行及账号：工行内江市壕子口分理处 29123145				备注			

第三联：发票联　购货方记账凭证

收款人：……　　复核：……　　开票人：……　　销货单位（章）

(9-2)

中国农业银行
转账支票存根

$\frac{C}{0}\frac{B}{2}$13902631

附加信息

出票日期　　　年　月　日

收款人：	
金　额：	
用　途：	

单位主管　　会计

西安西钞证券印刷有限责任公司・2005年印刷

中国农业银行　　**转账支票**　　四川 $\frac{C}{0}\frac{B}{2}$13902631

本支票付款期限十天

出票日期（大写）　　年　月　日　　付款行名称：

收款人：　　出票人账号：

人民币（大写）	亿	千	百	十	万	千	百	十	元	角	分

用途＿＿＿＿

上列款项请从
我账户内支付
出票人签章

复核　　记账

(9－3)

宏达机械厂固定资产交接单

接收日期：　　　　年　　月　　日　　　　金额单位：元

固定资产名称	……	单　位	数　量	单　价	原价合计	预计使用年限	已使用年限	预计净残值	已提折旧
来源渠道：			移交部门及负责人：				使用部门及负责人：		

移交人：　　　　接收人：

(10)

中国农业银行
现金支票存根

$\frac{C}{0}\frac{B}{2}$23052702

附加信息

出票日期　　年　月　日

收款人：	
金　额：	
用　途：	

单位主管　　会计

中国农业银行　　**转账支票**　　四川 $\frac{C}{0}\frac{B}{2}$23052702

本支票付款期限十天

出票日期(大写)　　年　月　日　　付款行名称：

收款人：　　出票人账号：

人民币(大写)	亿	千	百	十	万	千	百	十	元	角	分

用途________

上列款项请从
我账户内支付
出票人签章

复核　　记账

西安西钞证券印刷有限责任公司 · 2005年印刷

(11)

宏达机械厂工资结算汇总表

所属时间：20×1年11月　　　　　　　　　　　　　发放时间：20×1年12月10日

部门	标准工资	奖金	津贴	应发工资	代扣款		实发工资
					养老保险	水电	
生产工人	48 130.00	11 250.00	15 660.00		2 700.00	2 550.00	
车间管理人员	4 810.00	1 090.00	1 460.00		290.00	240.00	
厂部管理人员	14 300.00	3 300.00	4 400.00		880.00	740.00	
销售人员	3 640.00	840.00	1 120.00		330.00	270.00	
合计							

会计：王莹　　　　　　　　　　　　　　　　　　制表：马慧

(12－1)

收料单

运票号________

发　票____册____号　　　　　　年　　月　　日　　　　　____仓库　收料单____号

<table>
<tr><td>付款单号</td><td></td><td>供货单位</td><td></td><td>材料来源</td><td colspan="4"></td></tr>
<tr><td rowspan="2">材料类别</td><td rowspan="2">材料编号</td><td rowspan="2">材料名称</td><td rowspan="2">规格</td><td rowspan="2">计量单位</td><td colspan="2">数量</td><td rowspan="2">单价</td><td rowspan="2">金额</td></tr>
<tr><td>发票</td><td>实收</td></tr>
<tr><td></td><td></td><td></td><td></td><td></td><td></td><td></td><td></td><td></td></tr>
<tr><td rowspan="2">实际成本</td><td colspan="2">原价：</td><td>运杂费：</td><td rowspan="2">附注</td><td colspan="4" rowspan="2"></td></tr>
<tr><td colspan="2">加成：</td><td>合计：</td></tr>
</table>

二、财会存

核算　　　　主管　　　　保管　　　　检验　　　　交库

(12－2)

四川增值税专用发票

№ 013473547

(教学模拟实习用)　　发票联　　开票日期：20×1 年 12 月 13 日

<table>
<tr><td rowspan="4">购货单位</td><td colspan="5">名　　　称：成都市宏达机械厂
纳税人识别号：510101327011834
地 址 、电 话：
开户行及账号：农行成都市青羊支行 71445566</td><td>密码区</td><td colspan="3"></td><td rowspan="6">第三联：发票联　购货方记账凭证</td></tr>
<tr><td colspan="9"></td></tr>
<tr><td colspan="9"></td></tr>
<tr><td colspan="9"></td></tr>
<tr><td>货物或劳务名称
甲材料

合　计</td><td>规格型号</td><td>单位
吨</td><td>数量
10</td><td>单　价
4 000.00</td><td>金　额
40 000.00

￥40 000.00</td><td>税　率
16%</td><td>税　额
6 600.00

￥6 600.00</td><td colspan="2"></td></tr>
<tr><td colspan="2">价税合计(大写)</td><td colspan="8">人民币肆万陆仟陆佰元整　　(小写)￥46 600.00</td></tr>
<tr><td>销货单位</td><td colspan="5">名　　　称：成都市天元工厂
纳税人识别号：713845678921234
地 址 、电 话：
开户行及账号：建行成都市一分理处 73128626</td><td>备注</td><td colspan="4"></td></tr>
</table>

收款人：……　　复核：……　　开票人：……　　销货单位(章)：

(13)

借　支　单

年　　月　　日

<table>
<tr><td>工作部门</td><td colspan="2"></td><td>职务</td><td></td><td>姓名</td><td></td><td>盖章</td><td></td></tr>
<tr><td>借支金额</td><td>人民币
(大写)</td><td colspan="7">￥</td></tr>
<tr><td>借款原因</td><td colspan="4"></td><td>附证件</td><td colspan="3"></td></tr>
<tr><td>归还日期</td><td colspan="8"></td></tr>
<tr><td>核　批</td><td colspan="8"></td></tr>
</table>

会计　　出纳　　制单

(14－1)

青海增值税专用发票

№ 913473566

(教学模拟实习用)　　发票联　　开票日期：20×1 年 12 月 5 日

购货单位	名　　称：成都市宏达机械厂 纳税人识别号：510101327011834 地 址 、电 话： 开户行及账号：农行成都市青羊支行 71445566			密码区			
货物或劳务名称	规格型号	单位	数量	单　价	金　额	税　率	税　额
乙材料		千克	500	100.00	50 000.00	16%	8 000.00
合　　计					￥50 000.00		￥8 000.00
价税合计(大写)	人民币伍万捌仟元整				(小写)￥58 000.00		
销货单位	名　　称：西宁市前进工厂 纳税人识别号：639258149032134 地 址 、电 话： 开户行及账号：农行西宁市三分理处			备注			

第三联：发票联　购货方记账凭证

收款人：……　　复核：……　　开票人：……　　销货单位(章)：

(14－2)

(模拟实习专用)

中国农业银行电汇凭证(回单) 1

□普通　□加急　　委托日期：　年　月　日　　№1010020

汇款人	全　　称		收款人	全　　称	
	账　　号			账　　号	
	汇出地点	省　　市/县		汇入地点	省　　市/县
汇出行名称			汇入行名称		
金额	人民币(大写)		亿 千 百 十 万 千 百 十 元 角 分		
			支付密码		
汇出行盖章 年　月　日			附加信息及用途： 复核　　记账		

(15－1)

收　据

20×1年12月14日

NO. 31527

		十	万	千	百	十	元	角	分
收到：成都宏达机械厂		金额							
摘要	捐资助学款	¥	1	0	0	0	0	0	0

第一联　付款单位记账凭证

合计金额人民币(大写)：壹万元整

备　注

收款单位(印章)：成都育红小学　　收款人：张山　　交款人：……

(15-2)

中国农业银行
转账支票存根
$\frac{C}{0}\frac{B}{2}$13902632

附加信息

出票日期　　年　月　日

收款人：	
金　额：	
用　途：	

单位主管　　会计

西安西钞证券印刷有限责任公司・2005年印刷

中国农业银行　　转账支票　　四川 $\frac{C}{0}\frac{B}{2}$13902632

本支票付款期限十天

出票日期(大写)　　年　月　日　　付款行名称：
收款人：　　出票人账号：

人民币（大写）	亿	千	百	十	万	千	百	十	元	角	分

用途

上列款项请从
我账户内支付
出票人签章

复核　　记账

(16)

收　料　单

运票号________

发　票____册____号　　　　　　　　年　　月　　日　　　　　　　____仓库　收料单____号

付款单号		供货单位		材料来源				
材料类别	材料编号	材料名称	规　格	计量单位	数　量		单价	金额
					发票	实收		
实际成本	原价：		运杂费：	附注				
	加成：		合计：					

二、财会存

核算　　　　主管　　　　保管　　　　检验　　　　交库

(17)

(模拟实习专用)

中国农业银行电汇凭证(回单)　1

□普通　□加急　　　　委托日期：　　年　　月　　日　　　　№1010022

汇款人	全　称		收款人	全　称	
	账　号			账　号	
	汇出地点	省　市/县		汇入地点	省　市/县
汇出行名称			汇入行名称		

			亿	千	百	十	万	千	百	十	元	角	分
金额	人民币(大写)												

	支付密码
	附加信息及用途：
汇出行盖章 年　月　日	复核　　记账

（18－1）

四川增值税专用发票

№ 06137358

（教学模拟实习用）　　发票联　　开票日期：20×1年12月15日

购货单位	名　　称：成都市宏达机械厂 纳税人识别号：510101327011834 地 址 、电 话： 开户行及账号：农行成都市青羊支行 71445566			密码区			
货物或劳务名称	规格型号	单位	数量	单　价	金　额	税　率	税　额
丙材料		件	2 000	20.00	40 000.00	16%	6 600.00
合　　计					￥40 000.00		￥6 600.00
价税合计(大写)	人民币肆万陆仟陆佰元整				（小写）￥46 600.00		
销货单位	名　　称：成都市工贸公司 纳税人识别号：713818496385432 地 址 、电 话： 开户行及账号：工行成都市三分理处 72312765			备注			

第三联：发票联　购货方记账凭证

收款人：……　　复核：……　　开票人：……　　销货单位(章)：

（18－2）

收　料　单

运票号________

发　票____册____号　　年　　月　　日　　____仓库　收料单____号

付款单号		供货单位		材料来源				
材料类别	材料编号	材料名称	规　格	计量单位	数　量		单价	金额
					发票	实收		
实际成本	原价：		运杂费：	附注				
	加成：		合计：					

二、财会存

核算　　主管　　保管　　检验　　交库

(18-3)

中国农业银行
转账支票存根
$\frac{C}{0}\frac{B}{2}$13902633

附加信息

出票日期　　年　月　日

收款人：	
金　额：	
用　途：	

单位主管　　会计

西安西钞证券印刷有限责任公司·2005年印刷

中国农业银行　转账支票　四川 $\frac{C}{0}\frac{B}{2}$13902633

本支票付款期限十天

出票日期(大写)　　年　月　日　付款行名称：
收款人：　出票人账号：

人民币（大写）	亿	千	百	十	万	千	百	十	元	角	分

用途
上列款项请从
我账户内支付
出票人签章

复核　记账

(19－1)

领 料 单

领料单位： 年 月 日 ____仓库 领料单____号

用途				产品批量			订单号	
材料类别	材料编号	材料名称	规格	计量单位	数量		单价	金额
					请领	实发		
备注：								

二、财会存

核算： 主管： 发料： 领料：

(19－2)

领 料 单

领料单位： 年 月 日 ____仓库 领料单____号

用途				产品批量			订单号	
材料类别	材料编号	材料名称	规格	计量单位	数量		单价	金额
					请领	实发		
备注：								

二、财会存

核算： 主管： 发料： 领料：

（20－1）

领　料　单

领料单位：　　　　　　　　年　　月　　日　　　　　　　　____仓库　领料单____号

用途				产品批量			订单号	
材料类别	材料编号	材料名称	规格	计量单位	数量		单价	金额
					请领	实发		
备注：								

二、财会存

核算：　　　　主管：　　　　发料：　　　　领料：

（20－2）

领　料　单

领料单位：　　　　　　　　年　　月　　日　　　　　　　　____仓库　领料单____号

用途				产品批量			订单号	
材料类别	材料编号	材料名称	规格	计量单位	数量		单价	金额
					请领	实发		
备注：								

二、财会存

核算：　　　　主管：　　　　发料：　　　　领料：

(21－1)

四川增值税专用发票

№ 06137394

（教学模拟实习用）　　发票联　　开票日期：20×1年12月17日

购货单位	名　　称：成都市宏达机械厂 纳税人识别号：510101327011834 地 址 、电 话： 开户行及账号：农行成都市青羊支行 71445566					密码区		
货物或劳务名称	规格型号	单位	数量	单　价	金　额	税　率	税　额	
丙材料		件	5 000	20.00	100 000.00	16%	16 000.00	
合　　计					￥100 000.00		￥16 000.00	
价税合计（大写）	人民币壹拾壹万陆仟元整				（小写）￥116 000.00			
销货单位	名　　称：成都市工贸公司 纳税人识别号：713818496385432 地 址 、电 话： 开户行及账号：工行成都市三分理处 72312765					备注		

第三联：发票联　购货方记账凭证

收款人：……　　复核：……　　开票人：……　　销货单位（章）：

(21－2)

收　料　单

运票号________

发　票____册____号　　　　年　　月　　日　　　　____仓库　收料单____号

付款单号		供货单位		材料来源				
材料类别	材料编号	材料名称	规　格	计量单位	数量		单价	金额
					发票	实收		
实际成本	原价：		运杂费：	附注				
	加成：		合计：					

二、财会存

核算：　　主管：　　保管：　　检验：　　交库：

（22）

领 料 单

领料单位： 年 月 日 ____仓库 领料单____号

用途				产品批量			订单号	
材料类别	材料编号	材料名称	规格	计量单位	数 量		单价	金额
					请领	实发		
备注：								

二、财会存

核算： 主管： 发料： 领料：

（23－1）

四川增值税专用发票 №

（教学模拟实习用） 记账联 开票日期：

购货单位	名 称： 纳税人识别号： 地 址 、电 话： 开户行及账号：				密码区			
货物或劳务名称	规格型号	单位	数量	单 价	金 额	税 率	税 额	
合 计								
价税合计（大写）					（小写）			
销货单位	名 称： 纳税人识别号： 地 址 、电 话： 开户行及账号：				备注			

第四联：记账联 销货方记账凭证

收款人： 复核： 开票人： 销货单位（章）：

(23－2)

出　库　单

№1203121

收货单位　　　　　　　　　　年　　月　　日

编号	种类	产品名称	规格	型号	出库数量	单位	单价	成本总额								
								十	万	千	百	十	元	角	分	
																三、记账
备注						合计										

负责人　　　　记账　　　　收货人　　　　填单

(24－1)

中国农业银行成都市青羊支行贷款利息结算清单(付款通知)

20×1年12月21日

单位名称	成都宏达机械厂		结算户账号	71445566
计算起讫日期	20×1年9月21日起至20×1年12月20日止			
计息户账号	计息总积数	月利率	应计利息	实付金额
813378906668(短)	48 000 000.00	1.875‰	3 000.00	3 000.00
824468325556(长)	6 000 000.00	6.250‰	1 250.00	1 250.00

你单位上述贷款利息已从你单位往来账户如数支付。

此致

贷款单位(银行盖章)

(24－2)

中国农业银行成都市青羊支行存款利息结算清单(收款通知)

20×1年12月21日

单位名称	成都宏达机械厂		结算户账号	71445566
计算起讫日期	20×1年9月21日起至20×1年12月20日止			
计息户账号	计息总积数	月利率	应计利息	实付金额
812345678965	22 385 710.00	0.600‰	447.71	447.71

你单位上述存款利息已收入你单位往来账户。

此致

贷款单位(银行盖章)

(25)

中国农业银行

电子汇划收款回单

币别：人民币　　20×1 年 12 月 22 日　　流水号：

付款人	全　称	内江市滨江公司	收款人	全　称	成都市宏达机械厂
	账　号	23074821		账　号	71445566
	开户行	工行内江市支行		开户行	农行成都市青羊支行
金额	人民币（大写）	贰拾伍万元整			￥250 000.00
用途					

备注：
汇划日期：20×1 年 12 月 22 日　　汇划流水号：03228833
汇出行行号：510083210839　　原始凭证种类：0606
原始凭证号码：　　原始凭证金额：0.00
汇款人地址：
收款人地址：
实际收款人账号：71445566　　银行盖章
实际收款人全称：成都市宏达机械厂

(26)

中国农业银行

电子汇划收款回单

币别：人民币　　20×1 年 12 月 23 日　　流水号：

付款人	全　称	重庆市红光公司	收款人	全　称		成都市宏达机械厂
	账　号	34345387		账　号		71445566
	开户行	建行重庆市一分理处		开户行		农行成都市青羊支行
金额	人民币（大写）	捌万元整			￥80 000.00	
用途						

备注：
汇划日期：20×1 年 12 月 23 日　　汇划流水号：81637653
汇出行行号：023512345678　　原始凭证种类：0808
原始凭证号码：　　原始凭证金额：0.00
汇款人地址：
收款人地址：
实际收款人账号：71445566　　银行盖章
实际收款人全称：成都市宏达机械厂

(27)

中国农业银行
转账支票存根

$\frac{C}{0}\frac{B}{2}$13902634

附加信息

出票日期 年 月 日

收款人：	
金 额：	
用 途：	

单位主管 会计

西安西钞证券印刷有限责任公司 · 2005年印刷

中国农业银行 **转账支票**

四川 $\frac{C}{0}\frac{B}{2}$13902634

出票日期（大写） 年 月 日 付款行名称：

收款人： 出票人账号：

本支票付款期限十天

人民币（大写）	亿	千	百	十	万	千	百	十	元	角	分

用途

上列款项请从
我账户内支付
出票人签章

复核 记账

(28－1)

出 库 单

№1203122

收货单位　　　　　　　　　　　　年　　月　　日

编号	种类	产品名称	规格	型号	出库数量	单位	单价	成本总额								
								十	万	千	百	十	元	角	分	三、记账
备注						合计										

负责人　　　　记账　　　　收货人　　　　填单

(28－2)

四川增值税专用发票

№

(教学模拟实习用)　　　　记账联　　　　开票日期：

购货单位	名　称： 纳税人识别号： 地 址、电 话： 开户行及账号：				密码区			第四联：记账联　销货方记账凭证
货物或劳务名称	规格型号	单位	数量	单　价	金　额	税率	税　额	
合　计								
价税合计(大写)					(小写)			
销货单位	名　称： 纳税人识别号： 地 址、电 话： 开户行及账号：				备注			

收款人：　　　　复核：　　　　开票人：　　　　销货单位(章)：

（28－3）

中国农业银行进账单（收账通知） 1

年　月　日　　　　　　　　　　第　号

出票人	全　称		持票人	全　称	
	账　号			账　号	
	开户银行			开户银行	

		千	百	十	万	千	百	十	元	角	分
人民币（大写）											
票据种类											
票据张数											
单位主管　会计　复核　记账		持票人开户行签章									

此联是持票人开户银行交给持票人的收账通知

（29）

四川增值税普通发票

№ 02678575

（教学模拟实习用）　　　　发票联　　　　开票日期：20×1年12月27日

购货单位	名　称：成都市宏达机械厂 纳税人识别号：712345678905 地 址 、电 话： 开户行及账号：农行成都市青羊支行 71445566			密码区			
货物或劳务名称	规格型号	单位	数量	单　价	金　额	税率	税额
文具			1		200.00	16%	32.00
合　计					￥200.00		￥32.00
价税合计（大写）	贰佰叁拾贰元整				（小写）￥232.00		
销货单位	名　称：丽丽文具店 纳税人识别号：765734523314 地 址 、电 话： 开户行及账号：工行内江市壕子口分理处 49321345			备注			

第三联：发票联　购货方记账凭证

收款人：……　　复核：……　　开票人：……　　销货单位（章）

(30-1)

中国农业银行
转账支票存根

$\frac{C}{0}\frac{B}{2}$13902635

附加信息

出票日期　　年　月　日

收款人：	
金　额：	
用　途：	

单位主管　　会计

西安西钞证券印刷有限责任公司 · 2005年印刷

中国农业银行　　转账支票　　四川 $\frac{C}{0}\frac{B}{2}$13902635

本支票付款期限十天

出票日期(大写)　　年　月　日　　付款行名称：

收款人：　　出票人账号：

人民币(大写)	亿	千	百	十	万	千	百	十	元	角	分

用途____

上列款项请从
我账户内支付
出票人签章

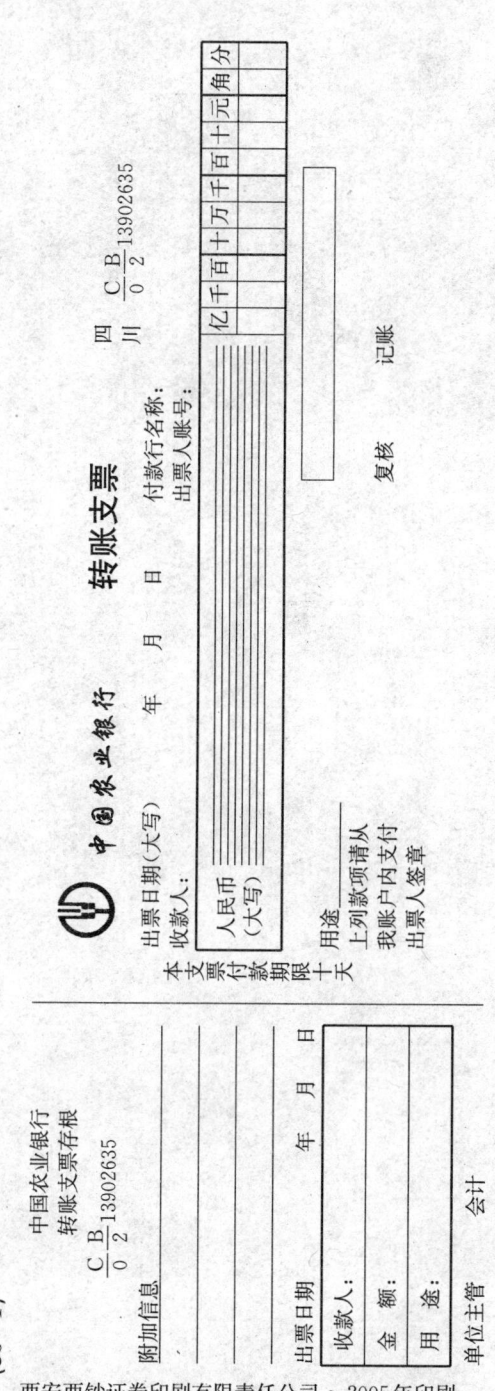

复核　　记账

(30－2)

收　　据

NO. 31527　　　　20×1 年 12 月 28 日

<table>
<tr><td colspan="2" rowspan="2">收到：成都宏达机械厂</td><td colspan="8">金　　额</td><td rowspan="5">第一联　付款单位记账凭证</td></tr>
<tr><td>十</td><td>万</td><td>千</td><td>百</td><td>十</td><td>元</td><td>角</td><td>分</td></tr>
<tr><td rowspan="2">摘要</td><td>广告费</td><td>¥</td><td>5</td><td>0</td><td>0</td><td>0</td><td>0</td><td>0</td><td>0</td></tr>
<tr><td></td><td></td><td></td><td></td><td></td><td></td><td></td><td></td><td></td></tr>
<tr><td colspan="10">合计金额人民币(大写)：伍万元整</td></tr>
<tr><td colspan="11">备　　注</td></tr>
</table>

收款单位(印章)：成都四通广告公司　　　　收款人：张山　　　　交款人：

(31)

成都市宏达机械厂领款单

领款日期：　　年　　月　　日　　　　　　　　附件　　张

<table>
<tr><td>领款人</td><td></td><td>所属部门</td><td colspan="9"></td></tr>
<tr><td>领款事由</td><td colspan="11"></td></tr>
<tr><td rowspan="2">金额</td><td colspan="3" rowspan="2">十　万　仟　佰　拾　元　角　分</td><td>十</td><td>万</td><td>仟</td><td>佰</td><td>拾</td><td>元</td><td>角</td><td>分</td></tr>
<tr><td></td><td></td><td></td><td></td><td></td><td></td><td></td><td></td></tr>
<tr><td>处室意见</td><td></td><td>计财处审核</td><td></td><td colspan="4">领导签审</td><td colspan="4"></td></tr>
</table>

(32)

差旅费报销单

填报日期：20×1 年 12 月 29 日

姓名	王伟	职别	技术员	出差地点	重庆	出差日期	自 20×1 年 12 月 15 日至 20×1 年 12 月 22 日 计 8 天
事由及说明	参加技术研讨会						

日期			起讫地点		车船费		伙食补助费			住宿费		其他
年	月	日	起	讫	类别	金额	日数	补助标准	金额	日期	金额	
20×1	12	15	成都	重庆	汽	100.00	8	15.00	120.00	6	630.00	
20×1	12	22	重庆	成都	汽	100.00						
小计						200.00			120.00		630.00	

以上单据共 3 张　应报销金额　人民币玖佰伍拾元整　实际审核数￥950.00	经领人盖章	王伟
① 预计旅费币 1 000.00 元　② 外借旅费币　　元 ③ 缴回现款币50.00 元		

主管……　　　　审核……　　　　出纳……

(33)

中国农业银行成都市分行借款偿还凭证(付出凭证)

20×1 年 12 月 31 日　　　　传票编号：73

(贷)科目________　　　　转账日期：　　　　对方科目________

放款账号	81337890	户名	还款金额									利息						合计								
			百	十	万	千	百	十	元	角	分	千	百	十	元	角	分	百	十	万	千	百	十	元	角	分
往来账号	71445566	成都宏达机械厂	￥	2	0	0	0	0	0	0	0	￥	1	2	5	0	0	￥	2	0	0	1	2	5	0	0

金额人民币(大写)贰拾万零壹佰贰拾伍元整

自 20×1 年 12 月 21 起 至 20×1 年 12 月 31 止 日息　日数 10　月利率 1.875‰	过期天数 过期加息	上列款项从本单位往来账户内支出，偿还借款与利息 (单位盖章)	银行盖章

第一联

复核……　　　　记账……

(34-1)

四川增值税专用发票

№ 06138385

(教学模拟实习用)　　发票联　　开票日期：20×1年12月31日

购货单位	名　　称：成都市宏达机械厂 纳税人识别号：510101327011834 地 址、电 话： 开户行及账号：农行成都市青羊支行 71445566			密码区			
货物或劳务名称	规格型号	单位	数量	单价	金额	税率	税额
自来水		吨	1 000	2.00	2 000.00	10%	200.00
合　计					￥2 000.00		￥200.00
价税合计(大写)	人民币贰仟贰佰元整			(小写)￥2 200.00			
销货单位	名　　称：成都市自来水公司 纳税人识别号：717783228833 地 址、电 话： 开户行及账号：工行成都市二分理处 72256840			备注			

第三联：发票联　购货方记账凭证

收款人：……　　复核：……　　开票人：……　　销货单位(章)：

(34-2)

四川增值税专用发票

№ 06138536

(教学模拟实习用)　　发票联　　开票日期：20×1年12月31日

购货单位	名　　称：成都市宏达机械厂 纳税人识别号：510101327011834 地 址、电 话： 开户行及账号：农行成都市青羊支行 71445566			密码区			
货物或劳务名称	规格型号	单位	数量	单价	金额	税率	税额
电		度	16 000	0.625	10 000.00	16%	1 600.00
合　计					￥10 000.00		￥1 600.00
价税合计(大写)	人民币壹万壹仟陆佰元整			(小写)￥11 600.00			
销货单位	名　　称：成都市供电局 纳税人识别号：717783228833456 地 址、电 话： 开户行及账号：工行成都市二分理处 72256840			备注			

第三联：发票联　购货方记账凭证

收款人：……　　复核：……　　开票人：……　　销货单位(章)：

(34-3)

中国农业银行
转账支票存根

$\frac{C}{0}\frac{B}{2}$13902636

附加信息

出票日期　　年　月　日

收款人：	
金　额：	
用　途：	

单位主管　　会计

西安西钞证券印刷有限责任公司 · 2005年印刷

中国农业银行　　**转账支票**　　四川 $\frac{C}{0}\frac{B}{2}$13902636

本支票付款期限十天

出票日期（大写）　　年　月　日　　付款行名称：

收款人：　　出票人账号：

人民币（大写）	亿	千	百	十	万	千	百	十	元	角	分

用途

上列款项请从
我账户内支付
出票人签章

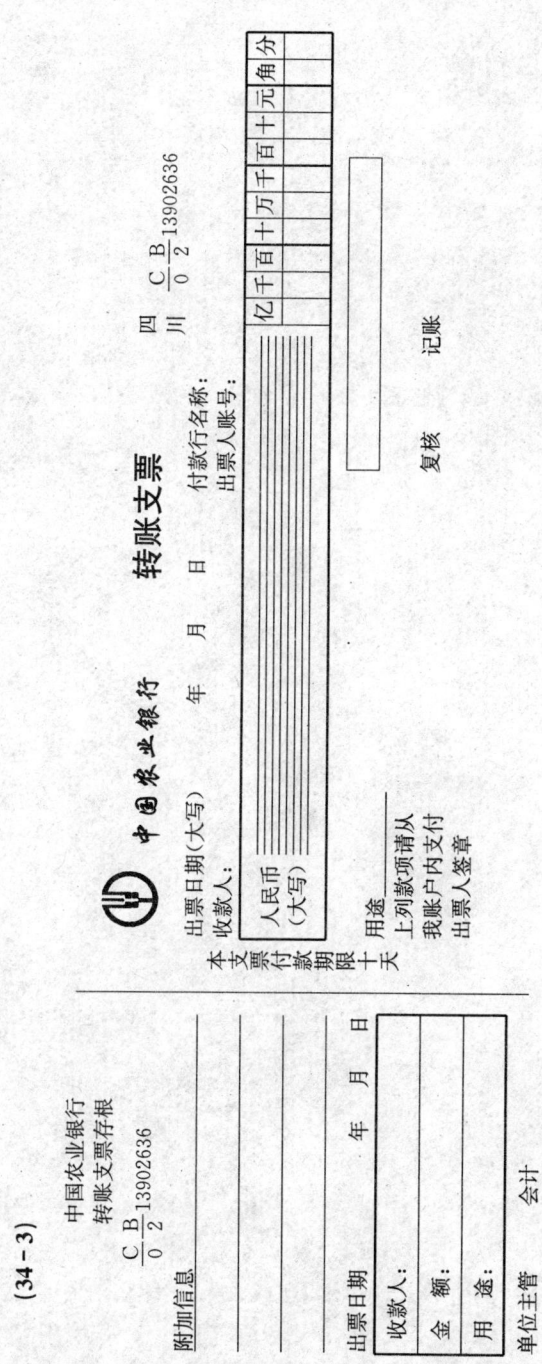

复核　　记账

(34-4)

中国农业银行
转账支票存根
$\frac{C}{0}\frac{B}{2}$13902637

附加信息

出票日期 年 月 日

收款人：	
金　额：	
用　途：	

单位主管　　会计

西安西钞证券印刷有限责任公司 · 2005年印刷

中国农业银行　　**转账支票**　　四川 $\frac{C}{0}\frac{B}{2}$13902637

本支票付款期限十天

出票日期(大写)　　年　月　日　　付款行名称：
收款人：　　出票人账号：

人民币（大写）	亿	千	百	十	万	千	百	十	元	角	分

用途

上列款项请从
我账户内支付
出票人签章

复核　　记账

(34－5)

宏达机械厂水电费分配表

年　月　日

使用部门	水费			电费			合计
	耗用量(吨)	分配率	分配额	耗用量(度)	分配率	分配额	
生产车间							
管理部门							
合计							

制表

(35)

中国农业银行
转账支票存根
$\frac{C}{0}\frac{B}{2}$13902638

附加信息______

出票日期　　年　月　日

收款人：	
金　额：	
用　途：	

单位主管　　会计

西安西钞证券印刷有限责任公司·2005年印刷

中国农业银行　　**转账支票**　　四川 $\frac{C}{0}\frac{B}{2}$13902638

本支票付款期限十天

出票日期(大写)　　年　月　日　　付款行名称：
收款人：　　出票人账号：

人民币(大写)	亿	千	百	十	万	千	百	十	元	角	分

用途______
上列款项请从
我账户内支付
出票人签章

复核　　记账

(36)

青海增值税专用发票

№ 913473668

(教学模拟实习用)

发票联

开票日期：20×1 年 12 月 31 日

购货单位	名　　称：成都市宏达机械厂 纳税人识别号：510101327011834 地 址 、电 话： 开户行及账号：农行成都市青羊支行 71445566			密码区			
货物或劳务名称	规格型号	单位	数量	单　价	金　额	税率	税　额
乙材料		千克	1 000	95.00	95 000.00	16%	15 200.00
合　　计					￥95 000.00		￥15 200.00
价税合计(大写)	人民币壹拾壹万零贰佰元整　　(小写)￥110 200.00						
销货单位	名　　称：西宁市前进工厂 纳税人识别号：639258149032345 地 址 、电 话： 开户行及账号：农行西宁市三分理处			备注			

第三联：发票联　购货方记账凭证

收款人：……　　复核：……　　开票人：……　　销货单位(章)：

(37)

宏达机械厂工资及福利分配表

年　　月　　日

部门及人员		应付工资	职工福利费(14%)	合　计
车间生产工人				
小时工资分配率：	A 产品　　小时			
	B 产品　　小时			
车间管理人员				
厂部管理人员				
销 售 人 员				
合　　计				

制表

(38) 注：银行存款对账单虽然不是原始凭证，但是装订记账凭证时要附在记账凭证后一并按期装订成册。

中国农业银行存款对账单(简化格式)

开户行：农行成都市青羊支行

户名：成都宏达机械厂　　　　账号：71445566　　　　第 26 页

日　期	摘要	凭证号	借　方	贷　方	余　额	操作员
12月1日				300.00	795 000	(略)
12月1日			6 000		789 000	
12月6日			232 334		556 666	
12月8日			1 300		555 366	
12月9日			19 800		535 566	
12月10日			1 500		534 066	
12月10日			102 000		432 066	
12月14日			178 000		254 066	
12月15日			10 000		244 066	
12月15日			2 000		242 066	
12月15日			46 600		195 466	
12月21日				447.71	195 913.71	
12月21日			4 250		191 663.71	
12月22日				250 000	441 663.71	
12月23日				80 000	521 663.71	
12月23日			198 000		323 663.71	
12月24日				510 400	834 063.71	
12月28日			50 000		784 063.71	
12月31日			200 125		583 938.71	
12月31日			2 220		581 738.71	
12月31日			11 600		570 138.71	
12月31日				477 360	1 047 498.71	
12月31日			1 200		1 046 298.71	

（39）

固定资产折旧计算表

填制单位：成都宏达机械厂　　　　　　　　　　　　　　　　　20×1年12月31日

		月初固定资产原　　值	折旧率（月）	应计折旧额
生产车间	机器设备	1 000 000.00	0.7%	7 000.00
	房　　屋	900 000.00	0.2%	1 800.00
	合　　计			8 800.00
管理部门	设　　备	300 000.00	0.7%	2 100.00
	房　　屋	800 000.00	0.2%	1 600.00
	合　　计			3 700.00
总　　计				12 500.00

制表：

（41）

坏账准备计算表

企业名称：　　　　　　　　　　　年　　月　　日

年末“应收账款”科目余额	减值测试坏账准备计提比例	提取前“坏账准备”科目借方余额	提取前“坏账准备”科目贷方余额	提取的坏账准备金
1	2	3	4	5=1×2+3−4

会计主管：　　　　　　复核：　　　　　　制表：

（42）

宏达机械厂制造费用分配表

年　　月　　日

应借科目		分配标准（生产工时）	分　配　率（元/小时）	分配额（元）
总账科目	明细科目			
生产成本	A产品			
	B产品			
	合　计			

制表

(43)

入 库 单

№ 1077425

收货单位　　　　年　月　日

通知单号	编号	种类	名　称	规格	数　量		单位	单价	成　本　总　额								明细账	
					送缴	实收			十	万	千	百	十	元	角	分		
备　注							合　计											

三、记账

负责人：　　记账：　　收货人：　　填单：

(45)

城市维护建设税 / 教育费附加 计算表

填制单位：　　　　年　月　日

项　目	计算依据	金　额	税(费)率	应交税(费)额
城市维护建设税				
教育费附加				
合　计				

制表

附表一　会计循环模拟实习(一)结账前使用的空白试算平衡表

试算平衡表

20×1年1月31日(结账前*)

会计科目	期初余额		本期发生额		期末余额	
	借方	贷方	借方	贷方	借方	贷方
库存现金						
银行存款						
应收账款						
预付账款						
坏账准备						
库存商品						
固定资产						
累计折旧						
短期借款						
应付账款						
应付职工薪酬						
应交税费						
长期借款						
实收资本						
盈余公积						
利润分配						
主营业务收入						
其他业务收入						
主营业务成本						
销售费用						
管理费用						
财务费用						
合计						

* 本表的“结账前”,指以下将进行的期末账项调整和结转损益类账户前。

附表二　会计循环模拟实习(一)结账后使用的空白试算平衡表

试算平衡表

20×1年1月31日(结账后)

会计科目	期初余额		本期发生额		期末余额	
	借　方	贷　方	借　方	贷　方	借　方	贷　方
库存现金						
银行存款						
应收账款						
预付账款						
坏账准备						
库存商品						
固定资产						
累计折旧						
短期借款						
应付账款						
应付职工薪酬						
应交税费						
长期借款						
实收资本						
盈余公积						
本年利润						
利润分配						
主营业务收入						
其他业务收入						
主营业务成本						
销售费用						
管理费用						
财务费用						
所得税费用						
合　　计						

附表三　会计循环模拟实习(二)结账前使用的空白试算平衡表

试算平衡表

20×1年12月31日(结账前)

会计科目	期初余额		本期发生额		期末余额	
	借　方	贷　方	借　方	贷　方	借　方	贷　方
库存现金						
银行存款						
应收账款						
预付账款						
其他应收款						
坏账准备						
在途物资						
原材料						
库存商品						
固定资产						
累计折旧						
在建工程						
短期借款						
应付账款						
应付职工薪酬						
应交税费						
应付利息						
长期借款						
实收资本						
盈余公积						
本年利润						
利润分配						
生产成本						
制造费用						
主营业务收入						
主营业务成本						
销售费用						
管理费用						
财务费用						
资产减值损失						
营业外支出						
合　计						

附表四　会计循环模拟实习(二)结账后使用的空白试算平衡表

试算平衡表

20×1 年 12 月 31 日(结账后)

会计科目	期初余额		本期发生额		期末余额	
	借　方	贷　方	借　方	贷　方	借　方	贷　方
库存现金						
银行存款						
应收账款						
预付账款						
其他应收款						
坏账准备						
在途物资						
原材料						
库存商品						
固定资产						
累计折旧						
在建工程						
短期借款						
应付账款						
应付职工薪酬						
应交税费						
应付利息						
应付股利						
长期借款						
实收资本						
盈余公积						
本年利润						
利润分配						
生产成本						
制造费用						
主营业务收入						
主营业务成本						
税金及附加						
销售费用						
管理费用						
财务费用						
资产减值损失						
营业外支出						
所得税费用						
合　计						